GÜTERSLOHER
VERLAGSHAUS

Gütersloher Verlagshaus. Dem Leben vertrauen

Als Dank für meinen Weggefährten Thomas T.
Und für Marie, die vieles von dem ahnt, was hier steht.

Ulrich Kasparick

Notbremse

Ein Politjunkie entdeckt die Stille

Gütersloher Verlagshaus

Bibliografische Information der Deutschen Nationalbibliothek

Die Deutsche Nationalbibliothek verzeichnet diese Publikation
in der Deutschen Nationalbibliografie; detaillierte bibliografische
Daten sind im Internet über http://dnb.d-nb.de abrufbar.

Mix
Produktgruppe aus vorbildlich bewirtschafteten
Wäldern und anderen kontrollierten Herkünften
www.fsc.org Zert.-Nr. GFA-COC-001278
© 1996 Forest Stewardship Council

Verlagsgruppe Random House FSC-DEU-0100
Das für dieses Buch verwendete FSC-zertifizierte Papier
Munken Premium Cream liefert Arctic Paper Munkedals AB, Schweden.

1. Auflage
Copyright © 2010 by Gütersloher Verlagshaus, Gütersloh,
in der Verlagsgruppe Random House GmbH, München

Umschlagmotiv: © Corbis, Düsseldorf
Druck und Einband: CPI – Ebner & Spiegel, Ulm
Printed in Germany
ISBN 978-3-579-06768-1
www.gtvh.de

Inhalt

7 Statt eines Vorworts

8 Die Welt des Lärms

18 Impressionen

41 Rückblick

56 Abschied nehmen

60 Rumi und die deutschen Panzer oder:
Die Geschichte zweier Pfarrerssöhne

73 »Du bist aber tüchtig!«

82 Zorn

85 ZEN oder: Der zerbrochene Krug

94 Immer wieder ankommen

105 Sich mit dem Tod anfreunden

111 Sound of Silence: Begegnung

120 Rostock oder: Junkies leben auf der Straße

135 Stille und Arbeit

144 Mitten im Lärm der Stadt betrete ich die Stille

151 Der Tag nach der Wahl

156 Stockholm oder: Die Verrücktheiten Europas

5

162 Die letzte Sitzung

169 Glaubwürdigkeit

174 Heringsdorf

177 Männer und Stille

182 Die Botschaft der Krankheiten oder:
Ein anderer Versuch über Stille zu schreiben

194 Sucht kommt von suchen

201 Die wichtigsten Probleme der Menschheit oder:
Dem Wahnsinn ins Gesicht schauen

211 Schluss: Den Widerspruch aushalten üben

220 Nachtrag: Krieg in Afghanistan

Statt eines Vorworts

Können Sie gut »Nein!« sagen, wenn man Ihnen ein interessantes Angebot macht? Ich auch nicht. Deshalb habe ich ziemlich bald »Ja« gesagt. Zu diesem Buch hier. Ich hatte keine Ahnung, auf was ich mich dabei einlassen würde. Mich hat die Aufgabe gelockt. Ein Buch zu machen über einen Entzug. Politikentzug. Nach 20 Jahren Abhängigkeit geht ein Junkie zum Entzug. Davon handelt dieses Buch. Ja, es gibt diese Süchtigen, diese Politik-Junkies. Nicht nur Drogen und Alkohol, auch »gebraucht werden« kann eine Droge sein. Davon will ich berichten. Ich hatte keine Ahnung, wie ich den Stoff gestalten könnte. Es ist eine Art Protokoll geworden. Eine Art Tagebuch von der Entzugsstation sozusagen. Eine Pendelbewegung ist entstanden. Es geht immer hin und her zwischen der Welt des Lärms und der Welt der Stille, es berichtet von ruhigen Tagen und hektischen Zeiten, von Tagen des Zorns und Tagen der Dankbarkeit. Im Mai 2009 habe ich damit begonnen. Nun schließe ich es ab. Vielleicht interessiert es Sie. Vielleicht auch nicht. Es ist nicht wirklich wichtig. Wir werden später sehen, warum das so ist.

Ulrich Kasparick
Heringsdorf/Usedom im November 2009

Die Welt des Lärms

In dieser Welt von heute, die alles nach der unmittelbaren Rendite berechnet, ist für das Schweigen kein Platz mehr. Das Schweigen wurde vertrieben, weil es nicht ergiebig war, weil es nur da war, es schien keinen Zweck zu haben, es kam nichts aus ihm heraus, es war unproduktiv. Schweigen gibt es heute fast nur noch so: als Unfähigkeit – jemand findet keine Worte, man kann nicht mehr reden –, als etwas Reduziertes, Negatives, nur in dieser Form erscheint es noch. Es scheint nur noch ein Konstruktionsfehler im andauernden Ablauf des Lärms zu sein.[1]

Max Picard

»Sofort auf den Tisch!« damit geht es morgens los im Ministerium beim ersten Blick auf den Stapel gelber Mappen, die auf meinem Schreibtisch liegen. Alles sofort. Schnell schnell. Termine drängen. Es ist keine Zeit zu verlieren. Wir reden nicht mehr miteinander, wir reden übereinander. Zuhören ist eine seltene Kunst geworden. Seine Majestät, der Terminkalender, diktiert mir am Morgen, wo ich hinzufahren habe, welche Rede ich zu halten habe, welche Delegation zu begrüßen ist, welcher Journalist ein Interview erwartet. An manchen Tagen weiß ich am Abend nicht mehr, was eigentlich mein erster Termin am Morgen war. Was, schon wieder ist der Tag um? Wo nur die Zeit bleibt. So lebe ich Tag um Tag, Woche um Woche, Monat um Monat, Jahr um Jahr. Seit 20 Jahren geht das so, unterbrochen nur durch kurze Urlaube oder Zeiten der Krankheit. Immer schneller dreht sich das Rad. Immer lauter werde ich. Immer unfähiger, zuzuhören. Das ist die Welt des Lärms. Das ist die Welt der Politik. Das ist die Welt der Junkies. Abhängige sind

1. Max Picard: Die Welt des Schweigens, Frankfurt am Main 1959, S. 158.

wir. 20 Jahre an der Nadel. Das hinterlässt Spuren. Schlagzeilen dominieren die Morgenlektüre. Wieder wird ein Stück der Wahrheit mit einer Schlagzeile erschlagen. Im Pressespiegel lese ich schon gar nicht mehr die Artikel, nur noch die Überschriften. Das Tempo wird immer schneller. Ich werde blitzschnell im Erfassen der Dinge, werde schnell ungeduldig im Gespräch, dränge den anderen, endlich auf den Punkt zu kommen, Zeit ist kostbar. Wenn das Parlament tagt,[2] erhöht sich das Tempo noch einmal. Nun wollen auch die Abgeordneten schnell und möglichst sofort Antworten auf ihre Fragen haben, wollen wissen, was im Ministerium zu ihrem Thema »läuft«, wie die letzten Vereinbarungen sind. Ich laufe durch meinen Tag wie ein hechelnder Hund. Das Schlimme ist: Manchmal merke ich es nicht mal mehr. Bleibe immer beherrscht: nach außen immer freundlich, nach innen oft das glatte Gegenteil. Die Schlagzeilen jagen sich und sie jagen das »Haus«. »Haus« sagen wir zum Ministerium, denn da sind wir zu Hause. Gute Presse ist wichtig, deshalb drückt immer die Zeit: 16.00 Uhr ist Redaktionsschluss. Ein ehernes Datum an jedem Tag. Wir haben immer im Blick, wann die Redaktionen schließen, damit man eventuell noch telefonieren und einen Sachverhalt erklären kann. Wenn »das eigene Haus« nicht rechtzeitig mit der Presse »raus« ist, dann machen es die anderen Ministerien, dann haben die den »Gewinn« einer guten Schlagzeile oder Nachricht. Ministerien konkurrieren nämlich miteinander um gute Presse. So ist das. Da geht viel Energie hinein. Es ist ohnehin schwer genug, eine gute Schlagzeile zu bekommen, die schlechten nimmt die Presse viel lieber. »Bad news are good news.« Also sind wir vor allem darauf bedacht, dass der Minister möglichst keine schlechte Presse kriegt.

Wir arbeiten als Abhängige. Denn die Sitzungstermine stehen fest. In Europa, in den Ländern, in Bundesrat und Bundestag. Ich habe zu funktionieren und pünktlich zu liefern. Wenn ein lang umstrittenes Gesetz zur letztmöglichen Sitzung noch im Kabinett sein soll, dann müssen alle anderen Fristen ent-

---

2. Das Parlament tagt nicht ständig, nur zu so genannten »Sitzungswochen«. Sonst ist der Abgeordnete im Wahlkreis oder bei anderen dienstlichen Terminen.

sprechend erreicht werden. Manchmal hilft noch eine Bitte um Fristverlängerung. Vermittler der Anfrage ist das Kabinettsreferat. Aber nicht immer spielt die andere Seite mit. Manche Abgeordnete bestehen auf ihrem Recht und geben keine Fristverlängerung. Das erhöht den Druck. Dann wird bis spätabends gearbeitet, besonders lang von meinen Mitarbeitern. Wenn dann noch Abgeordnete anfangen, kompliziert herumzudiskutieren, über Fragen, die alle längst geklärt und beantwortet sind, wenn sie mal wieder »aus dem Mustopf« kommen, von nichts wissen, ganz von vorn anfangen wollen – dann bin ich kurz vor dem Platzen. Man sieht es an meinem Lächeln.

Ich bin auf Erfolg geeicht. Ich bin darauf geeicht, mich durchzusetzen. Ich liebe das stille, effektive Handeln. Will meine Ziele möglichst geräuschlos erreichen. Bin deshalb im Gespräch moderat geworden – bis zur Unkenntlichkeit. Aber erfolgreich. Nur das Ergebnis zählt. Weil ich das stille Handeln liebe und unter Druck auch gut arbeite, deshalb höre ich oft nicht mehr zu in einer Podiumsdiskussion, sondern achte vor allem darauf, dass ich meine »Botschaft« platziere. Denn die wichtigen Gespräche finden ganz woanders statt. Auf dem Flur zum Beispiel. Die wirklich wichtigen Nachrichten kommen per SMS. So mache ich es auch im Interview. Den da auf der anderen Seite interessiert ohnehin nicht wirklich, was ich denke. Der da hinter Mikrofon und Kamera macht auch nur seinen Job und steht vielleicht noch mehr unter Druck als ich selbst. Wichtig ist also nur, dass ich in den wenigen Sekunden meine Botschaft »rüberbringe«. Gestanzte Sätze. Jederzeit abrufbar. Egal, bei welcher Gelegenheit. Wenn es komplizierter wird: say nothing. Das ist eine alte Handwerkskunst für schwierige Fragen. Man redet, ohne etwas zu sagen. Ich weiß, dass mein Gegenüber auch unter Druck steht. Journalisten machen einen Höllenjob. Dieser ständige Zeitdruck, die Nachrichten werden immer kürzer. Komplizierteste Zusammenhänge müssen sie in wenige Sekunden Sendezeit verpacken. Denn nur, wer als Erster die »Nachricht« hat, wird gesendet und zitiert. Nur das zählt. Was zählt, ist die verkaufte Auflage oder die Einschaltquote. Was zählt ist das »Ergebnis«. Das hängt vom Tempo ab. So ist es auch im politischen Alltag, im Wettbewerb der Ministerien, im Wettbewerb der Abgeordneten untereinander, im Ranking der Minister. Wer als *Erster* mit dem Vorschlag da ist, bestimmt die Schlagzeile. Gut beraten ist er, wenn er vorher schon weiß (weil er dafür gesorgt hat), dass er eine Mehrheit für seinen Vorschlag haben wird – dann ist der Erfolg sicher. Weshalb man sich scherzhaft erzählt:»Demokratie ist – wenn etwas anderes herauskommt, als der Vorstand vorgeschlagen hat ...« Die gewaltigen Apparate der Ministerien und nachgeordneten Behörden sind Teil des Betriebes. Auch Ministerien wollen gute Presse. An guter Presse kann man den Erfolg der Politik des Ministers und seiner Staatssekretäre ablesen. An guter Presse zeigt sich die gute Arbeit eines ganzen Ministeriums. So ist das. So dumm ist das – in der Tat. *Die Qualität der Arbeit misst sich am Pressespiegel*, manchmal sogar nur am Gewicht des Pressespiegels. Entscheidend wird häufig, *dass* man wahrgenommen wird, nicht, wie man wahrgenommen wird. Es soll Landesminister geben, die meinen:»Hauptsache in der BILD, egal wie ...«

Dazu kommen die Umfragen. Diese wöchentlichen Umfragen werden gelesen, sie bestimmen das Bild von den Handelnden. Wichtig ist, wer der»beliebteste Politiker« ist. Natürlich bestreitet jeder Kollege, dass er diesen Maßstab für wichtig hält – aber er liest ihn dennoch und ärgert sich, wenn er nicht»oben« steht, oder wenn er gar nicht im Ranking auftaucht ... Beliebtheit ist wirklich ein wichtiger Maßstab! Als ob Beliebtheit der Politiker etwas über die Richtigkeit der Politik sagen würde. Wir werden demnächst die Menschen fragen, wer der beliebteste Zahnarzt ist. Jede Wette, es ist der, der am wenigsten Schmerzen verursacht. Ob er ein guter Mediziner ist, ist unwichtig. Aber Politiker sind keine Zahnärzte ...

Wöchentlich hetzen die Agenturen irgendeine neue Umfrage durch die Redaktionen und verbreiten ihren Datenmüll. Abgeordnete lesen das. In den Sitzungen der Fraktion. Im Plenum des Bundestages während der Debatte. Während der Ausschusssitzung. In Wahlkampfzeiten beschleunigt sich dieses leere Karussell noch einmal. Je nach Umfrageergebnis wird dann schon mal ein Abgeordneter oder Minister»abgeschrieben«, so, wie man Sachwerte in einem Unternehmen »abschreibt«: »Aus dem wird nichts mehr«, heißt dann das Urteil. Auch wird schon mal jemand regelrecht »niedergeschrieben«, durch Journalisten, die den Minister oder Abgeordneten nicht mögen. Dabei sind die im Artikel verwendeten Fotos wichtig, die Sprache der Bilder ist stark. Es ist nicht unerheblich, ob ein Minister bei einem Presseball mit neuer Freundin fotografiert wird nach einem langen Abend oder ob man ein Bild druckt, das ihn bei einer Rede auf einem wichtigen internationalen Kongress zeigt oder bei einer Regierungserklärung. Selbst jeder einfache Abgeordnete achtet darauf, dass er in seinem Wahlkreis »ordentliche Bilder« bereithält, falls »die Presse« mal eins braucht und keine Zeit hat »jemanden vorbeizuschicken«. In einer Kommunikation, die von immer kürzeren Nachrichten bestimmt wird; in einer Welt, in der komplizierte Inhalte auf die Größe von »tweets« eingeschmolzen werden; in einer Welt, in der man Wahrheiten auf 140 Zeichen reduziert; in einer Welt, in der man, wenn das so weitergeht, demnächst auch noch auf die Vokale verzichten und nur noch Konsonanten schreiben wird, um noch schneller und noch kürzer »kommunizieren« zu können – in einer solchen Welt dreht sich am Ende alles nur noch um sich selbst. So gesehen ist eine Legislatur ähnlich wie ein immer schneller werdender Wirbel, dem Abfluss in meinem Badezimmer vergleichbar, wenn ich den Stöpsel herausziehe. Das ganze schöne, sorgsam hergerichtete Badewasser – am Ende landet alles – im Ausguss. Dann wird neu gewählt und alles fängt von vorn an: Wer wird Minister, wer wird Staatssekretär, wer wird Ausschussvorsitzender, wer hat »was zu sagen«, wer hat nur Powerpoint? Der neue Parteitag bestimmt eine neue Führung. Nun kommt endlich der »Aufbruch«. Nun geht's endlich los … Dabei sind es nur neue Leute an den alten Stellen. Das Rad dreht sich weiter, nur mit frischen Kräften. Die Frischgewählten sind stolz, wenn sie nun interviewt werden; sie freuen sich, wenn das Fernsehen jetzt über sie berichtet. Sie freuen sich, wenn die Öffentlichkeit sie wahrnimmt.

Besonders wichtig scheint beispielsweise zu sein, ob man mit dem zweit-, dritt- oder viertbesten Ergebnis in eine Funktion gewählt worden ist, nicht, dass man überhaupt gewählt wurde und eher weniger, was man denn mit der Funktion nun anstellen möchte ... Es ist dasselbe alte knarrende Rad, das nun mit frischen Kräften weitergedreht wird. Dass dieser ganze Rummel um Wahrnehmung und Presseresonanz die Menschen verändert, die da interviewt werden – das wird viel zu wenig wahrgenommen. Denn: Der Junkie freut sich zunächst über die neue Droge. Er »genießt nun die Aufmerksamkeit der Medien«. Öffentliche Wahrnehmung ist eine starke Droge. Denn sie erhöht das Selbstwertgefühl; öffentliche Anerkennung tut gut – aber schon bald, wenn erste Kritiken kommen, lässt die Wirkung dieser Droge nach. Dann braucht man noch mehr Stoff. Das alles gilt ebenso für die Verbände, Gutachtergremien und Stellungnahmen: Entscheidend ist »das Bild in der Presse«. Wir haben uns abhängig gemacht von einer Scheinwelt. Wir leben in einem medialen Nirwana. Junkies eben. Wohl dem Politiker, der nicht in der Zeitung steht! Der kann mit etwas mehr Ruhe seine Arbeit machen. Er ist zwar auch ein Gehetzter, denn das Gesetz der Medien wirkt auch in seiner Arbeit, aber er steht weniger in der »Schusslinie« als Kanzler oder Minister, »genießt weniger Aufmerksamkeit« als Vorsitzende und andere Spitzenfunktionäre. Es ist wichtig, dass man im Stillen arbeiten kann, denn unsere Öffentlichkeit ist verliebt in die Skandale. Manchmal hilft es deshalb, eine »Nebelkerze« zu werfen, über die sich alle aufregen können, damit man im Stillen zum eigentlichen Ziel kommt. Die Republik lebt vom Politikkino, von der täglichen Soap-Opera. Man konsumiert die massenmedial vermittelte Politik wie eine Fernsehfolge. Da gibt es die Gute und den Bösen, da gibt es den Kasper und den bösen Buben, da gibt es die Räuber und den Anständigen, da gibt es die böse Mutti und den großen Jungen. Alles ist da. Vor allem Klatsch und Tratsch. Nichts gibt schönere Schlagzeilen als Klatsch und Tratsch. Wer mit wem und warum und überhaupt. Am besten ist es, wenn irgendwas rauskommt: eine Schurkerei! Über so etwas lässt sich am besten schreiben und schwadronieren. Die Leere dreht sich um sich selbst. Wichtig ist die Performance. Wichtig ist, ob der ganze Schwachsinn in bestem Hochglanz erscheint. Wichtig ist, dass man möglichst

»gut dasteht«, dass die großen Politikmagazine und Tageszeitungen positiv berichten.

Ach ja: das Wörtchen »positiv«. Das ist ganz besonders wichtig, denn »wir müssen positiv rüberkommen«. Man darf dem Wähler auf keinen Fall eine Schwäche zeigen, darf niemals zeigen, dass man noch keine Antwort hat. Um Gottes Willen! Nur das nicht. Denn der Wähler honoriert das nicht. Der Wähler will geführt werden! Deshalb ist es das Allerwichtigste, dass die Dinge »auf einem guten Wege sind«. Und was auf diesem Wege alles herumliegt! Alles ist auf dem guten Weg. Da ist überhaupt kein Platz mehr. Man kommt einfach nicht mehr weiter auf diesem Weg, so viel tummelt sich dort: Die Hochglanzbroschüren müssen noch glänzender, die Filme noch brillanter, die »Fernsehauftritte« noch überzeugender werden. Sprache verrät Interessantes: Es geht um »Auftritte« – wie beim Theater. Video-Botschaften werden zusätzlich zu Fernsehen und Radio via YouTube oder Homepage, mit Facebook oder Twitter »an den Wähler« gebracht. Zugemüllt wird der mit Nachrichten, die kein Mensch zum Leben braucht. Der Wähler reagiert genervt: »Lasst mich doch endlich mit eurem Mist in Ruhe!« Das ist die Botschaft der immer größer werdenden Gruppe der Nichtwähler. Es ist ein im Grunde gesunder Reflex auf eine immer inhaltsleerer werdende politische Kommunikation, die kaum noch wirkliche Begegnung zulässt, die den Wähler nur noch zum Empfänger einer Botschaft degradiert, die sich das politische Personal ausgedacht hat und für »wegweisend« hält. Wirkliche Kommunikation ist das nicht. Denn ein richtiger Dialog entsteht nur, wenn man auch zuhört. Wirkliches Zuhören wiederum kommt aus der Stille. Davon jedoch ist unser Politikbetrieb entfernt wie der Morgen vom Abend, wie der Himmel von der Erde, wie das Wasser vom Feuer. Wirkliche Begegnung gibt es nicht in der Welt des Lärms. Es ist ein »babylonisches Geschrei des modernen Politikbetriebes und seiner öden Verheißungen« wie man in Anlehnung an die Einleitung zu Max Picards vorzüglichem Buch »Die Welt der Stille« formulieren möchte. Ich will hier keine Bitterkeit verbreiten, aber ich will die Dinge bei dem Namen nennen, mit dem ich sie kennengelernt habe und auf den sie hören. Es ist deshalb

14

vielleicht hilfreich, am Beginn dieses Büchleins zunächst einmal den Spiegel aufzustellen und ein wenig hineinzuschauen. Wahrzunehmen, was ist. Wahrnehmen, wie ich mich verändert habe durch die Droge. 20 Jahre Junkieleben, das hinterlässt Spuren. 20 Jahre eines ganzen Lebens – und ich habe das Gefühl, dass mir das Leben zwischen den Fingern zerrinnt wie Sand. Ich habe das Gefühl, dass ich eine Handvoll Scherben in der Hand halte, durch die das Wasser nur so hindurchfließt. Ich bekomme ein Gespür für die Nutzlosigkeit dessen, was ich da tue all die Tage und Wochen. Was bleibt denn von all den Sitzungen, Verhandlungen, Delegationsreisen, Gesprächen, Gesetzesentwürfen und Änderungsanträgen? Was ist die tatsächliche Substanz? Werden die Menschen glücklicher? Sind die, die Politik machen, etwa glückliche Menschen? Werden die Menschen zufriedener durch das, was ich tue? Wird die Welt friedlicher? Nimmt der Hunger ab? Kommt die Umwelt wieder ins Lot? Was ist die Substanz unseres Tuns, was die Substanz meines Tuns? Schau in den Spiegel! Und halt mal die Klappe.

»Wenn es still um dich wird und du in Schreck erstarrst: Erkenne, dass Arbeit eine Flucht vor der Angst und der Verantwortung geworden ist und Altruismus eine mühsam verkappte Selbstquälerei. Wenn du des Steppenwolfs schadenfrohen, grausamen Herzschlag hörst – dann betäube dich nicht damit, dass du die Hetze wieder suchst. Sondern halte das Bild fest, bis du ihm auf den Grund gekommen bist.«[3] Das sagt einer, der es aus eigener Erfahrung weiß. Dag Hammarskjöld. UN-Generalsekretär. Politiker. Bevor er Generalsekretär wurde, war er Staatssekretär und stellvertretender Außenminister. Er war schon in jungen Jahren ein sehr erfolgreicher Politiker. Aber er war einer der wenigen, die nicht zum Junkie wurden. Als sein Tagebuch posthum erschien, schüttelten selbst Freunde den Kopf und verstanden ihre Welt nicht mehr. Weil da jemand Politik machte, ohne von ihr abhängig zu sein. Er hatte einen anderen Halt. »Halte das Bild fest, bis du ihm auf den Grund gekommen bist«, schreibt er.

3. Dag Hammarskjöld: Zeichen am Weg. Das spirituelle Tagebuch des UN-Generalsekretärs, Knaur Taschenbuch Verlag 2005, S. 49.

Schau dir dein Spiegelbild genau an. Du bist zum Junkie geworden. Hängst an der Nadel. Brauchst die Droge. Halt inne! Ich aber renne und renne und renne und renne. Ein Hamsterrad ist langsam dagegen. Es geht immer im Kreis herum: von Sitzung zu Sitzung, von Kabinett zu Kabinett, von Delegationsreise zu Delegationsreise, von Interview zu Interview. Ständig verbreite ich gute Botschaften, vermittele den Eindruck, der Wähler könne beruhigt sein, die Dinge seien alle »auf einem guten Weg«. Und doch weiß ich, dass meine Berufskaste zu denen mit dem schlechtesten Ruf gehört. Wegen der Skandale. Wegen der Geschichtchen. Wegen der Dienstwagen und überhaupt. Man traut mir nicht wirklich über den Weg, auch wenn ich immer direkt gewählt wurde. Mit steigenden Erststimmen von Wahl zu Wahl habe ich die Konkurrenten aus dem Feld geschlagen. Habe mehr Stimmen bekommen als die Partei, für die ich angetreten bin. Das waren schöne persönliche Erfolge – glaube ich; aber es schmeckt schal. Da lauert ein Misstrauen in mir, dass da etwas nicht stimmen könnte.

Niemals habe ich mich um einen politischen Posten beworben, sondern man hat mich gefragt, ob ich Staatssekretär werden wolle; zweimal hat man mich gefragt. Und ich hab zweimal »Ja« gesagt. Aber mich selbst beschleichen eines Tages Zweifel über den Sinn dessen, was ich da tue Tag für Tag, Woche für Woche, Jahr für Jahr. Aber ich drücke diese leisen Stimmen beiseite. Ich will gestalten. Ich will nicht nur kritisieren und mich über »gesellschaftliche Zustände« aufregen. Ich will die Dinge besser machen. Also lasse ich mich jagen und werde ein Getriebener. Seine Majestät, der Kalender, hat mich von nun an im Griff. Die Sachzwänge eben. Ich schreibe diese Zeilen im Sommer 2009. Und schon hebt die Musik wieder an.

Auftakt. Wahlkampfauftakt. Ich bin gespannt auf die Musik, die da zu hören sein wird. Ob es ein neues Stück wird? Oder spielt man weiter die alte Leier, die schon seit so vielen Jahren gespielt wird? Die Leier vom Wachstum? Die Leier von der Sicherheit? Die Leier von der Rente und den Auslandseinsätzen? Wir werden es hören. Und wir werden ein sicheres Gefühl dafür haben, ob es wirklich stimmig ist, was da auf der Leier gespielt wird. Wir werden sehr sicher spüren, ob *das LIED*, das da zu hören sein wird, etwas mit *Wahrheit* zu tun hat oder nur das Getöse des alten rostigen Hamsterrades ist, das sich immer schneller dreht, nur weil junge Kräfte nachgerückt sind, die nun mit frischem Mut – dasselbe alte Rad drehen. Ich schreibe dieses Buch, nachdem ich mich entschieden habe, nicht ein viertes Mal zu kandidieren. Mein persönlicher »Ausstiegsbeschluss« ist also gefasst. Dennoch will ich hier zunächst die Wirklichkeit des politischen Alltags beschreiben, so, wie ich sie wahrgenommen habe. Die Wirklichkeit der Junkies, die an der Nadel hängen. Die den öffentlichen Erfolg brauchen wie der Junkie den Stoff. Es ist nur ein sehr kleiner Teil der Wahrheit, gewiss, aber vielleicht ist es nicht so ganz untypisch, was ich hier notiere. Ich werde auch über den *Entzug* reden müssen. Darüber, was eigentlich mit der Seele eines Menschen geschieht, dem man die Droge wegnimmt, oder was sich in ihm abspielt, wenn er sich selbst zu einer Entziehungskur entschließt. Ich will mir *den Weg* anschauen, der dann zu gehen ist. Es wird eine Pendelbewegung werden. Ein Hin und Her zwischen Hektik und Ruhe, zwischen Lärm und Stille. Das ist die Grundstruktur des Buches. Das Pendel. Auf der einen Seite der Lärm, die Hektik, das laute Tun. Auf der anderen Seite das Nachdenkliche, die Stille, das allmähliche zur Ruhe kommen. Vielleicht gelingt es, im Verlaufe des Textes dieses Pendel zum Stillstand zu bringen – damit Neues entstehen kann.

Impressionen

Sonntag, 21. Juni 2009, Berlin-Frankfurt-Seoul

Ich bin mit einer kleinen Delegation nach Asien unterwegs, um gemeinsam mit German Trade & Invest Investorenwerbung für Ostdeutschland zu machen. Ein dichtes Programm liegt vor uns. Aber eigentlich summt in mir das Thema »Stille«. Denn da ist ja dieses Buch, das ich schreiben soll. Vielleicht lässt sich beides verbinden, die laute und die stille Welt? Es ist eine unentschiedene Frage. Der Abschied von zu Hause war heute anders als sonst. Denn es ist vielleicht meine letzte Auslandsdienstreise. Als ich aus meinem gemieteten Häuschen aufbrach, hatte ich eine klare innere Gelassenheit: Irgendwann werde ich zum letzten Mal meine Tür abschließen. Vielleicht war es ja das letzte Mal? Ich fühle mich innerlich aufgeräumt. Ich könnte gehen. Vielleicht aber will das normale Leben mich noch nicht zurücknehmen und ich erfahre anderes, vielleicht Neues?

Das Flugzeug ist laut, die Turbinen dröhnen. Wir warten noch auf die Starterlaubnis. Mein Inneres ist ruhig. Der Hof ist bestellt. Das Feld ist gepflügt. Nichts ist zu tun. 9 Stunden 25 Minuten soll der Flug dauern. Voraussichtlich, man weiß ja nie. Es ist Abend geworden am längsten Tag des Jahres. Noch ist es hell. Viertel nach sechs. Wir fliegen der Sonne entgegen nach Osten. Bald wird sie hinter uns untergehen. Wir fliegen in die Nacht. Etwa 8860 Kilometer sind es bis Seoul. Neben mir sitzt ein junger Mann von Unilever, der in Südkorea und China nach neuen Geschäftspartnern und Lieferanten Ausschau halten will. Wir sprechen ein paar Sätze miteinander. Ich habe mir als Getränk einen trockenen Franzosen geben lassen, ein Wasser dazu. Zum ersten Mal – und ich bin viel geflogen in den zurückliegenden Jahren – fühle ich mich wie in einem ICE, irgendwie gemütlich. Dabei sind wir auf einer großen Reise über Sibirien Richtung Asien unterwegs. Ich bin gern gereist, habe viel gesehen, habe mit Präsidenten, Ministern und Staatssekretären gesprochen, war in Slums und Forschungsinstituten. Ich habe in der trockensten Wüste der Welt das größte Teleskop der Welt besucht, habe Vorträge gehalten auf großen internationalen Kongressen, habe Interviews gegeben. Erinnerungen steigen auf. Bilder, die sich eingeprägt haben. Wir fliegen grade an Bornholm vorbei, sind in estnischem Luftraum, werden bis Krasnojarsk über Russland fliegen, dann an Peking vorbei nach Seoul. Dort seien tagsüber etwa 30 Grad zu erwarten, nachts etwas über 20, informiert der Kopilot. Ich habe zum ersten Mal seit Langem bei einem solchen Flug keinen Kopfhörer auf, um Musik zu hören, sehe keinen Film, verfolge keine Flugroute auf dem kleinen Monitor am Sitzplatz. Ich sitze stattdessen einfach bequem in der Business-Class und genieße meinen Rotwein beim Schreiben.

Die Frage ist da: Wäre Politik anders, wenn die Handelnden regelmäßig in die Stille gingen? Kämen bessere Entscheidungen zustande? Wären z. B. die Verhandlungsergebnisse zum Kyoto-Folgeprotokoll in Kopenhagen besser, wenn die Vermittler regelmäßig ZAZEN trainierten? Das sind überraschend seltsame Fragen, die mich hier anwehen, 11.000 Meter über der Ostsee. Die oberflächliche Antwort ist »Ja«. Die Wahrscheinlichkeit ist groß, dass politische Entscheidungen besser durchdacht, dauerhafter und vielleicht auch »richtiger« und »mutiger« wären, wenn die Handelnden im Politikbetrieb, also die Mitarbeiter der Ministerien, in den Staatskanzleien und Ministerbüros, nicht so sehr Getriebene wären, sondern eine regelmäßige Übung der Stille hätten. Es würde dem Politikbetrieb ganz sicher guttun, wenn in ihm »Stille-Erfahrene« arbeiten würden. Sie könnten besser zwischen Wichtigem und Unwichtigem unterscheiden. Sie würden der medialen Resonanz nicht in dem Maße nachlaufen, wie es gegenwärtig der Fall ist. Aber so ist der politische Alltag nicht. Er ist ganz anders: Minister und Abgeordnete suchen die Talkshows; sie suchen sogar merkwürdige Spielesendungen im Fernsehen auf, zu denen sie als »Promi« eingeladen werden – wenn nur die Einschaltquote groß genug ist. Es ist der Druck, wahrgenommen zu werden. Es geht um den »Marktwert«, der an der »Bekanntheit« gemessen wird. Er wird vermittelt durch Fernsehen und Zeitungen. Also muss man irgendwie in den Massenmedien vorkommen. »Was nicht in der Zeitung steht, hat nicht stattgefunden« – das war einer der ersten Sätze, die ich von einem alten ehemaligen Ministerpräsidenten lernte, als ich anfing vor 20 Jahren. Stille-Erfahrene könnten sich möglicherweise diesem medialen Druck besser entziehen. Sie würden sich womöglich weniger darum scheren, was die Zeitungen schreiben, sie würden selbstbewusster ihre Arbeit tun. Die Prostitution den Massenmedien gegenüber würde weniger werden oder vielleicht sogar ganz aufhören. All dieser gewaltige Unsinn, der gegenwärtig den Politikbetrieb nicht unwesentlich bestimmt – all das würde sich erweisen als das, was es ist: ein völlig unwichtiges Nichts ohne jegliche Substanz. Aber: Wir haben die Stille-Erfahrenen nicht. Wir haben nur sehr wenige, die sich dem Druck entziehen. Die meisten lassen sich bestimmen von der Quote und dem Rang auf der Beliebtheits- und Bekanntheitsskala. Wir haschen alle nach Wind. Wir wollen auf der Skala möglichst weit oben stehen. Wir ordnen uns dem Druck unter. Wir fügen uns. Wir werden zu Getriebenen. Wir müssen »Erfolge« haben, müssen »Erfolgsgeschichten« schreiben. Ach ja, diese »Erfolgsgeschichten«. Oft nennen wir Förderprogramme oder politische Projekte, die endlich parlamentarisch eine Mehrheit fanden – eine »Erfolgsgeschichte«. Dabei ist das Wort unter der Hand schon längst zum Synonym geworden für das, was wir ohnehin tagtäglich tun. Ständig klopfen wir uns selbst auf die Schulter. Die Pressemitteilungen der Ministerien sind voll von diesem Denken. »Lobt euch hin und wieder mal selbst – sonst tut es ja keiner«, hat einmal ein Kanzler in der Fraktion gesagt, als wichtige und hoch umstrittene Reformen endlich mit knapper Mehrheit verabschiedet worden waren. Und die Fraktion hat gelacht, denn er sagte die Wahrheit. Es ist eine seltsame Welt, die ich da kennengelernt habe. Es ist die Welt der sinnentleerten Kommunikation, deren innere Gesetze nach sehr einfachen Regeln ablaufen: Egal, über welches politische Problem gesprochen wird – die jeweilige parlamentarische Mehrheit sieht die Politik »ihres« Ministeriums immer »auf einem guten Wege«. Misserfolge gibt es nicht. Misserfolge darf es nicht geben. Misserfolge gibt es nur in der Wahrnehmung der Opposition und die irrt ja bekanntermaßen allein schon deshalb, weil sie Opposition ist. Es ist ein sehr schlichtes Theaterstück, das wir da spielen. Die Figuren in diesem Theater sind sehr einfach zu begreifen: Da gibt es die Regierung. Die Regierung ist immer »erfolgreich«. Und dann gibt es die Opposition. Die Opposition krittelt nur herum und hat keine Alternativen. Die Puppen in dem Stück gehören entweder zur Regierung oder zur Opposition. Man kann sie schon an den Kostümen erkennen. Die Puppen der Regierung fahren die größeren Autos. Mit diesem Theaterstück lügen wir uns selbst in die Tasche und jeder weiß das auch, aber alle klatschen mit. Ich habe es oft erlebt, dass ein Antrag nur deshalb nicht beschlossen wurde, weil er von der Opposition kam, auch wenn er inhaltsgleich mit eigenen Anträgen der Regierungsfraktionen war. So manchen neu gewählten Abgeordneten habe ich ratlos gesehen, wenn er zum ersten Mal wahrnehmen musste, wie diese Spielchen getrieben wurden. Ich nenne das »Haschen nach Wind«. Die Opposition hat allein schon deshalb Unrecht, weil sie Opposition ist. Die Regierung hat schon allein deshalb Recht, weil sie die Mehrheit hat. Noch inhaltsleerer geht es nicht. Ich kann mich noch gut daran erinnern, wie in der rot-grünen Zeit (1998-2005), ich war damals im Forschungsministerium, ein FDP-Antrag, mehr Geld für Batterieforschung bereitzustellen, mit rot-grüner Mehrheit abgelehnt wurde – eben, weil er von der FDP kam, die damals in der Opposition war. Heute, im Jahr 2009, innerhalb des Konjunkturpakets II, haben wir gerade 500 Millionen Euro vom Parlament für unser großes Elektromobilitätsprogramm bekommen, z. B. zur Weiterentwicklung der Batterien für die Autos, damit sie endlich ohne Erdöl fahren – heute, während der Weltwirtschaftskrise, merken wir, dass wir wichtige Jahre verloren haben – eben durch die Festlegung der Rollen in diesem Theaterstück auf »Regierung« und »Opposition«. Wir haben kostbare Zeit verloren durch den Automatismus, dass – egal, worum es geht – eine Sache schon deshalb falsch sein muss, eben weil sie von den »anderen« kommt und vorgeschlagen wird.

Wie wäre es, wenn wir den Vorhang mal fallen lassen würden? Wie wäre es, wenn die Puppen ihre Kostüme ausziehen würden für einen Moment, damit man die Menschen darunter sehen könnte? Wie wäre es, wenn wir das Theater mal wenigstens für einen Augenblick unterbrechen und eine Pause machen würden? Was würde sich ändern, wenn die Junkie-Puppen hin und wieder in der Pause ins Theatercafé gehen würden? Wie wäre es, wenn wir die Bühne einmal räumen und die Stille eintreten lassen würden? Mir gefällt die Szene. Wenn die Stille die Bühne betritt. Womöglich würde uns etwas wirklich Neues einfallen. Etwas Radikales womöglich. Ich glaube, dass die regelmäßige praktische Übung in Stille, das tägliche aktive Training der Achtsamkeit, die Menschen klarer, mutiger und vernünftiger machen würde. Die Puppen würden vielleicht mit der Kasperei aufhören und beginnen, ein ernsthaftes Stück aufzuführen. Denn bei genauem Anschauen, beim stillen Überprüfen der eigenen Position und der der anderen Seite – würde man das gemeinsame Anliegen entdecken können. Man würde aufhören mit dem Theater, die Wahrheit in der Position des anderen sehen. So weit reicht es jedoch in unserem Politikalltag sehr oft nicht. Wir bleiben stecken im Theaterstück. Alle stöhnen darüber – aber machen weiter mit. Nur der Applaus wird weniger. Von Wahl zu Wahl.

So etwas schwirrt mir durch den Kopf, während wir Russland erreichen. Estland liegt hinter uns. Wir sind schon in der Nähe von Moskau. Und wieder hole ich mich zurück in die Gegenwart und nehme wahr, was *JETZT* gerade ist: Neben und vor mir sitzen Menschen im Flugzeug. Jeder sieht einen anderen Film auf seinem Monitor, hat die Kopfhörer auf, lässt sich »berieseln«, um die lange Flugzeit irgendwie zu überbrücken. Jeder ist für sich. Es ist eine atomisierte Gesellschaft. Mit hoher Geschwindigkeit sind wir irgendwohin unterwegs. Das eigentliche Ziel kennt niemand mehr. Es ist ein gutes Bild für unsere Leistungsgesellschaft. So leben wir: als Vereinzelte, die mit hoher Geschwindigkeit unterwegs sind und das Ziel nicht mehr kennen. Was ist mit der wirklichen Begegnung zwischen den Menschen? Was haben wir uns noch zu sagen? Was wäre zu reden mit dem, der neben mir sitzt – dem mit den Kopfhörern? Ratlosigkeit zeigt sich. Menschen, die die Kraft der Stille erfahren haben,

Menschen wie Thomas Merton oder Martin Buber und andere wissen, dass die eigentliche Begegnung, die wesentliche Begegnung, die Begegnung mit dem »DU« – in der Stille stattfindet und aus der Stille kommt. Sie findet jenseits von Kopfhörern, Filmen, Radiosendungen und Laptops statt. Jenseits von Flugzeugtriebwerken und anderem Zivilisationslärm. Ich wage den Satz: Wirkliche Kommunikation und tiefe Begegnung – ist zunächst nonverbal und kommt aus der Stille. Nur aus der Erfahrung der Stille gibt es eine Weise miteinander zu sprechen, die wirklich berührt und nur deshalb etwas verändern kann. Es gibt Belege für eine solche Sicht der Welt. Im Alten Testament sind sie zu finden und bei den Meditations-Erfahrenen: bei Johannes vom Kreuz, Teresa von Avila, bei Thomas Merton, Thich Nath Hanh, Meister Eckhart.

Worum geht es? Worum kreisen diese Gedanken? Es geht um die Frage, ob Politik so, wie wir sie gestalten, wirklich noch in der Lage ist, das Leben der Menschen zu *berühren* und wirklich zum Besseren zu verändern. Es geht um die Frage, ob Politik wirklich hilfreich sein kann in einer Welt, deren Probleme immer komplexer werden. Kann ein Junkie zur Gesundung seiner Umgebung beitragen? Kann ein Abhängiger hilfreich sein bei der Lösung gesellschaftlicher Probleme, die ans Existenzielle gehen? Wirklich hilfreiche Politik wird nicht möglich sein im Lärm, sie wird nicht möglich sein im sich beschleunigenden Tempo einer den gesellschaftlichen Veränderungen dennoch immer hinterherhinkenden Politik; es geht nicht auf dem Weg eines »noch mehr, noch schneller, noch effizienter« – es geht vielleicht, wenn wir den Weg in die Stille wieder finden, wenn wir wieder zuhören. Wenn wir wieder *hören*, was uns der andere wirklich mitteilen möchte. Wenn wir versuchen, wirklich zu verstehen, was in unserem Land und in der Welt vor sich geht. Dazu ist es aber erforderlich, zum Entzug zu gehen. Entgiftung ist notwendig. Wir müssen den eigenen Kopf von den eingeschliffenen Bildern frei machen, von dem Film, der da ständig läuft. Wir müssen versuchen, die Mühle im Kopf zum Stillstand zu bringen. Wir müssen versuchen, wieder klar zu werden. Aber das ist nicht einfach. Denn ich weiß natürlich, dass denen, die der schnellen und lauten Welt angehören wie ich selbst über viele Jahre meines Lebens, dass den Politik-Junkies und Wirtschaftsbossen, dass den »Tüchtigen« Stille Angst macht. Die überaktiven Ärzte und Rechtsanwälte, die tüchtigen Schüler und Musiker – alle die Getriebenen, die vom »Erfolg« abhängen, wir laufen doch im Grunde der eigenen inneren Leere davon in unseren Alltag, stürzen uns in Kampagnen und Aktionen, verhaspeln uns in einem »noch mehr« und »noch besser« – »und kommen weiter von dem Ziel«,[4] wie das Lied weiß. Nichts macht uns größere Angst, als einfach mal die Klappe zu halten. Was wäre denn, wenn ich mal nicht »auf dem richtigen Wege« wäre; wenn das, was ich tue, mal keine »Erfolgsgeschichte« wäre; wenn man mal nicht »das Problem lösen« würde? Was wäre eigentlich, wenn ich mal in die Tiefe der Stille wirklich eintauchte und darin verweilen würde? Was wäre, wenn ich dem Rat Dag Hammarskjölds folgen würde: »*Wenn es still um dich wird und du in Schreck erstarrst: erkenne, dass Arbeit eine Flucht vor der Angst und der Verantwortung geworden ist und Altruismus eine mühsam verkappte Selbstquälerei. Wenn du des Steppenwolfs schadenfrohen, grausamen Herzschlag hörst – dann betäube dich nicht damit, dass du die Hetze wieder suchst. Sondern halte das Bild fest, bis du ihm auf den Grund gekommen bist.*« Es könnte sein, dass ich dann meiner eigenen Bitterkeit und Verzweiflung begegne über sehr viel ungelebtes Leben. Ich würde vielleicht spüren, dass ich bei all dem Tun und Machen und Rennen und Diskutieren viel von einem einfachen, fröhlichen, entspannten Leben versäumt habe. Ich könnte vielleicht sehen, dass mir die Freunde abhandengekommen sind und die Liebe. Ich könnte vielleicht sehen, dass ich einsam geworden bin vor lauter Arbeit, obwohl ich ständig unter Menschen war. Ich würde einem Schmerz darüber begegnen.

Vielleicht würden wir auch sehen und fühlen können, dass wir in einer suizidalen Gesellschaft leben. Vielleicht würden wir nicht nur erkennen, sondern wirklich spüren können, dass wir uns die Grundlagen des Lebens zerstören. Wir würden das nicht

4. Matthias Claudius: »Der Mond ist aufgegangen«

nur mit dem Kopf erfassen und nachplappern, wir würden es wirklich spüren. Das ist die Herausforderung. Denn Stille führt zum körperlichen Erspüren dessen, was ist. Man beginnt, Wirklichkeit zu fühlen. Ich erfasse die Welt nicht mehr nur mit dem Kopf, sondern mit dem Leib; der Führer in diese Wirklichkeit ist der Atem.

Was ist jetzt? 2.50 Uhr mitteleuropäischer Zeit. Es ist zwar eigentlich noch mitten in der Nacht, aber dennoch werden wir schon wieder geweckt. Ich bin schon seit etwa 2 Uhr wach, brauche das Wecken gar nicht. 4 ½ Stunden Halbschlaf müssen genügen, den Tag zu überstehen. Auch nach dem Aufwachen ist das Thema »Stille« immer noch in meinen Gedanken. Wir hatten starke Turbulenzen während des Fluges und ich hatte hin und wieder an den Flugzeugabsturz der Air France Maschine gedacht, bei der man vor ein paar Tagen nur noch Wrackteile im Ozean gefunden hat. So kann das Leben zu Ende gehen. Aber die wieder erwachenden Passagiere, das Kramen der Stewardessen in der kleinen Küche des Flugzeugs, das Klappern des Geschirrs – all das führt mich nun zu dem, was vor mir liegt. Asien. Ich denke an die großen Städte, die ich wieder sehen werde, an diese Monster. Ich sehe die gewaltigen Abfallberge vor mir, die sie täglich produzieren, denke an ihren enormen Energiehunger, an ihre wahnsinnige Zerstörungskraft, sehe den außer Rand und Band geratenen Verkehr in den Straßen der Millionenstädte. Ein Ameisenhaufen ist harmlos gegen dieses Gewimmel. Wohin sind die Menschen in diesen Städten unterwegs? Wo liegt das ZIEL, das sie suchen? Die zentrale Frage ist da: Wohin sind die Menschen *eigentlich* unterwegs, die tagtäglich um den Globus fliegen? Noch genauer: Was ist *mein* wirkliches Ziel? Was suche *ich*?

Nun, fangen wir außen an: Ich bin als Vertreter der Bundesregierung unterwegs, um Reden zu halten. Das Ziel dieser Reden ist, koreanische und chinesische Unternehmer dafür zu gewinnen, in Deutschland zu investieren. Wir wollen durch diese Investitionen Arbeitsplätze schaffen. Wir wollen erreichen, dass die Menschen in unserem Land einer sinnvollen, gut bezahlten Arbeit nachgehen können, um ihre Familien und sich selbst zu ernähren, zu kleiden und auszubilden. Aber wir tun das auf irgendwie seltsame und widersprüchliche Weise. Denn unser gut gemeintes Handeln führt zu mehr Zerstörung. Unsere Zivilisation verträgt sich nicht mehr mit der Natur. Sie zerstört ihre eigenen Grundlagen. Sie ist suizidal, selbstmörderisch. Da helfen auch alle politischen Programme nichts. Denn die nüchternen Statistiken zeigen uns: Der Klimawandel geht mit zunehmendem Tempo voran, die Emissionen steigen. Das führt zur Zerstörung großer landwirtschaftlich nutzbarer Flächen und zur schließlichen Landflucht vieler hundert Millionen Menschen – in eben jene Städte, die nun noch schneller wachsen. Die Armut nimmt zu. All diese Zusammenhänge sind bekannt und ausführlich beschrieben. Und dennoch beschleunigt sich die Zerstörung. Obwohl die Politik in Abkommen und Beschlüssen vereinbart hat, etwas dagegen zu unternehmen, wächst die Zerstörung exponentiell, nicht nur linear. Was ist der Grund? *Wir fühlen nicht mehr, was wir wissen.* Wir sind Abgetrennte. Wir haben den Kontakt zu uns selbst verloren. Wir leben und entscheiden nur noch mit dem Kopf. Stille-Training kann dem entgegenwirken. Stille-Training kann uns wieder in Verbindung bringen mit unserem Inneren, mit dem Leben selbst. Aber es ist ein weiter Weg dorthin.

Frühstück gibt es »kurz hinter Peking« sozusagen. Jetzt ist es nur noch ein Katzensprung über das Gelbe Meer, dann sind wir am Ziel unserer Reise. In etwa 40 Minuten landen wir. Es ist kurz nach halb vier mitteleuropäischer Zeit, hier in Asien ist der Tag schon etwas älter, es ist kurz nach halb elf am Vormittag. Und der Planet rollt weiter nach Osten, unter uns hindurch sozusagen, kreist weiter um die Sonne.

Und die Sonne tönt, wie sie seit alters her tönt. Joachim-Ernst Berendt hat diesen Ton beschrieben, Computerfachleute haben ihn hörbar gemacht: den Sonnenton. Kopernikus schon kannte diese »harmonia mundi«, die da draußen im All zu hören ist. Was hört man davon in den riesigen Städten Asiens mit ihrem Verkehrslärm? Kann man in ihnen noch den Sonnenton hören? Mir fällt die Geschichte von den zwei ZEN-Mönchen ein, die in einer schönen klaren Nacht im Gebirge unterwegs sind. Der eine bleibt stehen, den wunderbaren Sternenhimmel betrachtend. »Das alles haben die Menschen geschenkt bekommen – und was machen sie daraus?« Der Sinn für die Schönheit und Vollkommenheit der Schöpfung ist uns abhandengekommen. Wir nehmen gar nicht mehr wahr, was da für Schätze und Reichtümer vor uns ausgebreitet liegen – wir haben gar kein Gefühl mehr dafür, wie sehr wir Beschenkte sind. Wir haben stattdessen den Kopf vollgestopft mit Plänen, die Welt irgendwie besser zu machen – und sehen den Reichtum gar nicht, den wir längst haben. Psychotherapeuten wissen davon zu berichten, dass ihre Patienten, voll von Stress und Hektik und innerem Druck, die Fähigkeit, wirklich zu genießen, nicht mehr haben. Sie haben den Kontakt zu ihrem Inneren verloren. Sie haben ihr Leben verloren. Wir sind unterwegs wie Irrlichter an einem Sommerabend »und kommen weiter von dem Ziel«. Wir berauben uns durch unsere Art zu leben und zu arbeiten unseres Sinnes für die Schönheit der Schöpfung, die uns geschenkt ist. Wenn man aber in die Stille geht, kann man seine Sinne wieder schärfen und empfindsam werden. Der Weg dahin ist nicht einfach. Man muss zum Entzug. Man muss dem Kranken zunächst die Droge entziehen: keine Geräusche menschlicher Aktivität mehr, kein Handy, kein Laptop, kein Radio, kein TV – nur noch Stille. Man muss sich zunächst säubern von all dem Lärmmüll, der um uns und vor allem in uns ist. Denn dann erst können die Sinne allmählich wieder schärfer werden für das, was wirklich ist – für die Schönheit und die Vollkommenheit der Schöpfung. Es ist eine »Pro-Vokation«, eine »Heraus-Rufung« aus unserem Alltag. Es ist an der Zeit, die Notbremse zu ziehen.

Das weiß ich mit dem Kopf. Aber mein Leben im Hier und Jetzt ist anders. Jetzt bin ich in Asien. Gleich landen wir in Südkorea.

Montag, 22. Juni 2009, Grand Hayatt Hotel, Seoul

Nein, ich lasse das Staccato dieser Tage in Asien hier so stehen und ändere nichts. Ich schreibe es nicht um, mache keine Prosa daraus. Ich will es fotografieren gewissermaßen, so wie es war. Ich will exemplarisch darstellen, wie die Tage eines Junkies aussehen, wenn er auf Reisen ist. Ich will den Spiegel hinhalten, damit man das »Ver-rückte« darin sehen kann.

11.40 Uhr Ortszeit. Der Botschafter holt uns am Flughafen ab. Wir reisen als Diplomaten. Er kann uns deshalb an den langen Schlangen vorbei direkt zum Kleinbus führen, der uns in die Stadt bringt.

12.10 Uhr. Fahrt zum Grand Hyatt Hotel, Seoul. Während der Fahrt bekommen wir ein Briefing[5] über die wirtschaftliche und politische Lage im Land.

12.25 Uhr. Check in im Hotel

13.00 Uhr. Fortsetzung des Briefings durch den Botschafter bei einem kleinen Mittagessen unter Beteiligung der mitreisenden Wirtschaftsvertreter der Seeverkehrsbranche (The Paris Grill, Grand Hyatt Hotel)

15.00 Uhr. Fahrt zum Gyeongbokgung-Palast – ein alter Kaiserpalast, UNESCO-Weltkulturerbe

15.20 Uhr. Besichtigung des Palastes und Spaziergang durch Insa-dong; dabei weitere Gespräche über die wirtschaftliche und politische Situation im Land

16.30 Uhr will die größte Tageszeitung ein Interview mit mir über Ziel und Zweck unserer Reise führen. Es wird im Hotel stattfinden.

17.15 Uhr. Briefing durch einen Vertreter von German Trade & Invest zur Vorbereitung der Investorenkonferenz am Abend. Ich werde über den Stand der Vorbereitungen informiert, erfahre, wer gekommen ist.

17.30 Uhr habe ich die Investorenkonferenz »The Future of Eu-

---

5. In einem »Briefing« erfährt der Reisende in kürzester Zeit die »wesentlichen« Informationen über das Land: politische und wirtschaftliche Situation; Mehrheiten in Parlament und Regierung; eine Fülle Hintergrundinformationen, bereitgestellt von den Mitarbeitern der Botschaft, die z.T. schon über jahrelange Erfahrung im Land verfügen und es sehr gut kennen. Der Sinn des »Briefings« ist es, dem Reisenden ein Gefühl für die »Lage« im Land zu geben, damit er seine Rede, Interviews und andere Beiträge möglichst darauf einstellen kann.

ropean Mobility: Germany's Next Generation of Airport Hubs«
in der Waterfall Area, Grand Hyatt Hotel zu eröffnen.
18.00 Uhr. Workshops, in denen sich die Flughäfen Halle/Leipzig und BBI (Airport Berlin Brandenburg International) vorstellen.
19.00 Uhr. Cocktailempfang (Exibition Area, Grand Hyatt Hotel)
19.30 Uhr. Festliches Abendessen (Mansan III, Grand Hyatt Hotel) und Eröffnungsrede mit Redebeiträgen von deutschen und koreanischen Investoren. Ich werde nicht vor Mitternacht im Bett sein können. Nicht schlecht nach dem kurzen Schlaf auf dem Hinflug.

Dienstag, 23. Juni 2009, Grand Hayatt Hotel, Seoul

Es ist kurz vor fünf am Morgen. Seit halb 4 schon bin ich wach, seit 4 Uhr auf den Beinen – die Folgen vom Jetlag. Ich sehe den Smog über der 20-Millionen-Stadt. Und wieder drängt sich die Frage in den Vordergrund: Wohin gehen diese Riesenstädte? Die Hälfte der Bevölkerung ganz Südkoreas lebt in Seoul, über 50 Prozent! Über die Hälfte der gesamten Weltbevölkerung leben in solchen Megacitys wie Seoul. Die Welt lebt in der Stadt. Oder in dem, was man als »Stadt« bezeichnet, obwohl es völlig chaotische und unübersichtliche Gebilde geworden sind, bei denen man noch nicht mal mehr weiß, wo sie eigentlich anfangen und wo sie aufhören.
5.30 Uhr. Ich zünde ein Räucherstäbchen an, das ich mir mitgenommen habe und sehe oben, am Fenster meines Zimmers im 19. Stock des Grand Hayatt, dem Sonnenaufgang über Seoul zu. Rauchig rot kommt sie daher, die alte Sonne. Steht links von mir am dunstigen Himmel. Der Blick geht nach Süden über die Hochhäuser der Metropole.
Ich will mich wenigstens kurz zu Hause melden, greife zum Handy und spreche Marie einen Gruß auf die Mailbox. Sie schläft noch. In Deutschland ist es Nacht. Meine stille Zeit hoch oben in der 19. Etage geht zu Ende. Die Termine des heutigen

Tages sind wie immer dicht gepackt: Um 8.00 Uhr gibt es im Hotel ein Frühstück auf Einladung der Außenhandelskammer mit etwa 50 deutschen Unternehmensvertretern, die in Südkorea investiert haben. Ich darf als Ehrengast einen Vortrag über unser nationales Programm zur Einführung der Elektromobilität halten. Erkläre, dass Deutschland zum Leitmarkt für Elektromobilität in Europa werden will; führe aus, was wir mit unserer Strategie »Weg vom Öl«, die wir schon 2004 noch unter rot-grünen Mehrheiten beschlossen hatten, meinen; berichte, wie wir sie Schritt für Schritt umsetzen. Ich informiere über die vereinbarte Zusammenarbeit zwischen deutscher und indischer Automobilindustrie zur Förderung alternativer Antriebe und stelle alles in den großen Zusammenhang von wirtschaftlichem Wachstum und Klimawandel. Es gibt viele interessierte Fragen. Eine »erfolgreiche« Veranstaltung.

9.20 Uhr fahren wir zum Ministry of Land, Transport & Maritime Affairs

10.00 Uhr habe ich dort ein Gespräch mit Vizeministerin Choi Jang-Hyun im Ministerium (Themen: Schienenverkehr, rollendes Material, Gebäudeenergieeffizienz, Seeverkehr, Logistik, Elektromobilität, Klimawandel)

11.00 Uhr. Fahrt zum Rolling Hills Hotel

11.50 Uhr begrüßt uns Herr Yand Hoong-Chul, der Präsident des Hyundai-Kia Motor Technology Centers. Wir sprechen über Forschung für nachhaltige Mobilität und erfahren, dass Hyundai mit 10.000 Forschern am Thema Elektromobilität und Hybridantriebe arbeitet. Hier erwächst eine starke Konkurrenz für die europäischen Automobilbauer! Viele Menschen in Deutschland wissen noch nicht, was sich in Asien tut. Wir werden davon berichten, wenn wir zurückkehren.

12.20 Uhr. Festliches Mittagessen, gegeben von Herrn Yang Hoong-Chul. Dabei haben wir weitere Gespräche über Klimawandel, moderne nachhaltige Mobilität und die Möglichkeiten der Politik, in den Megacitys den wachsenden Verkehr überhaupt noch irgendwie zu organisieren. Anschließend besichtigen wir das Hyundai-Kia Motor Technology Center. Ich werde eingeladen, mit den neuesten Hybridfahrzeugen Probe zu fahren.

14.45 Uhr geht es weiter zur Incheon Free Economic Zone
16.00 Uhr. Begrüßung, Briefing und Besichtigung. Hier in der
Freihandelszone entsteht ein gewaltiges Areal für Forschung
und Entwicklung, Produktion und Dienstleistung für etwa
80.000 exzellent ausgebildete Menschen aus der ganzen Welt.
Das ganze Gebiet liegt aber nur etwa 2 Meter über dem Meeresspiegel und ich frage mich, ob man denn den ansteigenden Meeresspiegel gar nicht bedacht hat? Man wird bald schon wieder
umziehen müssen ...
17.00 Uhr fahren wir durch dichtesten, ständig stockenden Fei-
erabendverkehr zur Firma DB Schenker Logistics Korea; schau-
en uns das Unternehmen an und sprechen über die Herausforderungen, die deutsche Unternehmer in Südkorea bewältigen
müssen. Man freut sich über unseren Besuch. 18.50 Uhr quälen
wir uns mit dem Kleinbus durch den dichten Stadtverkehr zum
Grand Hyatt Hotel zurück. Es ist ein sehr heißer, schwüler Tag.
Für 19.30 Uhr habe ich ein privates Abendessen mit einem Kollegen von der dpa vereinbart. Wir sitzen sehr angenehm draußen
auf der Terrasse und haben einen schönen Blick über die Wolkenkratzer der Stadt. Es ist angenehm nach diesem schwülen
heißen Tag, der mit über 30 Grad sehr anstrengend war. Unser
Gesprächspartner ist mit einer Koreanerin verheiratet und lebt
schon seit einigen Jahren im Land. Wir sprechen über die Atom-
frage und das Verhältnis zu Nordkorea. Ich erzähle von meinem Aufenthalt in Nordkorea vor einigen Jahren und bekomme wichtige Hintergrundinformationen, um das Land besser zu
verstehen. 46 Millionen Einwohner hat Südkorea, die Hälfte
lebt in Seoul. Das Land versorgt sich aus 20 Atomkraftwerken
mit Energie, 6 weitere sind geplant. Es gibt kein Endlager. Die
Firmen stapeln den Strahlenmüll in Fässern auf dem Betriebsgelände. Die Wirtschaft im Land ist trotz Weltwirtschaftskrise
noch stabil. Auch der Bankensektor hält noch. Man weiß nicht,
wie lange. Ich höre, dass man die Kinder im Lande schon früh
zu Leistung und Erfolg erzieht. Die Suizidrate im Land ist nicht
gering. Das Land will sich aus eigener Kraft weiterentwickeln.
Man treibt sich zu Höchstleistungen an. Es ist grade mal eine
Generation her, da galt Südkorea noch als Entwicklungsland.

Ein langer anstrengender heißer Tag geht zu Ende. Ich muss morgen früh weiter nach Shanghai.

Mittwoch, 24. Juni 2009, Grand Hayatt Hotel, Seoul

4.45 Uhr. Aufstehen. Zu wenig Schlaf. Ganz eindeutig. Aber wir müssen weiter nach China. Es ist ein Nomadenleben, das ich da führe; ein Globetrotter-Leben. Ich lebe aus dem Koffer. Nirgends bin ich richtig da, immer auf der Durchreise. Ich sehe nichts von dem Land, das ich da gerade besuche. Zwar habe ich hochrangige Gesprächspartner, aber ich sehe eigentlich nur das Hotel und höre vom Land, was mir andere erzählen. Ich bin unterwegs in Sachen Elektromobilität und Investments. Und der Klimawandel vollzieht sich weiter. Stunde um Stunde, Tag um Tag. Die Menschen gehen ihren Beschäftigungen nach und treiben das Große Rad. Und es dreht sich immer schneller. »Was ist das Lebensziel eines Koreaners?«, hatte ich gestern unsere Begleiterin von der Botschaft gefragt. »Wohin sind die Menschen unterwegs?« »Sie wollen, dass es ihren Kindern einmal besser geht. Vergessen Sie nicht, Korea war vor 40 Jahren noch ein Entwicklungsland.« Ja, die Menschen wollen, dass es ihren Kindern einmal besser geht – so wollen es die Eltern in Deutschland auch. Aber wir leben und arbeiten auf eine Weise, die unseren Kindern die Lebensgrundlagen zerstört. Das ist das Drama.

Ich verlasse das Zimmer und gehe nach unten in die Lobby. Wieder mal war ich der Erste der ganzen Delegation, der schon fertig ist und auf die Weiterreise wartet. Nun hab ich noch eine halbe Stunde Zeit. Dann fahren wir zum Flughafen. Es ist noch still in der Lobby des Luxushotels. Die Stille ist sehr schön und klar. Es klingt keine Musik aus den Lautsprechern des Hotels, nur die Klimaanlage brummt.

Das Handy vor mir auf dem kleinen Tisch klingelt. Marie ruft an. Sie hat sich Sorgen gemacht, weil sie nichts von mir gehört hat bislang. Wir können ein paar Minuten sprechen. Ich kann sie beruhigen. Mir geht es gut. Ich habe zwar nur wenig Schlaf gehabt, aber die Termine waren alle »erfolgreich«. Sie sagt mir, dass sie am Freitag mitkommen will zu einer Veranstaltung im Gebäude des ehemaligen Ministerrats der DDR in Berlin zum Thema »20 Jahre Mauerfall«. Es ist eine meiner letzten öffentlichen Veranstaltungen. Ich habe einen Part in einer Podiumsdiskussion mit Hans-Joachim Maaz und anderen. Christoph Dieckmann von der ZEIT wird auch da sein. Marie will Anteil nehmen an dem Prozess des Abschieds, will »die Welt der Politik« noch einmal wahrnehmen, wie sie mich bestimmt hat in all den Jahren. Es ist schön, dass sie mitkommt. Aber: In diesem Alltag hier, mitten auf der Dienstreise in Asien haben wir nur wenig Zeit zum Reden. Gleich kommen die anderen und der Kleinbus bringt uns zum Flughafen. Die Veranstaltung ist am Freitag. Vorher muss ich noch mal eben nach Hongkong. Etwa 4 Stunden Schlaf bleiben am Tag. Und wieder sitze ich als Erster in der Lobby, bin schon ausgecheckt und hab etwas Zeit, die vielen Eindrücke nachklingen zu lassen. Ein Mitarbeiter von GTaI (German Trade & Invest), der seit 30 Jahren hier in China lebt, stellte sich gestern Abend bei einem Randgespräch am Tisch als »Schattenboxer« und »Yogi« heraus. Wir reden über ZAZEN. Er will mir eine Empfehlung schicken für ein ZAZEN-Training in Japan. In China gebe es das nicht mehr, sagt er.

Wir hatten ein sehr großes Medieninteresse gestern vor der Abendveranstaltung. Gut. Unser Besuch wird öffentlich wahrgenommen. Die Veranstaltung selbst war sehr gut besucht. Man interessiert sich für Deutschland. Das Essen war wirklich optisch und geschmacklich exzellent und sehr besonders. Die Deutschen haben sich Mühe gegeben, um als guter Gastgeber erkannt zu werden. Abends bei der Investorenkonferenz sollten auch Unternehmer sprechen, die bereits in Deutschland investiert haben. Einer von ihnen tat es auf besondere Weise. Der Chinese, der schon in Rathenow investiert hat, führte aus: »Es gehen derzeit viele Betriebe in Deutschland kaputt – eine gute Gelegenheit, zu kaufen …« Hinterher sprach er mich an. Er hatte die Sorge, er könnte zu kritisch gesprochen haben. Ich beruhigte ihn. Er sollte ja von seinen eigenen Eindrücken berichten. Und wenn er überzeugt davon ist, dass jetzt ein guter Moment sei, zu investieren, dann ist das deutlich geworden. Meine halbe Stunde allein in der Lobby geht zu Ende. Nun kommen die anderen. Wir müssen aufbrechen. Wir fahren mit dem Kleinbus zum Flughafen. Wir sind sehr zeitig unterwegs, fahren durch das morgendliche Seoul. Der Fahrer möchte uns etwas unterhalten und hat ein Video eingelegt. Mr. Bean ist zu sehen, wie er Blödsinn macht. Wir fahren etwa eine Stunde. Ein sonniger Tag.

9.50 Uhr landen wir am Flughafen Pudong in Shanghai. Ein Vertreter der Wirtschaftsabteilung des Generalkonsulats holt uns ab. Er steckt die deutsche Fahne ans Fahrzeug und wir fahren los zum Bahnhof. Wir fahren mit dem Transrapid in die Stadt, besichtigen kurz das Maglev-Museum, fahren über die Pupu Bridge, sehen das Expo Gelände und checken im Ritz Carlton ein. Edel edel. Ständig telefoniert der Kollege vom Generalkonsulat vom Bus aus mit dem Hotel. Der Direktor möchte mich unbedingt persönlich begrüßen. Und dann stehen er und seine Mannschaft unten am Haupteingang und wir bekommen als Ehrengäste einen besonderen Willkommensgruß. Er bringt mich persönlich zu meinem Zimmer hinauf. Ich habe einen kurzen Moment Zeit, um mir für die offiziellen Termine ein frisches Hemd anzuziehen, dann müssen wir los. Der Generalkonsul gibt in der Residenz ein Essen, um uns über die Situation in Shanghai zu informieren. Danach fahren wir in die Stadt, um mit der Wissenschaftskommission der Stadt über Energieeffizienz im Gebäude- und Verkehrsbereich zu sprechen und verabreden konkrete weitere Zusammenarbeit. Unser umfassendes CO_2-Minderungsprogramm im Gebäudebereich stößt auf großes Interesse.

16.30 Uhr. Pressegespräch vor der Investorenkonferenz

17.15 Uhr. Briefing durch German Trade & Invest über die Abendveranstaltung

17.30 Uhr. Investorenkonferenz mit Begrüßungsrede, Abendessen und entsprechenden Reden. Spät bin ich auf dem Zimmer.

Donnerstag, 25. Juni 2009, Ritz Carlton Hotel, Shanghai

Wir müssen früh raus. 5.30 Uhr schon fährt der Bus zum Flughafen. Um 8 Uhr startet unser Flug. Xiabo Lin wurde gestern in

Peking verhaftet. Die »China Daily Shanghai« zitiert über dieses Ereignis nur eine Pressemitteilung der Regierung in Peking – ohne Kommentar. Die Botschaft dieser Art der Pressearbeit hier im Süden Chinas soll sein: »Wir registrieren genau, was da in Peking wieder passiert.« Aber man hält sich sonst mit öffentlicher Kritik zurück. Kein Kommentar. Einen Tag später wird es in Shanghai zu einer großen Demonstration für mehr Demokratie in China kommen, ich sehe es in Deutschland im Fernsehen.

Immer wieder müssen wir Formulare ausfüllen. Man will wissen, ob wir mit Grippekranken Kontakt hatten, von wo wir kommen und wohin wir gehen. Gestern hatten wir am Flughafen noch im Flugzeug eigene Erfahrungen mit der asiatischen Art der Gesundheitsvorsorge machen dürfen: Man kam ins Flugzeug, um Fieber zu messen. Erst wird mit einem Laserpointer auf der Stirn gemessen, dann muss man gegebenenfalls noch mit einem langen Stabthermometer im Mund nachmessen, falls die ersten Werte irgendwie verdächtig erscheinen. Die vier Kontrolleure sind komplett im weißen Schutzanzug, tragen Atemmasken und Handschuhe – Vollverkleidung. Man hat Erfahrungen nach der SARS-Epidemie gesammelt. Nun geistert die »Schweinegrippe« durch die Welt, man hat Angst vor einer Pandemie.

8.05 Uhr. Die Maschine startet pünktlich. An der Küste sehe ich weitere große Projekte der Landgewinnung wie gestern in Korea, ganze Buchten werden zugeschüttet, um darauf zu bauen. Alles nur wenige Zentimeter über dem Meeresspiegel. Dunstige Luft. Das »Gelbe Meer« ist schmutzig braun. Sehr viele riesige Frachtschiffe sehe ich. Es ist unglaublich, was hier auf dem Meer unterwegs ist Richtung Shanghai und Hongkong. Ein Vergleich zu finden, um zu verdeutlichen, was sich da unten abspielt, fällt angesichts der Massen schwer. Vielleicht so: Man stelle sich eine mit überladenen LKWs verstopfte A 2 vor – aber auf dem Meer. Statt der LKWs auf der Autobahn fahren hier die größten Frachtschiffe der Welt in einem gewaltigen Korso dicht hintereinander in die Häfen dieser Riesenstädte. Hier ist nichts zu sehen von »Weltwirtschaftskrise«. Es boomt. Das Wachstum explodiert geradezu. Die Warenströme werden immer gewaltiger. Ich kann es unter mir sehen, wie sich die Warenlawine ins Land wälzt, transportiert von den größten Frachtschiffen der Welt in einer schier unendlichen Kette, hintereinander aufgereiht wie auf einer Perlenschnur. Wir fliegen Richtung Südwesten nach Hongkong. Es dürfte dort noch schwüler sein als in Seoul und Shanghai. Und wir hatten dort schon über 30 Grad! Die Regenzeit hat begonnen. Die vielen kleinen Inseln an der Küste sind schön anzuschauen. Wunderbare chinesische Ostküste. Beim Frühstück im Flugzeug bleibe ich doch besser nur bei Marmelade und Obst, das andere: Rührei, Wurst etc. ist mir zu salmonellenverdächtig. Ich mag mir heute nicht vorstellen, wie viele Hände dieses Essen schon berührt haben, mag mir nicht vorstellen, in welcher Fabrikhalle es hergestellt und verpackt wurde. Turbulenzen bei schwappendem Kaffee. Der Flug wird fröhlich.

80.000 Fabriken arbeiten im Perlflußdelta. Sie gehören Eigentümern in Hongkong. 10 Millionen Arbeiter sind in diesen Fabriken beschäftigt. Wegen der Weltwirtschaftskrise arbeiten derzeit 6.000 Fabriken nicht, man hat einen wirtschaftlichen Rückgang um etwa 20 %, erzählte uns der Generalkonsul gestern. Im Perlflußdelta leben etwa 56 Millionen Menschen. Man hat ein »Riesenprojekt« dort vor in den nächsten Jahren – von Hongkong aus gesteuert, soll das gesamte Delta zu einer gewaltigen Wirtschaftsregion ausgebaut werden.

Shenzen-Airport, Hongkong

Auf einem sehr großen Areal von etwa 84 Hektar errichtet man ein Gelände für high education und Hochtechnologie. Man erschließt neue Areale für die stark wachsende Bevölkerung, man baut neue Tunnel unter dem Meer, man will »green buildings« errichten, aber das, was ich bislang von dieser Riesenstadt gesehen habe, ist eine einzige Energieverschwendung, vor allem für die Kühlung der Gebäude. Ab dem nächsten Jahr soll ein Gesetz zu mehr Nutzung von erneuerbaren Energien wirken. Wir erfahren das beim Mittagessen auf Einladung des Generalkonsuls im Grand Hyatt Hotel. Große deutsche Unternehmen, die in

Hongkong engagiert sind, sind zum Essen eingeladen. Nach dem Essen an diesem wunderschönen Platz mit Blick aufs Meer, der mich ein wenig an meinen Aufenthalt in San Francisco erinnert, haben wir ein Gespräch mit der Staatssekretärin für Entwicklung. Wir sprechen über Gebäudeenergieeffizienz und Stadtentwicklung. 110 Kilometer neue Radwege habe man in der Stadt angelegt, erzählt uns die Vizeministerin. Es gebe einen »greening masterplan«. Auch wolle man sich um die »Verschönerung der Hafenfront« kümmern, man will eine durchgehende Promenade entwickeln. Die Universität solle expandieren, man wolle einen Geopark einrichten, sich aber auch um die Bewahrung eines Fischerdorfes kümmern. Denkmalschutz sei bislang ein Fremdwort im Lande. Wenn ein Haus seinen Dienst getan hat, wird es nicht renoviert, sondern abgerissen. Deshalb hat Hongkong praktisch keine historischen Gebäude mehr. Wolkenkratzer überall. Der Ma Wan Park (Noa's Ark) eröffne im Juni 2009, sagt sie uns. Noa's Ark: Ich finde das Bild von Noahs Arche treffend. Es geht genau darum, angesichts des extremen Wachstums der zerstörerischen Megacitys wenigstens noch ein paar Pflanzen und Tiere zu retten. Man wolle ein Ranking einführen für die »green buildings«, sagt uns die Vizeministerin, denn bislang gingen 89 % des Energieverbrauchs der gesamten Region in den Gebäudesektor. Man heizt und kühlt sozusagen zum Fenster hinaus.

16.30 Uhr. Pressegespräch im Shangri-La Hotel

17.15 Uhr. Briefing durch German Trade & Invest über den Stand der Vorbereitungen zur Investorenkonferenz

17.30 Uhr Investorenkonferenz. Die müssen wir heute schon etwas früher verlassen, denn etwa 21.15 Uhr müssen wir zum Flughafen.

23.20 Uhr fliegen wir über München nach Berlin zurück. Man hat mich mal wieder in die first class bugsiert. Dabei hatte ich ein ganz normales Business-Ticket wie die anderen aus der Delegation auch. Aber: »Herr Minister« solle doch angemessen reisen. Asiatische Freundlichkeit. Mein Trost ist, dass meine Leute alle auch Business-class reisen, also auch sehr bequem; ich sitze nur etwas weiter vorn im selben Abteil, aber unangenehm ist es mir dennoch. Ich mag solche Unterschiede nicht. Wenn wir schon im Team reisen, dann bitte alle zu gleichen Konditionen. Aber da ist die asiatische Denkweise dazwischen, die sehr fein in Rangordnungen unterscheidet. Ich füge mich.

Man hat einen sehr langen Sonnenaufgang, wenn man von Ost nach West fliegt, weil sich die Erde fast im gleichen Tempo unter einem in der gleichen Richtung bewegt. Wir fliegen deshalb etwa 11,5 Stunden im ständigen Sonnenaufgang. Ich mache mir etwas Sorgen, ob wir den Anschluss in München pünktlich erreichen werden. Die Stewardess sagt mir, dass wir 30 Minuten früher da sein werden als geplant, wir hätten also gut Zeit zum Umsteigen nach Berlin. Also mache ich mich gleich lang, setze den Kopfhörer auf, höre Musik von »Lufthansa Radio« – die d-Moll-Toccata von Bach in der Einspielung mit Stokowski und dem Philadelphia Orchestra, eine Aufnahme, die ich auch zu Hause gern höre. Den Flug verbringe ich schlafend. Der Körper nimmt sich, was er braucht. Und nun am Morgen nach dem Flug höre ich die d-Moll-Toccata wieder. Es ist eine schöne Anknüpfung an gestern Nacht, als wir losflogen. Dies ist vermutlich mein letzter first class Flug nach langen Jahren in der Politik. Vielleicht ist es überhaupt der letzte Flug, vielleicht für lange Zeit. Wer weiß das schon? Es war vermutlich meine letzte größere Dienstreise als »Minister«. So jedenfalls werde ich angesprochen vom Personal im Flugzeug, obwohl ich ja nur »Vizeminister« bin. Beim Frühstück im Flugzeug fühle ich mich eigenartigerweise an die Zeiten erinnert, die ich im Krankenhaus verbracht habe. Mir fällt wieder ein, wie es ist, wenn man schon in der Rekonvaleszenz ist, wenn keine Schmerzen mehr da sind und das Frühstück ins Zimmer gebracht wird. Meine Gedanken und Gefühle sind heute früh bei meiner Mutter, die schon seit über 20 Jahren tot ist. Diese Gedanken sind ausgelöst durch eine winzige kleine Geste der Stewardess gestern, als sie mich mit der Schlafdecke zudeckte. In mir ist eine traurige Sehnsucht nach einer solchen Fürsorglichkeit, die wohl aus ganz frühen Erfahrungen stammt. Es ist die Erinnerung an das Gefühl, umsorgt, behütet und geborgen zu sein. Es gibt eine tiefe Sehnsucht in mir nach jener Zeit und auch eine Traurigkeit, dass ich die Geborgenheit die ich damals fühlen konnte, heute oftmals vermisse und nicht mehr fühlen kann. Heute müsste ich mehr in mir selbst geborgen und behütet sein – und nicht heimlich von meinen Partnerinnen erwarten, dass sie aufmerksam sind und mich »behüten«, wie es meine Mutter tat, als ich noch ein kleines Kind war. Sehnsucht ist da.

4.30 Uhr. Wir beginnen mit dem Landeanflug auf München und haben noch etwa 20 Minuten Flugzeit. In München ist es neblig bei 12 Grad. Gestern noch hatten wir schwül-warmes Wetter bei über 33 Grad in Hongkong. Wie der Körper mit diesen großen Unterschieden zurechtkommt, ist mir ein Rätsel. Aber es geht irgendwie. Die Welt ist klein geworden. Es ist ein »Katzensprung« nach Asien und zurück. Im Warteraum des Flughafens München lesen wir die Schlagzeilen der Tageszeitungen: Karel van Miert (67) ist gestern überraschend gestorben. Ich bin betroffen. Vor wenigen Wochen hatte ihn noch kennengelernt in Dresden. Und heute ist Michael Jackson an einem Herzstillstand gestorben. Die Titelseiten sind voll davon.

Da sind noch Bilder vom gestrigen Tag, die ich notieren will zum Beispiel der wunderschöne nächtliche Start in Hongkong: Wir hatten eine klare Sicht, sahen die Skyline, die beleuchteten Hochhäuser der gewaltigen Metropole. Dann sahen wir unendlich viele voll beleuchtete Schiffe vor dem Hafen der Metropole auf dem dunklen Hintergrund des Meeres auf Reede liegen. Es sah aus wie ein riesiger Schwarm von »schwimmenden Lampions« – wunderschön! Und da ist das Bild von heute früh, als wir landeten: Nebel im Erdinger Moos. Wunderbar! Nun starten wir gleich. Nur noch ein kleines Stündchen nach Berlin. Marie hat ihre Morgen-SMS bekommen, damit sie weiß, dass es mir gut geht nach der langen Reise. Es ist schrecklich in dem Job: Wir haben keine Zeit mehr, in Ruhe zu sprechen. Wir kommunizieren per SMS. Das ist gefährlich für Beziehungen. Aber so ist die Welt der Junkies – ihre Partnerschaften sind in Gefahr, weil wenig Zeit ist. Immer ist irgendetwas anderes wichtiger. Man kann keine Termine fest miteinander vereinbaren, weil man abhängig vom Kalender anderer Menschen ist. Was bleibt, ist eine SMS am Morgen. Das ist sehr wenig. In Berlin steht mein Fahrer mit dem großen Dienstwagen am Flughafen und freut sich, dass wir heil wieder da sind. Ich nehme die Kollegen in meinem Wagen mit zum Ministerium und lasse mich dann nach Hause fahren. Ich freue mich auf eine ausgiebige Dusche. Unter der Dusche frage ich mich: »Sag mal, Alter, wo warst du gerade? Ach ja, Asien. Drei Tage. Irgendwie ist die Seele noch gar nicht losgeflogen. Ist immer noch hier.« Wir kommen mit diesem mörderischen Tempo nicht mehr mit. Wir verstehen gar nicht mehr, was eigentlich mit uns passiert. Die Getriebenen er-leben gar nicht mehr, was sie da erleben. So ist die Welt der Junkies. So ist die Welt des Lärms.

Rückblick

Die Welt des Lärms hat mich in ihren Strudel gezogen durch das, was man heute die »Wende« nennt. Vorher war ich drei Jahre lang Stadtjugendpfarrer in Jena gewesen. Auch das war keine ruhige Zeit, aber der Lärm hatte anderen Charakter. Es war die erste solcher Stellen in der Thüringer Landeskirche. Wir hatten keine Erfahrungen. Weder die Landeskirche noch unser Team. Pionierarbeit war zu leisten. Ich war zuständig für 15 Junge Gemeinden, darunter auch für die sozialdiakonische Offene Jugendarbeit. Wir arbeiteten mit Punks und Skinheads – die es offiziell gar nicht gab in der DDR – und standen daher in ständiger Konfrontation mit staatlichen Stellen. Diese »Stellen« hatten die Stasi auf mich »angesetzt«, wie ich später erfuhr, und versuchten mit allen Mitteln, meine Arbeit zu behindern. Sie versuchten gar, mich zu »zerstören«, wie es im Maßnahmeplan so offen und direkt heißt. Den hatten sie angelegt, um ihr Ziel zu erreichen. Erreicht haben sie es fast – dann kam die »Wende« dazwischen. Ich war 1988 aus dem Beruf ausgestiegen, auch aus Zorn über die Stasi und ihre Verbandelungen unter meinen damaligen Kollegen und die Weigerung vieler, darüber zu sprechen; ich hatte mich aufs Land zurückgezogen, um mir im Raum Berlin eine neue Aufgabe zu suchen. Im Sommer 1989 sehe ich mich noch in der Jenaer Universität zusammen mit einem Freund den »Aufruf zur Gründung einer Sozialdemokratischen Partei« abschreiben und vervielfältigen. Und unser hochverehrter Professor Klaus-Peter Hertzsch kommt in sein Zimmer, sieht uns da sitzen und fragt auf seine schelmische Weise: »Na, meine Herren, haben wir nun eine vorrevolutionäre Situation …?«, was eine beinahe spitzbübische Anspielung auf den pflichtgemäßen Marxismus-Leninismus-Unterricht war, den wir ja zu absolvieren hatten, und der nun womöglich bald zu Ende sein würde. Ibrahim Böhme, den ich von seinen Besuchen bei einem Studienfreund kannte, hatte mich angesprochen. Man brauche jetzt Leute, die mit anpacken, die organisieren könnten, ob ich nicht bereit wäre, mitzuhelfen. Ich verstünde doch was von Jugendarbeit, ob ich in Berlin nicht Jugendsenator werden wolle. Nun, ich sah andere Möglichkeiten, mich zu blamieren und sagte ab. Thomas Krüger sagte zu und machte eine ordentliche Arbeit. Ich sagte Ibrahim aber zu, beim Aufbau der Parteiorganisation zu helfen, verließ meine beschauliche Stelle als Kantor in einem Dorf bei Berlin und holte gemeinsam mit einem anderen Kollegen einen »Citroën« aus dem Fuhrpark des Ministeriums für Staatssicherheit ab, der vom Zentralen Runden Tisch den Reformgruppen zugestanden worden war. Die junge SDP brauchte Fahrzeuge. Die führenden Leute mussten ins Land, um Ortsvereine zu gründen, um Veranstaltungen abzuhalten. Es war eine denkwürdige Erfahrung, wie wir beide, mein damaliger Kollege und ich, in Jeans und grüner Kutte vor den Stasileuten standen, um die Staatskarossen abzuholen. Und die Jungs von der Stasi hatten die Hände an der Hosennaht, wie sie immer die Hände an der Hosennaht hatten und rückten die Karossen raus. Ich schmunzle heute noch, wenn ich mich an diese Episode erinnere.

Erst wollte man die Staatsschlitten nicht haben in der Ost SDP, dann aber hat man doch zugesagt, weil man einsah, dass man mobil sein musste, um die Leute zu informieren. Und nur mit dem Trabi, das hätte vermutlich nicht funktioniert. So kam ich zu meinem ersten Citroën. Ich arbeitete für den ersten SDP-Parteivorstand, der damals sein Domizil in der Rungestraße in Berlin-Mitte hatte. Es waren jene verrückten Tage, als sich tagsüber die Ministerien auflösten und ein ganzes politisches System verschwand; als der Runde Tisch tagte; als die Vorstandssitzungen der SDP erst nachts um eins in der Rungestraße begannen, weil vorher keine Zeit war. Ich erinnere mich noch an die erste Delegiertenkonferenz der SDP im Haus des Lehrers am Alex, als die neuen Sozialdemokraten kamen, den Rucksack auf den Schultern und fragten, ob denn hier »die Partei« tage? »Nun, ›die Partei‹ nicht, aber die neue Sozialdemokratie«, war unsere Antwort. Ich erinnere mich an jene ersten verrückten Wochen, als wir den Verein für Politische Bildung und Soziale Demokratie e.V. gründeten, der die Aufgabe hatte, sozialdemokratische Erwachsenenbildung zu organisieren in einem Territorium, in dem die Friedrich-Ebert-Stiftung noch nicht offiziell arbeiten konnte.

Man bediente sich daher des für Ostdeutschland gegründeten Vereins und ich wurde sein Geschäftsführer. Ich war zuständig für ganz Ostdeutschland, zuständig für die neu entstehenden Bundesländer in einer Zeit, als die DDR-Bezirke verschwanden und es noch keine neuen Bundesländer gab. Wir hatten zwar eine Demokratie, aber wir hatten keine Demokraten. Deshalb war das demokratische Gemeinwesen neu aufzubauen. Durch die Ausbildung von Bürgermeistern, Landräten, Landtags- und Bundestagsabgeordneten, durch politische Erwachsenenbildung nach dem Trainingsmuster der FES.

Die Neuen Bundesländer gab es damals noch nicht. Sie bildeten sich erst nach und nach. Unklar war, wo die neuen Landeshauptstädte sein würden, manche damals erbittert ausgetragene Konkurrenz zwischen Städten schwelt heute noch weiter, wie die zwischen Halle und Magdeburg, Schwerin und Rostock, Dresden und Leipzig. Telefone hatten wir nicht ausreichend. Meine Mitarbeiter konnte ich anfangs nur per Telegramm erreichen. Ich hatte Adressen zugesteckt bekommen. »Bist du unser Mann in Chemnitz?«, telegrafierte ich nach Sachsen und fand auf diesem Wege unseren ersten Büroleiter für das Büro dort. Noch vor Kurzem hieß die Stadt »Karl-Marx-Stadt«. Dann kamen die ersten Funktelefone. Gewaltige bleischwere Kästen waren das, an einem breiten Tragegurt über die Schulter zu tragen. Wir mussten sie sogar in Berlin in die Fenster der Büros stellen, damit wir überhaupt Empfang hatten, der dennoch oft genug abbrach. Es war die Zeit, als ich noch nicht wusste, was ein Faxgerät ist. Ich weiß noch, wie ich den ersten Haushaltsplan für die acht Landesbüros des Vereins mit der Zentrale der FES in Bonn abstimmte. Dieser »Haushaltsplan« war mit der Hand auf einem karierten A4-Blatt geschrieben, grob geschätzte Zahlen, die wir da entworfen hatten, um mit der Bildungsarbeit irgendwie anzufangen. »Das schreibst du auf und faxt es mir dann«, sagte der Kollege in Bonn, der das Geld verwaltete. »*Was* soll ich machen?«, höre ich mich heute noch zurückfragen, »faxen?« Also bekamen wir ein Faxgerät und lernten faxen … 20 Jahre ist das jetzt her. Die Seminare, die wir durchführten, häufig mit Gastdozenten, mit Bürgermeistern, Landräten, Abgeordneten, die uns die FES vermittelte, mussten wir in den Hotels und Seminarorten sofort in Bargeld bezahlen. Denn die Hotels wollten keine Überweisungen, niemand konnte wissen, wie zuverlässig das sein würde und ob es das Hotel morgen überhaupt noch geben würde. Die Mitarbeiter wollten sofort ihr Geld. Es war die Zeit der Treuhand. Ich erinnere mich an Seminarhotels im Süden Berlins, wo ich den »Wirt« fragte: »Sagen Sie mal, wenn ich mir Ihr Hotel so anschaue, Sie machen doch auch schon länger Seminare und politische Bildung hier in Ihrem Haus. Sagen Sie mal, was waren das denn so für Leute, die früher zu Ihnen zur Schulung kamen …?« Da griente er mich wissend an und meinte trocken: »Ach, wissen Sie, die waren immer pünktlich, sehr korrekt und gar nicht dumm …« Kaderschmieden der Partei waren das, nun neu aufgestellt als »Tagungs- und Freizeitzentrum«. Ja, in dieser Zeit begegnete mir das Wort »aufgestellt« zum ersten Mal. Es kam darauf an, »gut aufgestellt« zu sein. Wie eine Pappwand. Potjomkin lässt grüßen. Es war die Zeit, als etliche Stasispitzel enttarnt wurden und die Geschichten darüber die Westzeitungen füllten, es passte ins Bild des gewinnenden Westens und des verlorenen Ostens; es war die Zeit, als die ostdeutsche Wirtschaft über Nacht zusammenbrach; die Zeit, als die Gebrauchtwagenhändler das Land überschwemmten. In jedem Dorf gab es mindestens drei solcher »Geschäfte«, in denen man ein gebrauchtes Auto kaufen konnte. Bunte Wimpel flatterten über den angemieteten Wiesen, damit der Ort für das schnelle Geschäft auch leicht zu finden war.

Wir zogen in die Betriebe mit unseren Seminaren und halfen den Belegschaften und Betriebsräten, Beschäftigungsgesellschaften zu gründen. Dieses von der evangelischen Kirche entwickelte Modell passte vielleicht für kleinere Betriebe im Westen, nicht aber für die gerade zusammengebrochenen ostdeutschen Großbetriebe, aus denen über Nacht mehrere zehntausend Menschen arbeitslos auf die Straßen quollen. Wir sammelten Erfahrungen.

Es war die Zeit, als die Kopierer auf Hochleistung liefen. Mustersatzungen, Geschäftsordnungen, Vereinszwecke – alles wurde aus dem Westen abkopiert. So manche Landesverfassung ist auf diese Weise entstanden. Es war Nachbau West statt Aufbau Ost. Der Westen wurde im Osten eingeführt. Die Volkskammer hatte es so beschlossen: Beitritt. Ich hatte acht Kollegen, in jedem »neuen Bundesland« einen, plus die Berliner, die ich aber alle per Telefon und per Bank kaum erreichen konnte. So erfanden wir die monatlichen Büroleiterkonvente: Wir trafen uns in Berlin, um die wichtigsten Dinge miteinander zu bereden. Ich überreichte den Kollegen das Bargeld, das sie für ihre Seminararbeit benötigten, wir besprachen die wichtigsten Veranstaltungen miteinander und stimmten uns mit der FES in Bonn ab. Ich erinnere mich gut, wie ich mit einem Plastikbeutel voller Geld vom Ernst-Reuter-Platz von der Bank für Gemeinwirtschaft, die es damals noch gab und bei der wir unser Konto hatten, mit der S-Bahn in den Osten Berlins fuhr, um den Kollegen die nötigen Barmittel für die Seminararbeit auszuhändigen. 80.000 DM hatte ich einmal in einem solchen Plastikbeutel … in der Berliner S-Bahn.

Es war die Zeit, als der Potsdamer Platz noch unbebaut und mit einer einfachen Ausweiskontrollstelle ausgestattet war, die man zu durchfahren hatte, wenn man »in den Westen« wollte. Es war die Zeit der Währungsumstellung, als die Menschen an den Banken Schlange standen und laut »Die Kohle kommt!« riefen, als die gepanzerten Fahrzeuge mit den neuen Scheinen anrollten. Es war die Zeit, als man glaubte, den Aufbau Ost aus der Portokasse bezahlen zu können. Es war die Zeit, in der leichtfertig von »blühenden Landschaften« gesprochen wurde, die es bald schon in Ostdeutschland geben würde.

Ich erinnere mich noch an eine Tagung der FES in Leipzig zur Zukunft der ostdeutschen Kohle- und Elektrizitätswirtschaft, an der hochrangige Vertreter der westdeutschen Energiekonzerne teilgenommen hatten. Die weitgehend ahnungslosen jungen ostdeutschen SDP-Vorstandsmitglieder erzählten ziemlich harmlos von ihren Vorstellungen, die Energieversorgung im Osten neu zu organisieren. Zwei Tage hörten die Energiemanager aus dem Westen zu, dann stellten sie eine einzige Frage: »Und wer soll das Elektrizitätsnetz bekommen nach Ihren Vorstellungen?« Sie waren dabei, die Republik neu aufzuteilen. Auch die Zeitungen steckten in Ostdeutschland ihre Territorien ab. Heute noch kann man diese Entwicklung an den Verbreitungsgebieten der Tageszeitungen in Ostdeutschland ablesen.

Ich war ab Februar 1990 stellvertretender Büroleiter der FES in Potsdam, später wechselte ich nach Magdeburg als Leiter des dortigen Landesbüros. Wir arbeiteten wie die Bekloppten. Die Welt des Lärms hatte mich in ihren Strudel gezogen. Mit nur vier festen Mitarbeitern und einem Kreis von Freien organisierte ich mit meiner Magdeburger Truppe in Spitzenzeiten über 130 Veranstaltungen pro Jahr, an manchen Wochenenden sechs und mehr gleichzeitig an verschiedenen Orten des Bundeslandes. Wir starteten die politische Bildungsarbeit in kürzester Zeit »von null auf hundert«, wie ich das immer nannte. Es fehlte nicht mehr viel, und wir hätten das alte Problem der Ubiquität gelöst, die Frage, ob man an mehreren Orten gleichzeitig sein kann. Amüsiert lasen wir in mancher Zeitung, man müsse den Ostdeutschen endlich mal das Arbeiten beibringen … Wir richteten die »Wirtschaftspolitischen Dialoge« ein, um die ostdeutschen Reformgruppen mit Spitzenpersonal der westdeutschen Politik und Industrie in Kontakt zu bringen. Ein großes, mehrjähriges Programm mit über 60 Veranstaltungen zur »Regionalisierung von Wirtschafts- und Strukturpolitik« führte in Sachsen-Anhalt zu einer stärker regionalisierten Politik, abgesegnet durch entsprechende Parlamentsbeschlüsse in den Kreistagen, die auch Einfluss hatten auf das erste Landesentwicklungsprogramm. Es gibt ein sehr ausführliches mehrbändiges Tagebuch über jene verrückte Zeit, die ich gern als den »Tornado« bezeichne, der über uns gegangen ist.

Wir haben in jenen Jahren ein Leben gelebt, für das manch anderer achtzig Jahre braucht. Wir haben gelebt, was in zwei Leben passen würde. Wir haben den Zusammenbruch des einen Systems und die Einführung eines völlig neuen Systems in Ostdeutschland erlebt und mitgestaltet, angefangen von den »Fürbittgottesdiensten für die zu Unrecht Inhaftierten« nach der Rosa-Luxemburg-Demonstration im Januar 1988, die ich in Jena begann (am Ende mit über 200 Mannschaftswagen der Polizei vor der Kirche, Massenverhaftungen und entsprechenden

»Nachwehen«), die später zu den »Friedensgebeten« und dann zu den Demonstrationen führten – bis hin zu jenen Tagen, als der »Beitritt« zum Westen beschlossen wurde. Wir haben unseren Beitrag geleistet, dass Betriebsräte gegründet wurden, dass sich Seniorenvereinigungen bildeten, wir haben die Gewerkschaften gestärkt, so gut wir konnten, wir haben zur Gründung von Schülerzeitungen und Schülervertretungen beigetragen. Wir haben geholfen, Bürgerradios zu gründen und waren damit beschäftigt, Netzwerke gegen rechte Gewalt aufzubauen. »Förderung der Demokratie« nannte sich das große Projekt, an dem ich bis 1998 mitgearbeitet habe. Es galt, eine vierzigjährige Diktatur zu überwinden und in ein demokratisches System zu überführen. An manchen Stellen wuchs gar nichts zusammen, wie Willy Brandt gehofft hatte, sondern da wurde zusammengenagelt, was eigentlich nicht zusammenpasste. Aber irgendwie musste es gehen. Wir haben dazu unseren Beitrag geleistet. Durch die FES tat sich nun die Welt für uns auf. Dreißig Jahre waren wir eingesperrt hinter dem Zaun und nun hatten wir plötzlich Zugang zu internationaler Arbeit, unser politischer Horizont erweiterte sich dramatisch. Ich erinnere mich noch an den ersten Auffrischungs-Englischkurs bei London, den die FES ermöglichte. Ich hab ihn zusammen mit einigen Abgeordneten der Volkskammer absolviert; ich erinnere mich an die erste Afrika-Reise, die einen Einblick in die entwicklungspolitische Arbeit der FES gewährte; wir kamen in Kontakt mit dem Ansatz der Förderung von nichtstaatlichen Organisationen, ein Arbeitsbereich, der uns auch im Inland betraf und hilfreich sein würde.

Die Familie hat seit jenen Tagen nicht mehr viel von mir gesehen. Ich war unterwegs. Ich hatte zu arbeiten. Ich hatte eine Aufgabe, die Welt musste gerettet werden … Die Welt des Lärms hatte mich in sich aufgesogen. 1997 fragte man mich, ob ich nicht bereit wäre, endlich aus der zweiten Reihe herauszutreten und direkt für den Bundestag zu kandidieren. Ich zögerte lange, weil mein politischer Einfluss über ein Landesbüro einer politischen Stiftung weitaus größer war als der eines neuen einfachen Abgeordneten im Parlament. Aber ich stellte mich, setzte mich innerhalb der SPD gegen sechs Mitbewerber durch, hatte meinen ersten Wahlkampf – Wo lernt man eigentlich, wie man einen Wahlkampf führt im Gebiet einer früheren Diktatur? – zu bestehen und wurde gegen einen konservativen Amtsinhaber aus dem Westen direkt ins Parlament gewählt. Seither hat man mich dreimal direkt gewählt, ein schönes Ergebnis. Im Parlament kümmerte ich mich um den Bereich, der für Ostdeutschlands Wirtschaft von besonderer Bedeutung ist: die Industrieforschung. Als Mitglied im Ausschuss für Bildung und Forschung bereiste ich alle Forschungsinstitute, die es im Osten gibt. Solche, die in Umstrukturierung waren, die ehemaligen Institute der Akademie der Wissenschaften ebenso wie die Universitäten, die neuen Fachhochschulen, aber auch die völlig neuen Institute der Max-Planck-Gesellschaft, die Helmholtz-Zentren und die neuen Institute der Fraunhofer-Gesellschaft, die für die Industrie Ostdeutschlands so strategische Bedeutung haben, weil sie die Innovationen produzierten, auf die Industrie und Gewerbe so dringend angewiesen waren und sind. Es galt ja, die ostdeutsche Wirtschaft nicht nur gegenüber Westdeutschland konkurrenzfähig zu machen, sondern auch gegenüber dem europäischen Ausland, dessen Waren ebenso auf den ostdeutschen Markt drängten wie die westdeutschen. Es war uns klar: Nur wer über modernere und bessere Produkte verfügte, hatte eine Chance, sie auch zu verkaufen und auf diese Weise die dringend benötigten Arbeitsplätze zu schaffen, die der Osten brauchte und braucht. Deshalb waren die neuen Industrieforschungseinrichtungen insbesondere der Fraunhofer-Gesellschaft von so zentraler Bedeutung. Sachsen hat das am konsequentesten erkannt und realisiert. Man kann das heute, 20 Jahre nach dem Neubeginn, an den Exportquoten und den Investitionen in Industrieforschung und Innovation in den Betrieben ablesen. Andere Bundesländer hatten andere Prioritäten zu setzen. Es wäre ein eigenes Buch, diese Zeit ausführlich zu beschreiben. Mittlerweile, jetzt, nach 20 Jahren, habe ich fast Dauerbesuche aus Südkorea: Man will wissen, wie man eine Wiedervereinigung zwischen einer Diktatur und einer Demokratie organisiert und ist an ostdeutschen Erfahrungen interessiert. Die Arbeit im Forschungsausschuss brachte mir in der Fraktion das Image ein: »Der kennt jedes Labor persönlich«.

Und diese Arbeit brachte mir auch einen Anruf ein. Einen Anruf der damaligen Forschungsministerin Edelgard Bulmahn. Sie suchte einen Nachfolger als Parlamentarischen Staatssekretär für Christoph Matschie, der nach Thüringen ging. Völlig überraschend kam dieser Anruf, ich war gerade im Auto im Wahlkreis unterwegs. Ich hatte zwei Stunden Bedenkzeit. Und sagte zu. »Springen vom Zehnmeterturm mit verbundenen Augen« hab ich das damals genannt. Parlamentarischer Staatssekretär – das kann man nicht studieren. Plötzlich saß ich in dem Haus, in dem zu DDR-Zeiten die Ständige Vertretung war. Jener Bau, der für die Ausreisewilligen so große Bedeutung hatte. Hans Otto Bräutigam hat jene Zeit in einem eigenen Buch beschrieben, das in diesen Tagen erschienen ist. Schräg gegenüber hatte Wolf Biermann einmal seine Wohnung. Ich, der ich so meine eigenen Erfahrungen mit einem Bildungssystem in der Diktatur gemacht hatte, war nun Vizeminister im Bundesbildungsministerium. Verrückter kann eine Zeit nicht sein. Nach der vorgezogenen Neuwahl 2005 wollte ich eigentlich in den Europaausschuss, aber wieder kam es anders: Wolfgang Tiefensee holte mich ins Verkehrsministerium, ebenfalls als Parlamentarischen Staatssekretär. Er wollte jemanden haben, der sich im Bereich »Innovation« in Ostdeutschland auskannte. Ich wurde zuständig für neue Treibstoffe, für Luftfahrt, für Verkehrssicherheit und natürlich den Bereich im Osten, der besonders wichtig ist: Innovation. Die Internationalen Aufgaben, die Vertretungsaufgaben im Kabinett und in Europa und gegenüber dem Parlament – der Alltag eines von drei »PSt« bestimmte weiter meinen Kalender und meine Zeit. An vielen großen Projekten war ich beteiligt: am Ganztagsschulprogramm der rot-grünen Regierung, am großen Programm des Bundesforschungsministeriums »INNOREGIO«, das später zu »Unternehmen Region« umfirmierte – über 500 Millionen Euro gingen im Laufe der Jahre vor allem an hochinnovative klein- und mittelständige Unternehmen, wenn sie sich mit ihren Hochschulen vernetzten und an exportierbaren Produkten arbeiteten. Ein sehr wichtiges Programm für Ostdeutschland. Ich arbeitete an der Exzellenzinitiative ebenso mit wie an dem Programm zur Einführung der Elektromobilität in

Deutschland, die Förderung der Wasserstoff- und Brennstoffzellenantriebe eingeschlossen; an der Neuordnung der Flugsicherung und anderen Themen. Ich erinnere mich an die ersten deutsch-russischen Regierungskonsultationen, an denen ich teilnahm. An den Flug in der Kanzlermaschine gemeinsam mit den Ministern und Staatssekretärskollegen im Kabinett Schröder, als wir die deutsch-russische strategische Partnerschaft in Bildung und Forschung vereinbarten. Rot-grüne Regierungsarbeit. Ich erinnere mich an die letzten deutsch-russischen Regierungskonsultationen in München, als ich mit der Kanzlerin und den Ministern und Staatssekretären der Großen Koalition nach Süddeutschland flog, um die Beziehungen zwischen beiden Regierungen zu vertiefen und neue Projekte miteinander zu besprechen. Große Koalition. Ein umfangreiches Tagebuch gibt darüber Auskunft. Es soll nicht Gegenstand dieses Buches sein. Mir liegt nicht daran, politische Erinnerungen aufzuschreiben, mir liegt daran, etwas vom Innenleben des Politikbetriebs mitzuteilen, das für die Beurteilung dessen, was »Politik« heutzutage ist und leisten kann, vielleicht hilfreich ist.

Seit 1990 habe ich Berufe ausgeübt, die ich niemals gelernt habe. »Politiker« kann man nicht lernen. Man lernt es, indem man es tut. Wenn man Glück hat, findet man Ratgeber ohne eigene Interessen. Dr. Peter Mitzscherling war so einer, der stille und kluge Politiker, von dem ich viel lernen durfte, Wirtschaftssenator a.D. aus Berlin, ehemals am Deutschen Institut für Wirtschaftsforschung, der unsere wirtschaftspolitischen Dialoge bei der FES moderierte. Einige Voraussetzungen brachte ich von den Jahren bei der Friedrich-Ebert-Stiftung ins Parlament mit, das meiste lernte ich aber, indem ich einfach anfing. Wahlkämpfe im Territorium einer früheren Diktatur kann man nur begrenzt lernen, jeder entwickelt seinen eigenen Stil. Ich hatte gute Voraussetzungen durch meine Arbeit bei der FES, wusste, wie Zielgruppenansprache organisiert wird, wusste mit neuen Medien umzugehen. Die Wahlerfolge zeigten es. Mit deutlichem Vorsprung der Personenstimmen vor den Parteistimmen wurde ich gegen den konservativen Wahlkreisinhaber direkt gewählt. Ich hatte offensichtlich das Vertrauen auch von Menschen, die mit der Parteistimme eine andere politische Gruppe wählten als die, der ich angehörte. Seit 2004 arbeitete ich an der Spitze in Bundesministerien mit. Erst im Forschungsministerium, seit 2005 im Verkehrsministerium, das auch eine besondere Verantwortung für den Aufbau der Neuen Bundesländer trägt. Diese Arbeit brachte mich vermehrt in internationale Zusammenhänge. Sehr viele Auslandsaufenthalte waren Folge des neuen »Jobs«, Gespräche, Verhandlungen, die auf dieser Ebene zu führen waren. Die EU-Ratspräsidentschaft war eine ganz besondere Herausforderung für alle Kollegen in den Ministerien. Deutschland hat sich viel Anerkennung erworben. Ich weiß noch, wie ich zum ersten Mal zum europäischen Forschungsministertreffen musste und wie mich der Franzose, der neben mir saß, in die Gepflogenheiten Europas einführte. Als ich ungeduldig wurde, weil die Sitzung ewig nicht losging, meinte er lächelnd: »Junger Freund, Sie sind hier in Europa ...!« Wir hatten schwere Entscheidungen zu treffen: die Sozialreformen der Agenda 2010, die Gesundheitsreformen, die Auslandseinsätze der Bundeswehr, die sich niemand gewünscht hatte, in die wir aber – gezwungen durch Mitgliedschaften in Bündnissen und durch starkes Agieren vor allem der Amerikaner nach dem 11. September 2001 – gehen mussten. Nächtelang hat die Fraktion diskutiert. Tränen hat es gegeben. Schwere Gespräche und Entscheidungen waren das. Freundschaften zerbrachen und Feindschaften entstanden. Die Verletzungen gingen tief. Ich weiß noch, wie ich einen zornigen Brief geschrieben habe an den Kanzler, damals, im Luftkrieg auf dem Balkan, als eine Rakete der NATO auf einer Brücke einen Schulbus getroffen hatte. »Ihr habt meine Stimme nicht mehr« hatte ich ihn überschrieben und er hat ein Echo gefunden in den Zeitungen. Zeitungen schreiben immer gern, wenn einer gegen die eigenen Leute öffentlich die Stimme erhebt. Man hat meine Stimme nicht ernst genommen, ich war ein ziemlich betroffener junger Abgeordneter in seiner ersten Legislatur. Darauf muss man nicht hören. Die Gesetze der Politik sind andere.

Ich weiß noch, wie die Menschen Jahre später im Dom von Magdeburg in aufgeheizter Stimmung gegen jeden Vertreter der Regierung vor Zorn fast handgreiflich geworden wären, als ich zusammen mit Bischof Axel Noack über die Sozialreformen der Agenda 2010 diskutieren sollte. Die übelsten Beschimpfungen und Angriffe haben wir damals ausgehalten. Wir haben eingestanden für eine Politik, die im Kern notwendig war, weil sich die Alterszusammensetzung der Bevölkerung dramatisch ändert – der »demografische Wandel« schlägt in den nächsten Jahren mit voller Wucht zu. In Ostdeutschland kann man die Folgen heute schon sehen. Es waren sehr unbequeme Entscheidungen zu treffen und zu verteidigen. Wir haben dafür eingestanden. Ich weiß noch, wie wir um die Ansiedlung neuer Forschungsinstitute in Ostdeutschland gekämpft haben, das Deutsche Biomasseforschungszentrum etwa, das mich sechs Jahre Arbeit gekostet hat. Angefangen haben wir damit noch unter Rot-Grün. Eingerichtet wurde es in Leipzig dann während der Großen Koalition.

Ich weiß noch, wie es war, als sich die Stasiakten öffneten und ich die 19 Inoffiziellen Mitarbeiter entdeckte, die die Stasi auf mich »angesetzt« hatte, damals war ich noch Stadtjugendpfarrer. Und ich kann mich noch erinnern an das Gefühl der Ermüdung, als 2009 im »Jahr der Jubiläen« die einhundertundwievielte Podiumsdiskussion um die Frage »wie es damals war« im ehemaligen Staatsratsgebäude stattfand – und mal wieder eine westdeutsche Studie uns erklären wollte, wie wir Ostdeutschen uns denn so fühlen. Man wird zornig auf diese Studien aus dem Westen, die uns erklären wollen, wie es so ist für uns, die wir in der Diktatur aufgewachsen sind. Besserwessi-Studien. So etwas braucht man nicht wirklich. Vielleicht arbeite ich diese Erinnerungen einmal auf, vielleicht auch nicht. Aufgeschrieben sind sie ja. Es ist vergangene Lebenszeit. Es waren die vielleicht wichtigsten Jahre meines Lebens. 20 Jahre Politik. Erst als Lehrer und Organisator, später als direkt gewählter Abgeordneter und Staatssekretär, als Vertreter zweier Regierungen. Ich habe mich manchmal gefragt, wie ich, aus einem ostdeutschen Pfarrhaus stammend, einer, der zu Ost-Zeiten niemals an einer Wahl teilgenommen hatte, der weder bei den Pionieren noch bei der FDJ war; einer, der nicht bei den vormilitärischen Wehrlagern noch bei der Armee war; einer wie ich, der im »Konziliaren Prozess« für Frieden, Gerechtigkeit und Bewahrung der Schöpfung politisch groß geworden war und den der Einmarsch der NVA in der damaligen Tschecheslowakei 1968 als erstes bewusstes politisches Ereignis geprägt hat; einer, der von der Selbstverbrennung des Pfarrers Oskar Brüsewitz gehört und seine Beerdigung in Zeitz miterlebt hat – wie so einer eigentlich in der Politik hat landen können?

Nun, wir kamen aus einem politischen Elternhaus. Allerdings aus einem, in dem das eigene Nachdenken höher stand als das Mitmarschieren. »Wenn alle in die Jauchegrube springen, springe ich noch lange nicht«, pflegte Vater manchmal zu sagen. Der Vater, ein kritischer, unangepasster Pfarrer mit der Gabe der offenen Rede, geprägt durch den Kirchenkampf mit dem ostdeutschen Kommunismus der 50er-Jahre. Die Mutter religiös und geprägt durch den Zusammenbruch der ersten deutschen Diktatur und den Neubeginn als Pfarrfrau in der zweiten Diktatur der 50er-Jahre – sie waren der Halt, den wir drei Jungs hatten. Wir gingen nie den einfachen Weg. Wir durften kein Abitur machen, trotz bester schulischer Leistungen, wegen unserer Eltern; wir galten als politisch unzuverlässig. Aber darum scherten wir uns nicht. Wir machten unser klassisches Abitur an einer kirchlichen Schule – in Naumburg und in Potsdam-Hermannswerder. Es gab sie ja glücklicherweise noch, diese wenigen kleinen Ausbildungsstätten, an denen man ein humanistisches Abitur erwerben konnte, mit Griechisch, Latein, einem ordentlichen Deutsch- und Geschichtsunterricht. Anerkannt hat Margot Honecker als zuständige Bildungsministerin diese Abschlüsse nicht, wahrscheinlich, weil sie kein Griechisch konnte … Nur für die Fachrichtung Theologie galt das Naumburger Abitur als Zulassungsvoraussetzung für die Universität. Wir mussten dennoch an der Uni eine »Sonderprüfung« ablegen, die aber ein ziemlicher Lacher war, was das Anforderungsniveau betraf. Dann kam das Studium an einer staatlichen Universität, an der man sehr wohl Theologie studieren konnte, wie viele nicht mehr wissen. Verbunden war dieses Studium mit all den politischen Auseinandersetzungen, die einem im Studium bevorstehen, wenn man nicht drei Jahre bei der Armee war und sich an Wahlen nicht beteiligte. Einer, der nicht mitmarschiert, wenn alle marschieren, hat es nicht einfach in einer Diktatur. Aber das kannten wir ja schon von der Schule, es war also nicht der Rede wert. Ich erinnere mich freilich auch an frühere Kommilitonen, die heute demokratische Ehrenämter innehaben, Präsidentschaften von Landtagen beispielsweise, oder gar Ministerpräsidenten, die heute geehrt werden für ihren »Widerstand« zu DDR-Zeiten – ich erinnere mich noch, dass sie damals noch FDJ-Funktionäre waren und heute laut erzählen, es hätte keine Alternative gegeben zu einem Engagement in einer Massenorganisation. Das höre ich wohl, nur sagt mir meine eigene Erinnerung, dass eine Alternative sehr wohl möglich war. Mein Leben und das Leben von vielen Menschen aus dem kirchlichen Bereich sprechen eine andere Sprache als die, die man hin und wieder von dem einen oder anderen »Widerständler« über jene Zeit lesen kann. Es gab sehr wohl die Möglichkeit, sich nicht zu beteiligen. Es war möglich, nicht in der FDJ zu sein. Es war möglich, nicht am Wehrlager teilzunehmen. Es war möglich, mit guten Argumenten, nicht an einer »Wahl« teilzunehmen, die in einer Diktatur ja niemals eine freie Wahl ist. Es war möglich, aber es erforderte Opfer. Man konnte dann eben keine Karriere machen. Dieser Preis war zu zahlen. Aber Karriere war uns ohnehin nicht im Kopf. Wir kamen aus einem protestantischen Elternhaus, in dem andere Werte galten. Standhaftigkeit zum Beispiel. Stehen zu den eigenen Überzeugungen. Insofern war es nur ein kleines Opfer, das zu bringen war.

Unsere Gruppen, das waren die Chöre, die Gemeindegruppen, später die Gruppen, die wir zu selbstständigem Denken anhielten, z.B. in den Jungen Gemeinden, für die ich die Verantwortung trug. Deshalb muss ich heute sagen, dass mich »die Wende« regelrecht in die Politik »gespült« hat, so, wie es etlichen gegangen ist, die damals im Parlament waren oder heute noch sind. Es hat uns »hineingespült« in die Politik, weil wir bereit waren, Verantwortung zu übernehmen, als das Alte verging und Neues entstand. Eigentlich kamen wir mehr aus der Tradition der nachdenklichen, diskussionsfreudigen Gesprächszirkel. Mit Parteien hatten wir nichts am Hut. Wir waren viel eher kritische Individualisten als Parteisoldaten und waren stolz darauf. Und dennoch hat es mich in eine Partei getrieben, so wie es anderen, die aus der Bürgerrechtsbewegung oder kritischen Gruppen kamen, auch ergangen ist. Viele sind es nicht mehr aus dieser ersten Generation der Gründer der neuen Parteien in Ostdeutschland, die heute noch aktiv sind. Und etlichen der Freunde von damals ist auch so merkwürdig ums Herz, wenn sie sich fragen, was wir damals eigentlich wollten und was dann real gekommen ist. 20 Jahre. 32 war ich, als der Tornado kam. 52 werde ich in diesem Jahr. Und ich schreibe nun an einem Buch über »Politik und Stille«. Will berichten aus dem Innenleben eines Junkies, eines Abhängigen, den die Politik beinahe gefressen hätte mit Haut und Haaren.

Abschied nehmen

Donnerstag, 11. Juni 2009

Wir waren unterwegs, um uns von den Menschen im Wahlkreis zu verabschieden. Der Abend klingt noch in mir nach. Ich hatte ein schönes Restaurant in der Nähe der Elbe gebucht. Ein junges Jazz-Trio hatte zugesagt, etwas Musik zu machen. Meine Mitarbeiter und ich waren gemeinsam aus Berlin mit einem Kleinbus angereist. Es war eine Atmosphäre wie bei einem fröhlichen Klassenausflug. Dann gab es viele Glückwünsche, viele Einzelgespräche. Freundliche Worte. Über 100 Menschen waren gekommen. Besonders gefreut habe ich mich über den Besuch der Wissenschaftler vom Leibniz-Institut für Gehirnforschung und von der Universität Magdeburg; über Staatssekretärskollegen, auch von anderen Parteien; über Weggefährten von der Fachhochschule Magdeburg; über Journalisten, die meine Arbeit über lange Jahre begleitet haben; über Unternehmer und Vertreter von Kammern und Verbänden. Was mich am meisten gefreut hat, war, dass die Gäste parteiübergreifend gekommen waren. Darum hatte ich mich bemüht: dass ein Kontakt entstehen möge über die politischen »Gräben« hinweg. Freundliche Abschiedsworte gab es auch vom früheren Superintendenten und anderen Vertretern der Kirche. Es wurde viel fotografiert. Nun sitze ich wieder in meinem kleinen gemieteten Häuschen in Berlin, schaue auf die Terrasse hinaus und sehe den starken Regen. Menschen fallen mir ein, die gekommen waren, um sich zu verabschieden. Der frühere Magdeburger Oberbürgermeister war gekommen, Kollegen von der Friedrich-Ebert-Stiftung. Zu jedem Gesicht fallen mir Geschichten ein. Schöne Geschichten. Geschichten von Engagement und viel Arbeit. Geschichten vom politischen Neubeginn nach dem Zusammenbruch des alten Systems. Wendegeschichten. »Wir hatten eine Demokratie – aber keine Demokraten« erinnere ich mich an die Zeit um 1990, als ich bei der Friedrich-Ebert-Stiftung anfing, neues politisches Personal zu trainieren und auszubilden. Eine ehemalige Politikredakteurin beim MDR, nun Professorin für Politik und Medien, hatte den Abend moderiert. »Was soll ich dich denn als Erstes fragen?«, sagte sie, als sie, ziemlich nass geregnet, zur Veranstaltung ankam. »Wieso hörst du eigentlich auf?«, könnte die Frage sein, meinte ich lächelnd. Meine Antwort: »20 Jahre sind genug!« Aus Gütersloh kommt die E-Mail, dass das Buch nun auch tatsächlich einen Platz für das Frühjahrsprogramm 2010 bekommen hat. »Notbremse« also. Nach 20 Jahren. Ach, ich weiß nicht. In mir ist eine Mischung aus Traurigkeit, Geschichten, die sich in die Erinnerung bringen, Zorn; Wunsch nach innerer Ruhe. Es gibt unendlich viele Geschichten, die die Jahre anfüllen: Da sind die FES-Geschichten (1991-1998); da sind die »Wahlkreis-Geschichten« (1998-2009) – gestern aktualisiert durch die Menschen, die meiner Einladung gefolgt waren. Da sind die Geschichten aus der Zeit im Parlament, aus der Zeit in den Ministerien (2004-2009). Da ist auch eine Abschieds-Traurigkeit über die vielen vielen Jahre in Sachsen-Anhalt. Vom meinem 32. bis zu meinem 52. Lebensjahr war ich dort. Vielleicht war es die – zumindest beruflich – wichtigste Zeit meines Lebens? Wieder geht es darum, einen Lebensabschnitt loszulassen. Ich will weitergehen. Nicht an Vergangenem hängen. Ich muss zurück in die Gegenwart meines Zimmers hier, in die der Gesang der Amseln klingt, jetzt. Der Regen hat nachgelassen. Viele Bücher hat man mir geschenkt. Seltsames darunter, aber auch Anregendes. Reiseführer auch. Freundliche Karten hat man mir geschrieben. Einige haben ausführlich und handschriftlich abgesagt und sich entschuldigt. Ein exquisiter Baum wird mir geschenkt, den ich aber weiterschenke, weil ich ihn hier auf dem gemieteten Gelände nicht einpflanzen will; es wäre schade darum. Viele Blumen hat man mir geschenkt. Zwei Sträuße stehen vor mir auf dem Tisch, andere habe ich an meine Mitarbeiter weitergegeben. Eine weiße Orchidee ist neu dazugekommen. Unsere Gäste haben meine Leute und mich gelobt. »Ich will aber keine Leichenreden«, hatte ich bei der Hinfahrt im Bus noch gesagt. Wir hatten überlegt, wie wir das vermeiden könnten. Ein kleines Drehbuch für die Veranstaltung hatten wir entworfen, damit nicht zu viele »Leichenreden« gehalten werden konnten.

Erst hatte ich in einem Zweiergespräch Gelegenheit, 20 Jahre Revue passieren zu lassen, dann bezogen wir »das Publikum« ein. Es ist, glaube ich, ganz gut gelungen, dass nicht zu viele »Leichenreden« gehalten wurden. Ich mag »Leichenreden« nicht. Nie wird so viel gelogen wie am Grab … »Es hat was von der Verabschiedung eines Pfarrers nach 20 Jahren Gemeindearbeit«, hatte ich zu Marie gesagt bei der Hinfahrt. Und das war es auch. So fühlte es sich an.

Die Arbeit im Wahlkreis habe ich meistens gern gemacht. Manchmal fand ich es zwar auch ein wenig nervig, wie schlicht manche Menschen politische Zusammenhänge betrachteten – wir haben uns so manches Mal im Wahlkampf über den »Wähler, das unerforschte Wesen« aus Frust lustig gemacht –, aber irgendwie sind sie mir doch ans Herz gewachsen, die Menschen da in der Gegend, die kaum einer kennt.

Ich fühle noch den Gefühlsstau unter diesen Worten hier. Da wollen noch ein paar Tränen geweint oder vielleicht auch ein paar Lacher gelacht werden. Mit meinen Berliner Mitarbeitern will ich extra noch mal so richtig Abschied feiern. Sie waren ja in gewisser Hinsicht gestern wie Gäste, um die Beendigung der Wahlkreisarbeit mitzuerleben. Sie hatten den Wahlkreis ja nur aus einer gewissen Entfernung wahrgenommen.

Was war uns besonders wichtig bei der Arbeit im Wahlkreis? Wir wollten einen Beitrag leisten gegen die Politikverdrossenheit im Lande. Deshalb haben wir die Menschen eingeladen, den Bundestag zu besuchen. Über 15.000 Menschen hatte ich zu Gast. Mehr als 250 Busse voller Menschen, die sich selbst ein Bild machen sollten vom »Politikbetrieb«. Wir wollten einen Beitrag dazu leisten, dass die Region, die vom Strukturwandel besonders stark betroffen ist, einen Anschluss bekam an das, was in der Hauptstadt vor sich ging. Ich hatte eine Gesprächsreihe mit offener Themensetzung eingerichtet, zu der ich Bundespolitiker einlud, damit die Gäste des Abends aus erster Hand erfahren konnten, was und warum entschieden werden sollte oder entschieden worden war. Diese Veranstaltungen waren immer sehr gut besucht. Eine sorgsam gepflegte Adressdatei half uns dabei, die wirklich interessierten Menschen einzuladen. Das

Tagebuch ist voller Geschichten aus diesen Jahren. Heute geht es darum, diese Geschichten loszulassen. Sie sind nun Vergangenheit. Heute bin ich in Berlin. Habe Abschied genommen von den Menschen, die ich über lange Jahre begleitet habe und die mich begleitet haben. Nun werden sich andere um die Region kümmern, die kaum einer kennt …

Später dann, einige Tage später, kam der Abschied von meinen Mitarbeitern. Ich hatte sie zu einem schönen Essen eingeladen. Wir waren natürlich auch irgendwie bedrückt nach all den Jahren. Eine Rose hatte ich für jeden. Und hinterher sind wir in eine Berliner Kneipe gezogen, hatten den Gästekreis noch mal etwas erweitert. Wir sahen uns an der Leinwand Fotos an, erzählten Geschichten. Für Tanz war gesorgt und für Gelegenheit, im Gespräch Abschied zu nehmen. Wir sagten uns zu, im Kontakt zu bleiben – per Facebook, per E-Mail, vielleicht auch per Brief oder Telefon. Die Zukunft wird zeigen, was davon gelingt. Das gute Team, in dem ich so viele Jahre arbeiten durfte, ging wieder auseinander. Das Büro ist geräumt.

Rumi und die deutschen Panzer
oder: Die Geschichte zweier Pfarrerssöhne

*»Es ist wichtiger, die eigenen Beweggründe zu er-
kennen, als die Motive des anderen zu verstehen.«*

Dag Hammarskjöld

Dieses Kapitel begann ich zu schreiben an dem Tag, als die
Agenturen meldeten, die Deutschen hätten zum ersten Mal Panzer in Afghanistan eingesetzt. In der Region Kundus. Gegen »die
Taliban«. Ich bin dort gewesen, noch bevor die deutschen Soldaten dort stationiert wurden. Damals im Juli 2003 gab es ein kleines britisches Team in Kundus. Ich war mit Dr. Rupert Neudeck
unterwegs und wir besuchten auch die britischen Soldaten. Sie
waren erst zögerlich, aber dann ließen sie uns ein, als sie erfuhren, dass da ein »Member of German Parliament« vor der Tür
stand. Da saßen die Soldaten bei Cola und Zeichentrick-Film,
der auf einer großen Leinwand lief. Alles war importiert, sogar
das Wasser. Wie eingebunkert wirkten die Briten, sie hatten keinerlei Kontakt mit der Bevölkerung. Wir waren dabei, Informationen zusammenzutragen, waren auf der Suche nach möglichen
neuen Projekten für die »Grünhelme«, wollten Schulen bauen,
wollten dem geschundenen Land helfen. Wir reisten als Privat-
personen und waren in Begleitung von zwei jungen Afghanen.
Wir lebten in deren Familie – eine besondere Auszeichnung für
»Ungläubige« wie uns – und erfuhren große Gastfreundschaft.

Rupert Neudeck hat mit den »Grünhelmen« mittlerweile
etwa 30 Schulen im Lande gebaut, finanziert mit Spenden aus
Deutschland. Eine Schule für 600 Schülerinnen und Schüler
kann für 40.000 Euro gebaut werden. 19.000 Schüler können
nun, ermöglicht durch die Arbeit der »Grünhelme« und die 1,2
Millionen Spendengelder, zum Unterricht gehen.[6] Kundus galt
damals im Jahr 2003 als die friedlichste Provinz in ganz Afghanistan. Ich hab nach der Tour einen Reisebericht veröffentlicht

6. Stand: 19. November 2009.

unter dem Titel »Der Krieg ist vorbei«,[7] weil uns fasziniert hat, mit welchem Aufbauwillen die Afghanen nun wieder ihr Land bebauen, ihren »Karren schieben« wollten. Hoffnung war im Land und unglaublicher Fleiß. Unsere Gesprächspartner aus der politischen Verwaltung in Kundus, auch Journalisten, berichteten von dem Aufbauwillen der Menschen. Sie luden uns ein, in die Region zu investieren und waren sehr aufgeschlossen und freundlich. Der Provinzgouverneur berichtete von der mühsamen Arbeit des Wiederaufbaus. Nach über 20 Jahren Krieg war alles zerstört. Die Wasserleitungen, die Schulen, die Straßen, die Krankenhäuser. Es gab kaum Arbeit. Aber es gab einen unglaublichen Willen, im Frieden von vorn anzufangen. »Der Krieg ist vorüber« hab ich deshalb das Tagebuch überschrieben. Denn es entsprach dem, was wir dort erlebten. Doch wir haben uns getäuscht. Der Krieg ist zurückgekehrt in diese friedlichste Provinz des Landes. Seit heute fahren dort auch deutsche Panzer und die Gewalt nimmt zu. Die Strategie des Westens geht nicht auf, sie führt nicht zu mehr Frieden, sondern zu mehr Gewalt. Die Gefahr ist groß, dass wir keinen Ausweg mehr finden aus diesem Krieg, in den wir längst verwickelt sind.

Die Russen waren viele Jahre im Land und mussten abziehen. Viele tote Soldaten später. Wie lange werden wir dort sein? Was ist mit unseren Soldaten im Krieg? Egon Bahr hat vor der SPD-Bundestagsfraktion schon vor einiger Zeit offen darüber gesprochen. Ich habe mir damals in mein Tagebuch notiert:

20. März 2007, zu Afghanistan: Der alte, 85-jährige Egon Bahr war da. Er bekam Standing Ovations von der Fraktion. Sein trokkener Kommentar: »Eure freundliche Begrüßung freut mich sehr. Mal sehen, ob ihr auch noch klatscht nach meinem Vortrag.« Dann hat er über neue Sicherheitspolitik gesprochen, von der Notwendigkeit der europäischen Selbstständigkeit gegenüber Amerika, von der Notwendigkeit, eine europäische Armee einzurichten. Als er auf die Gegenwart zu sprechen kam, fand der Vater der Friedensbewegung Worte wie: »Wir waren lange nicht bereit, einzu-

---

7. The war is over – der Krieg ist vorbei. Ein Afghanistan-Reisetagebuch vom Juli 2003, Augsburg 2003.

gestehen, dass wir uns in Afghanistan – im Krieg befinden ...« Be-
tretenes Schweigen. »Und die Bereitschaft, Aufklärungsflugzeuge
dorthin zu schicken, die die Ziele finden, die von den Amerikanern
dann bombardiert werden – das wird nicht das Ende sein.«
Er redet offene Worte, der alte Bahr. Aber wir haben nicht auf
ihn gehört. Heute wird immer noch vernebelnd von »Kampfein-
sätzen« gesprochen, Deutschland sei dort »nicht im Krieg«, wird
vehement behauptet. Den Höhepunkt dieser sprachlichen Kon-
fusion, hinter der sich Strategie verbirgt, kann man im Protokoll
des Deutschen Bundestages vom 2. Juli 2009 nachlesen. Es war
eine wirklich unsägliche Debatte. Wie hat man sich in dieser
Debatte um das Wort »Krieg« gewunden und die »Kampfeinsät-
ze« verteidigt. Es war fast nicht zu glauben. Wortakrobatik. Und
längst weiß es jedes Kind auf der Straße: Wir sind im Krieg. Und
wir Abgeordneten haben eine gehörige Portion Mitverantwortung an dem Tod der deutschen Soldaten und der getöteten Afghanen. Man wird eines Tages Rechenschaft von uns verlangen.

Als ich mit Rupert Neudeck dort war im Jahre 2003, sind
wir die zerbombte Straße von Kundus nach Mazar i Sharif gefahren. Wir waren mit drei Jeeps unterwegs, von Duschanbe
in Tadschikistan aus waren wir eingereist. Niemals werde ich
die Überquerung des Flusses Amur Darja bei Kakul vergessen.
Auf drei zusammengeseilten Militärpontons fuhren wir, ange-
trieben von einem alten »ZK 300 – Traktor aus Schönebeck«.
Man hatte den Reifen von der Felge des Hinterrades entfernt,
das Drahtseil darübergezogen. Wenn der Fahrer dieses Traktors
nun Gas gab, zog sich die Fähre über den Fluss. Auf der anderen Seite bei Oikanom soll Alexander der Große ein Heerlager
gehabt haben, als er den Fluss übertrat. Die Russen sicherten
diese Grenze selbst, sie trauten den Tadschiken nicht. Unser af-
ghanischer Begleiter musste sie mit Schnaps bestechen, damit
die Überquerung der Grenze nach Afghanistan gestattet wurde.
Dann fuhren wir »die Straße« von Kundus nach Mazar i Sharif entlang. Diese legendäre Straße hatte damals 30 Jahre Krieg
hinter sich, nichts war mehr von ihr da, man konnte sie an manchen Stellen nur noch ahnen. Es war unglaublich, wie wir da von
Krater zu Krater fuhren, im Schritttempo selbst mit den Jeeps.

Von Mazar aus sind wir aufgebrochen und haben die alte Festung Balkh besucht. Ich hatte es mir gewünscht. Balkh ist ein uraltes spirituelles Zentrum des Islam, wahrscheinlich älter als Jericho, neben Mekka und Medina das dritte große spirituelle Zentrum der islamischen Welt. Dshellaludin Rumi (1207-1273) soll hier zur Schule gegangen sein, bevor er mit seinen Eltern fliehen musste. In Konya in der heutigen Türkei ist er gestorben. Die »tanzenden Derwische« haben eine Spur gelegt, die zu ihm zurückführt. Die Begegnung mit der Spiritualität in der Region Balkh und dieser muslimische Mystiker aus dem 13. Jahrhundert haben mein Leben verändert. Ich habe viel gelesen über Rumi seither, über den Islam, über die muslimische Mystik. Professor Annemarie Schimmel ist es zu verdanken, dass sich dieses Tor öffnete in eine Kultur, von der wir so wenig wissen und so viel lernen können. Ich bin durch Rumi, den Muslim, zu den eigenen christlichen Wurzeln zurückgeführt worden, habe Meister Eckhart entdeckt und Johannes vom Kreuz, Teresa von Avila und Thomas Merton, schließlich auch Dag Hammarskjöld, diesen besonderen UN-Generalsekretär, der Rumi ebenfalls gekannt und geschätzt hat. Hammarskjöld hatte in seinem Zimmer ein Bild von den »tanzenden Derwischen«. Rumi, der Hörende. Rumi der Liebende, der große Poet und Seelenführer. Sein »Mathnawi « nennt der persische Dichter Dschami den »Koran in persischer Zunge«. Ich habe der Begegnung mit ihm viel zu verdanken: Ich habe Zugang zu meinen eigenen Wurzeln wiedergefunden, ähnlich, wie es mir später mit dem ZEN ergangen ist. Wenn ich sehe, wie wir »Christen« aus dem Abendland mit den von uns geschickten Soldaten in diesem tief spirituellen Lande vorgehen, dann kann ich fühlen, dass die militärische Strategie des Westens niemals aufgehen wird. Solange wir mit Panzern in einem ländlich geprägten uralten Kulturland mit einer sehr tiefen Spiritualität herumgeistern und die Demokratie sozusagen »herbei schießen« wollen (Der Einsatz der Panzer wurde ja mit der Vorbereitung der Wahlen im August 2009 begründet!) – solange wird es keinen vernünftigen Dialog mit dieser großartigen muslimischen Kultur geben. Damals habe ich mein Reisetagebuch notiert:

»Fünfter Tag: Mittwoch, 23. Juli 2003. Mazar. Balkh University, ISAF, Redaktion. Balkh

Irgendwann früh gegen vier ruft der Muezzin und erinnert uns an die Grenze, die uns gesetzt ist: ›Gott ist größer – allahu akbar‹.[8] Das ganze Land beginnt mit einer ›Morgenandacht‹. Man stelle sich das für unser Land vor! Früher hatten im christlichen Abendland die Glocken eine solche Bedeutung. In manchen Dörfern gibt es wenigstens noch das ›Abendläuten‹ um 18 Uhr. Wie weit wir doch weg sind von praktizierter Religiosität im so genannten ›christlichen Abendland‹! Dieses Land hier ›atmet‹ den Islam. Man darf das nie vergessen bei allem, was man hier sieht. Dieses Land ist ein religiöses Land. Dieses Land ist ein spirituelles Land. Wie soll ein Dialog mit dem Islam gelingen, wenn das ›christliche Abendland‹ gar nicht mehr um seine eigenen Wurzeln weiß? Wie soll man den ›interreligiösen Dialog‹ führen, wenn die eine Seite gar nicht mehr weiß, welche Religion sie eigentlich hat? Es gibt im Westen arrogante ungebildete Menschen, die glauben, der Islam müsse erst einmal die Aufklärung durchmachen, die auch das Christentum durchgemacht habe. Diese Menschen verstehen nichts. Sie wissen nichts von Spiritualität. Sie wissen nichts von den Sufis, nichts von den Naqsbandhias, nichts von Rumi und den ›tanzenden Derwischen‹, die in ihrem wild kreisenden Tanz Gott ehren, der größer ist als alles, was Menschen zustande bringen. Heutzutage kann man in der Türkei die tanzenden Derwische als Touristenattraktion besichtigen, da ist allerdings auch nicht mehr viel von den ursprünglichen Wurzeln dieses Gebettanzes zu erkennen. Wie kann ein Dialog gelingen zwischen einem weitgehend atheistischen Westen und einem religiösen Osten nach dem 11. September 2001? Wie soll sich ein religiöser Afghane verständigen mit einem Amerikaner oder Deutschen oder Engländer oder Franzosen, der im Grunde nur am Erdöl zur Sicherung seiner Energieversorgung interessiert ist oder an dem, was er die eigene ›Sicherheit‹ nennt? Was soll man reden mit jemandem, der unter ›Fortschritt‹ ledig-

---

8. Gewöhnlich wird das Wort mit »Gott ist groß« übersetzt. Prof. Annemarie Schimmel hat aber überzeugend aufgezeigt, dass es der Intention des Islam sehr viel besser entspricht, das Wort mit »Gott ist größer« – als alles Menschengemachte nämlich – zu übersetzen.

lich das Wachstum seiner eigenen Volkswirtschaft versteht und die
›Sicherheit‹ seines eigenen politischen Systems? Es wird schwer
werden mit dem Gespräch. Es ist eine große Aufgabe. Aber der
11. September 2001 hat eben auch dies gezeigt: Wir werden reden
müssen! Wir werden uns verständigen müssen über die Ziele, zu
denen wir unterwegs sind. Wir werden uns verständigen müssen
über die ›basics‹, von denen aus das Leben zu begreifen ist. Und
eins scheint mir sicher: Der Westen wird zu seiner eigenen Spiri-
tualität zurückkehren müssen, billiger ist der Dialog nicht zu ha-
ben.«
So habe ich es damals gesehen und aufgeschrieben. Und ich
sehe die Dinge heute ebenso. Damals, nach dem 11. September, entstand die Frage:»Was macht der Westen falsch, dass wir
den religiösen Fundamentalisten mit ihrem Hass auf die westliche Welt so viel Raum geben? Was ist der Grund für diesen
Hass?« Es ist die Frage nach unseren eigenen Wurzeln. Damals
wurden die»Grünhelme« gegründet als ein Antwortversuch, der
zu mehr Dialog führen soll. Christen und Muslime, Menschen
»guten Willens« sollen in ganz konkreten Projekten des zivilen
Wiederaufbaus gemeinsam arbeiten und so miteinander ins Gespräch kommen. Es geht um Schulen und Krankenhäuser – vor
allem um Schulen. Auf einer der 30 Schulen, die die»Grünhelme« gebaut haben, steht die erste Solaranlage überhaupt, die in
Afghanistan installiert wurde. Die Berliner Firma SOLON hat
uns dabei geholfen.
Allerdings nehme ich auch wahr, dass die Staaten des Westens vor allem mit Militär (Die Ausgaben für den Militärein-
satz sind um ein Vielfaches höher als die Mittel für den zivilen
Wiederaufbau!) versuchen»das Problem« Afghanistan zu lösen.
Wenn wir jedoch die Priorität auf das Militärische legen, rut-
schen wir immer tiefer in den Krieg hinein, in dem wir längst
stecken. Der Beschluss des Deutschen Bundestages vom 3. Juli
2009, nun auch AWACS Aufklärungsflugzeuge zu schicken, beschleunigt das nur. Mit Hilfe der AWACS kann man nun noch
genauer zielen …
Egon Bahr hatte das schon im März 2007 klar gesehen. Wir
haben nicht auf ihn gehört. Am 3. Juli 2009 hatte der Bundestag

den Einsatz von AWACS Aufklärungsflugzeugen beschlossen: Wie konnte uns das passieren? Wie konnten wir so tief hineingeraten in eine militärische Auseinandersetzung, die auf Dauer den guten Ruf, den die Deutschen in Afghanistan haben, schwer beschädigen wird? Wie konnten wir so das Vertrauen der ländlichen Bevölkerung verspielen? Nun, die Mechanismen sind simpel: Die Fraktionen sind immer den Vorständen gefolgt und haben per Mehrheitsbeschluss im Plenum schließlich die Soldaten geschickt. Eine Mehrheit hat nun auch dem Einsatz der AWACS-Flugzeuge zugestimmt. Die Abgeordneten in der Fraktion haben beschlossen, was der Fraktionsvorstand beschlossen hatte. Der hatte beschlossen, was der geschäftsführende Fraktionsvorstand beschlossen hatte. Der wiederum ist den kleinen Zirkeln gefolgt, die solche Entscheidungen vorbereiten. Da ist Rücksicht zu nehmen auf den Koalitionspartner; da ist Rücksicht zu nehmen auf das Bündnis, in dem Deutschland ein Teil ist. Natürlich gibt es einen Zusammenhang zwischen dem deutschen Engagement in Afghanistan und den Problemen im Irak. (Kanzler Schröder konnte damals ein von den Amerikanern gefordertes deutsches Engagement im Irak mit dem Hinweis auf das deutsche Engagement in Afghanistan abwehren.) Dann entscheidet die Frage der Loyalität zum Vorsitzenden, zum Außenminister und Vorstand – die Abgeordneten, die ja nicht alle Fachleute in Außen- und Sicherheitspolitik sind, vertrauen auf das Votum ihrer Arbeitsgruppen und des Vorstandes. Viele trauen sich eine sachgerechte Entscheidung selbst nicht zu angesichts der hochkomplizierten Lage.

Natürlich sind Abstimmungen über Militäreinsätze immer besonders umstritten. Fraktionsoffene Abende sollen dann helfen, die Position des Vorstandes so zu erklären, dass am Ende eine Zustimmung der ganzen Fraktion herauskommt. Man setzt diese Abende ein, um zu überzeugen. Schließlich, oft nach langen, bis in die Nacht währenden Debatten, kommt es zur Abstimmung in der Fraktion. Von dieser Abstimmung an gilt: Mehrheit ist Mehrheit. Wenn eine Mehrheit in der Fraktion zugestimmt hat, dann stimmt die ganze Fraktion im Plenum zu. Und das Unwohlsein unter den Abgeordneten wächst. Die Entscheidungen sind schwer mit dem Gewissen zu vereinbaren. Manchmal wird noch bis zuletzt mit einzelnen »Abweichlern«, wie man sie dann bewertend nennt, diskutiert. Manche empfinden das als Druck, manche als »Fraktionszwang«.

Abstimmungen von Militäreinsätzen waren in der SPD-Fraktion glücklicherweise meist »Gewissensfragen« – also der einzelnen Entscheidung des einzelnen Abgeordneten freigestellt, so, wie es das Abgeordnetengesetz eigentlich von allen Abstimmungen sagt. Es ist nicht so, dass ein Abgeordneter nur einfach, weil er kein Stehvermögen hat, bei solchen Entscheidungen zustimmt. Das ist ein weitverbreitetes Vorurteil. Aber: Man muss sehen, dass solche auch in der Bevölkerung hoch umstrittenen Themen eben von vielen Argumentationslinien beeinflusst sind, die den Abgeordneten am Ende kaum noch »frei« entscheiden lassen; er hat nicht nur seine eigene Sicht der Welt, nicht nur den Maßstab seines Gewissens, er muss vieles gleichzeitig bedenken. Und *Angst* ist natürlich auch im Spiel. Angst vor dem Konflikt mit den eigenen Kollegen in der Fraktion. Man muss schon ein ziemlich dickes Fell haben, um auszuhalten, dass einen die Kollegen als »Abweichler« bezeichnen. Dies sei offen angesprochen. Angst natürlich auch, bei den nächsten Wahlen in der Fraktion (alle zwei Jahre wird gewählt) ein Amt nicht mehr zu bekleiden. So etwas kann schnell gehen. Manchmal wird es »robust« in der politischen Auseinandersetzung gerade auch mit den eigenen Leuten. Dann ist man plötzlich nicht mehr stellvertretender Fraktionsvorsitzender oder Sprecher oder Ausschussvorsitzender. Das hat man aber gern auf seiner Visitenkarte stehen. Ich will das gar nicht denunzieren, ich will nur hinweisen auf diese Realität im politischen Alltag. Der Kampf darum, ob ein Abgeordneter in der Fraktion »etwas zu sagen hat« beginnt früh. Da geht es schon um die Berichterstattungen in der Arbeitsgruppe. Ich habe Kampfabstimmungen erlebt um die Frage, welche Abgeordnete für welches Thema die Berichterstattung haben soll. Selbst bei einer solchen Bagatelle hat es schon Tränen gegeben. Themen, die von hoher politischer Brisanz sind und viele Menschen interessieren, sind besonders begehrt – mit solchen Themen kann man als Abgeordneter »punkten«, man kann sich »profilieren«, also im Zweifelsfall Wählerstimmen bekommen für eine Wiederwahl. Glücklicherweise musste ich als dreimal direkt gewählter Abgeordneter keine solchen Rücksichten nehmen. Kollegen, die nicht direkt, sondern über die Landeslisten ins Parlament eingezogen sind, stehen unter zusätzlichem Druck: Sie müssen befürchten, bei einem »abweichlerischen Verhalten« beim nächsten Aufstellungsverfahren hinten auf der Liste zu landen – das bedeutet quasi das »Aus« als Abgeordneter für die kommende Legislatur. Ich habe aus diesen Gründen mein Direktmandat immer als einen Luxus verstanden, als den »Luxus der freien Meinungsäußerung«, ich war nie abhängig von der Partei. Glücklicherweise ging mir das mit meinen anderen politischen Aufgaben auch so: Ich habe mich nie um ein Amt beworben. Als ich Parlamentarischer Staatssekretär im Bundesforschungsministerium werden sollte, wurde ich gefragt. Ebenso war es, als Wolfgang Tiefensee auf mich zukam und mich ansprach, ich hatte mich nicht beworben. Andere hatten Hinweise gegeben. In dieser Hinsicht hab ich Glück gehabt, brauchte mich an diesen Spielchen nie beteiligen, konnte in Ruhe meine Arbeit machen. Man muss zusätzlich sehen: Abgeordnete stehen auch in ihren Wahlkreisen unter Druck. Sie wollen ihren Leuten zu Hause nach einigen Jahren Zugehörigkeit im Parlament ein »Amt« vorweisen können, zu dem sie es mittlerweile gebracht haben. Nichts ist schlimmer, als mit dem Wort »Hinterbänkler« bezeichnet zu werden. Deshalb haben Ränkespiele, Absprachen zwischen den Gruppen innerhalb der Fraktion und zwischen den Landesgruppen in der Fraktion auch eine so große Chance. Denn dabei stimmen sich die Gruppen und Netzwerke darüber ab, welcher Abgeordnete in welche Funktion gewählt werden soll. Da geht es nicht immer nur nach fachlicher oder menschlicher Qualifikation, da gibt es durchaus auch noch andere Kriterien. Länderquoten zum Beispiel. All das ist zu bedenken, wenn die Entscheidung zu treffen und schließlich zu bewerten ist, ob Deutschland sich an militärischen Einsätzen in Afghanistan beteiligt, ob es Panzer einsetzt oder ob es AWACS Aufklärungsflugzeuge bereitstellt. Ich kann jedenfalls von mir sagen, dass eine große Last von mir fiel, als ich mir klar war, nicht ein viertes Mal zu kandidieren. Ich fühlte mich freier, »Nein« zu sagen zum Einsatz der AWACS Kampfflugzeuge.

Statt Panzer oder AWACS-Flugzeuge in das schöne Land Afghanistan zu schicken, will ich hier Rumi zu Wort kommen lassen, am Ende dieser kurzen Begegnung zwischen dem Westen und dem Osten, zwischen Materialismus und Spiritualität, zwischen Äußerlichkeit und Innerlichkeit. In der freien Nachdichtung von Friedrich Rückert,[9] der die Werke von Rumi übersetzt hat: »Schall, o Trommel! Hall, o Flöte – Allah hu! Wall im Tanze, Morgenröte – Allah hu! Lichtseel' im Planetenwirbel, Sonne, vom Herrn im Mittelpunkt erhöhte – Allah hu! Herzen! Welten! Eure Tänze stockten, wenn Lieb' im Zentrum nicht geböte: Allah hu! (...) Seele, willst, ein Stern, dich schwingen, um dich selbst, Wirf von dir des Lebens Nöte – Allah hu! Wer die Kraft des Reigens kennet, lebt in Gott, Denn er weiß, wie Liebe töte. – Allah hu!«[10]

Dieses »Herzen! Welten! Eure Tänze stockten, wenn Lieb' im Zentrum nicht geböte: Allah hu!« klingt in unserer Tradition so: »Selbst wenn ich mit Menschen- und mit Engelszungen redete Und hätte die Liebe (zu Gott) nicht, so wäre ich nur ein tönendes Erz oder eine klingende Schelle.«[11] Das wäre vielleicht ein Anfang der Begegnung der Kulturen. Hier könnte der Gesprächsfaden aufgenommen werden. So könnte es gehen, die gemeinsamen Erfahrungen und Einsichten der Religionen miteinander ins Gespräch zu bringen. Panzer und AWACS werden das nicht können.

Als ich mit Rupert Neudeck in Balkh in der alten Moschee war, habe ich in mein Reisetagebuch notiert:

> *»Wir stehen vor der Moschee. Ziehen die Schuhe aus. Betreten den*
> *halbdunklen Raum. Einige Männer knien im Gebet. Wir setzen uns*
> *hinter der Schwelle im Eingangsbereich der uralten Muhammad*
> *Parsa Moschee in Balkh zu den beiden Alten, die hier Frühstück*

---

9. 16. Mai 1788 in Schweinfurt geboren; 31. Januar 1866 in Coburg gestorben.
10. Annemarie Schimmel: Rumi. Ich bin Wind und Du bist Feuer. Leben und Werk eines großen Mystikers, München 2003, S. 210.
11. Paulus, 1. Brief an die Gemeinde der Christen im griechischen Korinth aus dem Jahr 54 oder 55 nach Christus, Kapitel 13, Vers 1.

machen und hören, was sie uns zu berichten wissen. Der eine Alte
sitzt seit 15 Jahren hier. Er lebt in der Moschee. Von früh vier Uhr
vom ersten Gebet bis abends neun Uhr zum letzten Gebet des Ta-
ges. Dann kommt die Nachtwache. Hodshar Boswhar Delee heißt
der alte Mann, so jedenfalls verstehe ich seinen Namen. Rupert
hat sein Tonband herausgenommen, freut sich mit mir über diese
Begegnung der ganz besonderen Art. Der Alte erzählt, das Gebäu-
de sei über 1000 Jahre alt. ›Die Menschen in der Region glau-
ben, dass hier das Fundament der Welt zu finden ist‹, übersetzt uns
Tadsh. ›Ich habe nicht genug Kenntnis, um Ihnen all die Daten und
Zeiten zu erklären‹, sagt der Alte. ›Aber hierher kommen viele Leu-
te, die haben Fragen zum Gebet. Da kann ich ihnen antworten.‹«

Man kann solche Rede für »rückschrittlich« halten. Man kann
darüber den Kopf schütteln – und zeigt doch dabei nur die eigene Hilflosigkeit. Man kann die Meinung vertreten, das Land
brauche »Aufklärung« und Entwicklungshilfe, brauche freie
demokratische Wahlen nach westlichem Vorbild. Das mag alles
sein. Vielleicht jedoch verbirgt sich hinter diesem kopfschütteln-
den Reflex des »christlichen« Abendländers, der von seinen Abgeordneten möglicherweise als Soldat im Kampfanzug in dieses
Gebiet geschickt wird, um die eigene Sicherheit zu verteidigen,
nur die Abwehr des eigenen Schattens? Vielleicht verbirgt sich
hinter einem solchen scheinbar »aufgeklärten« Reflex nur die
Sehnsucht nach der eigenen Erkenntnis eines großen Zusam-
menhangs? Vielleicht könnten wir genau das von den Afghanen
wieder lernen: nach einem großen Zusammenhang zu fragen
und nicht nur nach der eigenen Sicherheit? Dann aber werden
wir zunächst zuhören müssen und nicht mit Soldatenstiefeln die
einzige Tür des sonst nach außen, zum Ort hin, durch eine Mauer vor fremden Blicken geschützten Bauernhofes eintreten auf
der Suche nach »Terroristen«, so wie es amerikanische Soldaten
vor laufenden Kameras tun, ohne Rücksicht auf kulturelle und
spirituelle Traditionen des Landes, in dem sie gerade zu Gast
sind. Mein Gott, ich stelle mir immer vor, so etwas würde in unseren Dörfern passieren: Dass Soldaten aus einem fremden Land
den Bauern so die Hoftore eintreten, hoch bewaffnet – auf der
Suche nach »Terroristen«! Wie würde die Bevölkerung unserer

Dörfer auf so etwas reagieren? So macht man sich Feinde, nicht Freunde! Vielleicht werden wir uns bei einer wirklichen Begegnung mit der afghanischen und muslimischen Kultur auch eingestehen müssen, dass wir den Zugang zu den eigenen spirituellen Wurzeln verloren haben. Vielleicht werden wir eingestehen müssen, dass wir spirituell Heimatlose geworden sind. Vielleicht müsste der Bogen zerbrechen, den wir gespannt haben, um auf »die Taliban« zu zielen. Das könnte ein Anfang sein. Wenn wir das sehen können, dann sollten wir die Soldatenstiefel zügig an der Schwelle der Moschee ausziehen, wie es sich gehört, und den beiden Alten da zuhören, was sie von den Fundamenten der Welt zu sagen wissen. Stille täte gut. Das könnte ein Anfang sein.[12]

Nachtrag: Pfarrerssöhne

Am 18. November 2009 lerne ich Oberst a.D. Konrad F. kennen, den ehemaligen Pressesprecher der NATO. Wir begegnen uns in einer Podiumsdiskussion im Dr. Tolberg Saal in Schönebeck-Salzelmen, Deutschlands ältestem Solebad. Da sitzen also zwei Pfarrerssöhne nebeneinander. Beide stammen aus Ostdeutschland. Beide waren zu Ost-Zeiten nicht bei den Pionieren, nicht bei der FDJ, galten als staatskritisch. Beide konnten deshalb kein staatliches Abitur machen. Der eine ging in den Westen, studiert dort Pharmazie und geht dann zur Bundeswehr, wird schließlich Pressesprecher der NATO – und verteidigt die Militäreinsätze der Soldaten in Afghanistan. Es habe Fortschritte gegeben auch beim zivilen Wiederaufbau. Ich bin wie meine ganze Familie bewusst nicht in den Westen gegangen, blieb im Osten und hatte eine Menge Ärger mit dem Staat. Auch ich mache eine steile

---

12. Mittlerweile ist ein Bundesverteidigungsminister zurückgetreten, sind ein Staatssekretär und der Generalinspekteur der Bundeswehr entlassen worden; der neue Verteidigungsminister steht ebenfalls unter hohem politischen Druck, nachdem bekannt geworden ist, dass ein deutscher Offizier Anfang September 2009 in Kundus die Bombardierung zweier Tanklastzüge angeordnet hat, die Tötung von Zivilpersonen dabei in Kauf nehmend.

Karriere – nach der »Wende« –, aber als Zivilist in der Politik. Steige auf bis zum Vizeminister. Aber ich werde zunehmend militärkritisch. Ich glaube, dass die Militäreinsätze in Afghanistan dem Land nicht mehr, sondern weniger Sicherheit gebracht haben. Ich argumentiere für die »Grünhelme« – für zivile Wiederaufbauteams. Aber paradoxerweise trage ausgerechnet ich als ehemaliger Parlamentarier eine politische Mitverantwortung am Tod junger Soldaten und Zivilisten, auch Kinder darunter. Denn die Bundeswehr ist eine Parlamentsarmee. Wir Zivilisten haben die Soldaten dorthin geschickt. Wir tragen die Verantwortung. Der NATO-Mann trägt sie nicht. Die Welt ist komplex und sehr verworren geworden. Es gibt nicht die »richtige« und die »falsche« Seite. »Es gibt deine Wahrheit und meine Wahrheit. Und DIE Wahrheit«, sagt man im ZEN-Buddhismus.

»Du bist aber tüchtig!«

Für Elisabeth

Die Anregung zu diesem kleinen Kapitel kommt von einer Freundin. Wir hatten nur kurz und beiläufig am Ende eines schönen Abends ein paar Worte gewechselt auf der Treppe, beim Hereintragen des Geschirrs nach dem Essen. »Puh, ich habe heute für meine Mutter einen halben Umzug gemacht, dann habe ich noch zu Hause aufgeräumt. Für heute reicht es«, sagte sie. »Du bist aber tüchtig!«, sagte ich ihr mit einem leicht ironischen Unterton, den ich später genauer verstand. Dieser Ton war meine eigene innere Abwehr eines traurigen Themas. »Sag nicht zu mir: ›Du bist aber tüchtig!‹«, sagt sie zu mir. »Warum nicht?« »Na rat mal. Das hat meine Mutter immer zu mir gesagt«, sagt sie.

Ich verstehe, wovon sie spricht. Sie spricht von Kindern, die tüchtig werden. Sie wollen Anerkennung von ihren Eltern. Sie wollen endlich gesehen werden. Sie denken sich viele Dinge aus, mit denen sie ihren Eltern eine Freude machen können. Oftmals denken sie gar nicht mehr groß darüber nach, sondern tun es einfach. Sie machen in großer Sommerhitze den Garten: Mitten in der Mittagshitze, wenn sich andere in den Schatten legen für ein Schläfchen, schuften sie als 14-Jährige und heben Pflanzgruben aus, damit eine neue Hecke für den Vater gepflanzt werden kann. Vater liebt es, hinter Hecken zu sitzen. Ich erinnere mich daran. Wenn ich den Garten machte, die Hecken verschnitt, neue Hecken anlegte, den Rasen mähte. Ich kümmerte mich um den Garten. Im Winter schippte ich Schnee, wenn die anderen schon drinnen beim Kaffee saßen. »Das hättest du doch nicht machen brauchen«, hörte ich dann noch als Kommentar, wenn ich hereinkam. Das war ja nun das Letzte, was ich brauchte. Das war das Letzte, was ich hören wollte. Tüchtig sein – das ist Ausdruck einer großen inneren Einsamkeit von Kindern. Wenn Kinder tüchtig werden, dann ist das ein wichtiges Zeichen, das Eltern sehen sollten – denn dann brauchen sie Zuwendung, dann brauchen sie alles andere, als den Satz »Du bist aber tüchtig!«.

Vielleicht wäre es besser, wenn Mutter oder Vater sagen würden: »Na, da hast du dir aber viel Arbeit gemacht. Warum machst du dir denn immer diese viele Arbeit für uns?« Dann könnte das Kind vielleicht sagen: »Weil ich euch liebe und weil ich von euch geliebt sein will.« Kinder, die tüchtig geworden sind, können das aber meistens schon nicht mehr sagen. Sie sind einfach tüchtig – für ihre Eltern. Bei mir ging das los, als Vater ins Krankenhaus kam wegen seiner Depressionen. Vater war krank, er war plötzlich weg. Der Haushalt musste irgendwie organisiert werden. Also fing der 11-jährige Junge zusammen mit seinem älteren Bruder an, Teile der Rolle des Vaters zu übernehmen. Wir halfen in der Kirchengemeinde mit, versuchten, so gut es ging, Mutter die Arbeit abzunehmen. Die stand ja genauso alleine da – Vater war krank. Wenn die Kohlen kamen – wir schaufelten sie in den Keller und trugen sie in Eimern ins Haus. Eigentlich eine Männerarbeit. Ich habe erst sehr spät verstanden, was es mit meiner »Tüchtigkeit« damals auf sich hatte. Eine tiefe Wurzel für Fleiß, Tüchtigkeit und beruflichen »Erfolg« liegt hier vergraben: im Wunsch, dem kranken Vater zu helfen, im Wunsch, endlich gesehen zu werden. Endlich angenommen zu werden, so, wie man nun mal ist. Einfach da sein dürfen. Das wäre etwas! Das wäre mal wunderbar! »Mutti, darf ich noch zu dir auf die Couch?« So einen Wunsch hätte ich mir mit elf kaum noch zu sagen getraut. Stattdessen wurde ich »tüchtig«. Bekam auf diese Weise Lob, wurde gesehen. Aber es war irgendwie nicht das Lob, das ich mir gewünscht hatte. Es blieb die Leere, die hinter der Leistung liegt. Ich weiß es gar nicht mehr genau, vielleicht hätte ich mir gewünscht, dass sie mich einfach mal in den Arm nehmen, dass ich ihren Körper spüren kann, dass ich ihnen glauben kann, dass sie mich mögen, so wie ich bin. So hilflos, wie ich mich fühlte, manchmal auch so einsam, wie ich mich fühlte. Ich konnte darüber schon als Kind nicht mehr sprechen. Mit elf oder zwölf hat das aufgehört.

Nach dem Umzug in die Stadt fing es an, dass ich tüchtig wurde. Vorher war ich manchmal frech, lebte aus dem Bauch, war quicklebendig. Nach dem Umzug in die Stadt und nach der Krankheit des Vaters, später auch der Mutter, veränderte sich das. Es hat für mich seither etwas Trauriges, wenn Kinder »tüchtig« werden. Es geht so viel Lebendigkeit verloren. Eine große Sehnsucht wird sichtbar, etwas Fehlendes. Etwas Zuwendung wäre schön gewesen. Aber die kam nicht. Meine Eltern waren als Kinder im Krieg schwer traumatisiert worden.[13] Mutter hatte ihren Vater mit sieben Jahren verloren, lebte seither allein mit ihrer Mutter, die nie wieder heiratete. Mit 18 war sie auf der Flucht vor den Russen und hatte viel Angst. Mutter wurde auch tüchtig. Sie war eine »tüchtige Pfarrfrau«. Vater sah noch als Junge, als »Flakhelfer«, die vielen Toten und die brennende Stadt, er versteckte sich im Keller, wenn die Bomber flogen. Auch er wurde tüchtig, bekam viel Anerkennung für seine Arbeit. Er ist mit sehr großer Angst groß geworden. Eine Angst, über die er nie sprechen konnte. Aber sie hat sich ausgewirkt. Indirekt. Die Eltern konnten echte Gefühle nicht mehr zeigen. Ich hatte immer das Gefühl, dass ich so ganz nicht an sie herankomme. Sie wirkten beide, Vater besonders, fern und fremd. Wirkliche Nähe gab es nur in ganz wenigen, seltenen Momenten.

»Was hättest du dir denn eigentlich gewünscht?«, hat mich ein Weggefährte gefragt, als ich ihm die Geschichten vom tüchtigen Kind erzählte, das ich einmal war. Wenn ich dieser Frage nachfühle, werde ich traurig. Dann begegne ich einem Schmerz tief in mir. »Was ich mir eigentlich gewünscht hätte? Vielleicht, dass ich einfach da sein darf.«

Heute sage ich: »Vater, ich geb dir nun die Kohleschaufel zurück.« Ich sage das mit einem gewissen Zorn. »Da! Mach du jetzt. Es ist eigentlich deine Arbeit!« Ich will sie nicht mehr, diese Leistungsorientierung. Ich will dieses Tauschgeschäft nicht mehr, diesen Tauschhandel, der doch nur in der Frustration endet. Woher der Leistungsdruck kommt in meinem Leben? Ich wollte gut zu dir sein, wollte dir helfen als Kind und als Jugendlicher, als es dir nicht gut ging. Du warst im Krankenhaus, damals nach dem Umzug. Mutter war alleine mit uns drei Jungs. Und ich hatte mich um das Praktische zu kümmern: Ich habe es

13. Es gibt neuerdings eine interessante Diskussion und etliche Veröffentlichungen zu dem lange tabuisierten Thema der »Kriegskinder«, also der Jahrgänge 1929 bis 1945.

für dich getan, Vater. Denn du konntest es nicht tun, du warst krank.

Später hab ich weiter geschuftet in meinem Leben. Ich bin die »Kohleschaufel« von damals irgendwie nicht mehr losgeworden. Ich hab mich mit ihr identifiziert.

Oder den Schneeschieber, mit dem ich als Junge den nassen Schnee vor dem Haus wegschob, damit die Leute nicht hinfielen, wenn sie beim Pfarrer am Haus vorbeimussten auf dem Weg zum Bäcker an der Ecke; den bin ich innerlich auch nicht mehr losgeworden.

Auch die große Heckenschere bin ich irgendwie nicht losgeworden, die ich nahm, in der Mittagspause, wenn alle schliefen im Hause. Da war ich unterwegs, um die Hecken zu pflegen, damit der Hof ordentlich aussieht. Irgendwie bin ich auch die Schubkarre nicht losgeworden, mit der ich als Junge die Hofeinfahrt neu gemacht hab zusammen mit zwei Freunden. Ich hab das immer besonders gründlich gemacht, hab es mir schwer gemacht. Eigentlich hätte ich ja mit den Freunden auch in die Badeanstalt gehen können. Es gibt noch Fotos von diesen Arbeiten an der Hofeinfahrt. Ich hab mir immer die »praktischen« Arbeiten genommen. Hab zugepackt. Hab nicht lange diskutiert und die Schaufel in die Hand genommen. Irgendwie sind sie mir angewachsen, diese Kohlenschaufel, der Schneeschieber, die schwere Gartenschere und die Schubkarre. Eigentlich war ich zu jung für solche Arbeiten. Ich war elf, als du krank wurdest. Ein Kind noch. Aber ich hab diese Männerarbeit gemacht. Es war so etwas wie ein innerer Auftrag. Bis heute hab ich diese »Kohleschaufel« in der Faust. Reagiere wie im Reflex, wenn andere mir Aufgaben hinlegen, sehe blitzschnell, was getan werden könnte, packe zu. Vermutlich bin ich deshalb Staatssekretär geworden. Angefangen hat das damals, Vater. Und du bist ein Teil dieser Geschichte. Du warst krank, konntest nicht zupakken, ich wollte dir helfen. Wollte, dass du mich siehst, wollte, dass du wahrnimmst, dass ich es für dich tue. Ich hab mir seither über Leistung Anerkennung geholt. Es ist ein Grundmuster geworden, eine Lebenslinie. Ich gebe dir die Kohleschaufel nun zurück, Vater. Ich will sie nicht mehr. Ich will jetzt mal eine Pause machen. Ich will lernen, dass ich geliebt bin, auch wenn ich nicht tüchtig bin. Es fällt mir schwer, aber ich will es versuchen.

»Du bist gut, so wie du bist, auch ohne Leistung.« »Du brauchst nicht tüchtig sein, wir lieben dich auch so.« Das habe ich als Kind nicht recht glauben können. Irgendwie innerlich. Ich fühlte das nicht. Ich konnte es nicht glauben, dass ihr mich wirklich liebt, so, wie ich bin. Hilfsbedürftig, schutzbedürftig, sich nach Anlehnung sehnend. Ich glaube euch das nicht. Aufmerksamkeit bekam ich, wenn ich tüchtig war. Und selbst das wurde schon bald selbstverständlich.

Irgendwie »natürlich« gehörten wir zu den Klassenbesten. Etwas anderes kam gar nicht infrage. Und dann trat eine merkwürdige Entwicklung ein. Je mehr ich leistete, je mehr ich schuftete – irgendwie war da immer das Gefühl, das sei es nicht wirklich, wonach ich suchte. Ich fing an, im Äußeren zu suchen. Und hatte doch eigentlich eine innere Sehnsucht. Und diese innere Sehnsucht wurde nicht gestillt durch das, was ich da angestrengt tat.

Ich erkenne dieses Muster heute bei vielen Menschen. Sie fangen zum Beispiel an, ihre Häuser zu bauen oder zu renovieren. Sie tun das mit viel Fleiß, Umsicht und schonen sich und ihre Kräfte nicht. Das Seltsame ist: Wenn das Haus gebaut, wenn der Pool gegraben, wenn der Garten angelegt ist – dann geht die Ehe auseinander, dann zerbricht oft diese scheinbare Idylle. Denn die eigentliche Sehnsucht wird im Äußeren nicht beantwortet. Der eigentliche Wunsch, »Ich möchte dir glauben können, dass du mich auch liebst, wenn ich nicht tüchtig bin, aber ich kann es dir irgendwie nicht glauben«, wurde nicht erfüllt. Es bleibt die Sehnsucht.

Es ist ein wichtiger Zusammenhang für unser Thema. Ich glaube beinahe, hier liegt so etwas wie ein Schlüssel für unseren Zusammenhang. Es geht um die Frage: Kannst du glauben, dass die Welt in Ordnung ist, auch wenn du nicht tüchtig bist? Wie würdest du dich fühlen, wenn du nicht tüchtig wärst? Wenn du nicht Bestleistungen bringen würdest? (Wem eigentlich?) Kannst du dich selbst akzeptieren und vielleicht sogar lieben, wenn du nicht tüchtig und erfolgreich bist? Magst du dich dann? Kannst du das, oder fällt dir das schwer? Kannst du die Welt lassen, wie sie ist, ohne sie »verbessern« zu müssen? Luthers »sola gratia« – allein aus »Gnade«, wie er es nennt – berührt mich, seit ich so über diese Dinge nachdenke, auf eine neue Weise. Ich werde die innere Zufriedenheit nicht wirklich erreichen, wenn ich im Äußeren suche. Das ist die Erfahrung. Ich habe es im Krankenbett gespürt, wenn ich hingestreckt lag und nichts mehr »leisten« konnte, wenn mir all mein Tun und Rackern so vergeblich vorkam. Als der Krebs da war vor einigen Jahren und später der Schlaganfall. Als ich auf die Nase gefallen war – da konnte ich es spüren, dass meine Sehnsucht eigentlich woanders hingeht. Es gibt Menschen, die so viel arbeiten, dass sie krank werden und umfallen. Sie arbeiten, bis sie gar nicht mehr anders können, als die Zuwendung anderer Menschen nun endlich an sich heranzulassen – erst im Krankenhaus können sie loslassen. Es gibt Menschen, deren Krankheitsgewinn vielleicht darin besteht, dass sie auf diesem (Um)Weg der krank machenden Leistung und Arbeit endlich die Aufmerksamkeit und Zuwendung erhalten, die sie sich heimlich immer gewünscht hatten, ohne es zu wissen. Es fällt mir oft schwer, Zuwendung auszuhalten, wenn ich keine Leistung vollbracht habe, wenn ich einfach da bin. Ich kann das nicht recht glauben, dass man mich wirklich mag, auch wenn ich nicht tüchtig bin. Denn als Kind habe ich irgendwie gelernt, dass es so ist. Anerkennung und Aufmerksamkeit erreichte ich nur, wenn ich tüchtig war – oder wenn ich krank war. Das ist der traurige Zusammenhang.

Aus der Körperarbeit, die ich nun im »hohen Alter« von 50 Jahren begann, weiß ich noch genau, wie unglaublich schmerzhaft es war, als ich dieser alten Sehnsucht zum ersten Mal wieder begegnete, als ich sie wieder fühlen konnte. Ich begegnete ihr bei den leisen, fast schüchternen Berührungen, dem einfachen gehalten werden, das wir miteinander übten. Die einfache Berührung an mich heranlassen, ohne dass ich etwas tue – das fällt mir heute noch schwer. Ich kann nicht wirklich loslassen und die Zuwendung genießen. So ist der Zusammenhang. Deshalb scheint mir, ist das wirkliche Genießenlernen ein wichtiger Schritt zu mehr Zufriedenheit. Das aber bedeutet, den alten Schmerz wieder zu fühlen – und ihn dann langsam loszulassen.

Ich glaube übrigens, dass sich unser politischer Alltag auf dramatische, radikale und fundamentale Weise verändern würde, wenn wir uns diesen Zusammenhang verdeutlichen würden. Ich gehe sogar noch weiter: Ich glaube, dass der Grundantrieb für unsere Leistungsgesellschaft darin rührt, dass wir uns gegenseitig nur noch wirkliche, von Herzen kommende Anerkennung und Aufmerksamkeit geben können, wenn wir etwas leisten. Weil wir nicht mehr *bedingungslos* lieben können, deshalb versinken wir in der Leistungsorientierung mit all ihren fatalen Folgen. Der Anfang eines Umdenkens könnte in einer einfachen Übung bestehen: »Wenn du das Gefühl hast, du müsstest etwas tun – tu es nicht.« Und schau mal, was das mit dir macht. Wenn du das Gefühl hast, du müsstest unbedingt den Rasen mähen – lass es. Tu es nicht. Wenn du das Gefühl hast, der Umzug für deine Mutter müsse unbedingt gemacht werden und nur du könntest das tun (»Wer soll es denn sonst tun?«, fragst du besorgt) – tu es nicht. Wenn du das Gefühl hast, du müsstest diese große Aufgabe jetzt unbedingt übernehmen – tue es nicht. Im ZEN heißt es: Lerne sehen, dass die Welt in Ordnung ist, so wie sie ist. Hör auf, im Äußeren zu suchen. Lerne zuzulassen, dass die Welt in Ordnung ist, so wie sie ist.

»Alles Suchen im Dies und Das und Da und Dort geschieht nur aus eurer geistigen Verblendung, aus dem Nichtwissen heraus. Es ist ein Suchen aus der fälschlichen Annahme, dass die absolute Wirklichkeit etwas ist, was durch irgendwelche äußeren, künstlichen Aktivitäten erlangt werden kann. Doch ihr könnt euch noch so sehr bemühen, ihr könnt euch anstrengen, wie ihr wollt, ihr werdet die Wahrheit durch eure Bemühungen nicht erlangen. Je mehr ihr euch bemüht, umso mehr entfernt ihr euch davon. Dies ist das große Dilemma«, schreibt Zensho W. Kopp in seinem schönen Buch »Die Freiheit des ZEN«.[14] Unsere christliche Tradition weiß das ebenso. Eine Fülle von Stellen aus der Tradition ließen sich zitieren: »… und siehe, alles war sehr gut« heißt es im Schöpfungsbericht. »Der Mensch wird aus Glauben selig und nicht aus Werken«, sagt Luther. Wobei

14. Zensho W. Kopp: Die Freiheit des Zen. 4. Auflage, Damrstadt 2009, S. 88.

»Glauben« die tiefe Anerkenntnis des Umstandes meint, dass »alles sehr gut« ist, so wie es ist. Du bist in Ordnung. Du bist in Ordnung, so wie du bist. Du brauchst keine Leistung zu vollbringen, damit du in Ordnung bist. Du bist auch so geliebt. Das ist es, was wir so schwer glauben können. Es hat mit der »Kohleschaufel« zu tun, die wir als Kinder in die Hand genommen haben. Oder mit dem »Schneebesen« oder mit der »Schubkarre« oder mit dem »Umzug« oder mit dem »Geschirr tragen«. Es hat damit zu tun, dass wir schon als Kinder »tüchtig« wurden, wo wir doch eigentlich nur die bedingungslose Liebe unserer Eltern und Geschwister wollten. »Die Erfahrung bedingungsloser Liebe machen« – das ist recht verstandene *Religion*. Darum geht es. Es geht um die *Erfahrung*. Das ist keine Sache für den Kopf, sondern vor allem für den Körper! Dieses unglaubliche »Du bist geliebt, so wie du bist«, »Ich habe dich bei deinem Namen gerufen«, »Du bist mein liebes Kind«. Wenn diese Erfahrung möglich wird, gibt es Tränen. Ich weiß, wovon ich rede. Diese Tränen zeigen dir deinen alten Schmerz aus Kindertagen. Und sie zeigen die Sehnsucht des tüchtig gewordenen Mannes und der einsamen, tüchtigen Hausfrau. Diese Tränen zeigen, worum es eigentlich geht. Bei intensiver körperlicher Berührung gelingt es manchmal, Zugang zu diesem Schmerz zu bekommen. Es ist schmerzhaft, wenn in solchen Momenten der Panzer aus Anstrengung, Bemühung, Fleiß und Tüchtigkeit abfällt, zerbricht oder sich löst.

Ich habe in der Körperarbeit die Erfahrung gemacht, dass diese Verpanzerungen sehr fest im Körper gespeichert sind. Sie lassen sich aber lösen. Nur Geduld! Und manchmal führt die Körperarbeit dann zu einem »flow«, zu einem freien Fließen der Gefühle und der Tränen; es ist der Punkt, wenn man den Schmerz nicht mehr »aushalten« kann; es ist der Punkt, wenn man »die Grenze« überschreitet; es ist wie ein Reflex, gegen den man gar nichts mehr »tun« kann – und dann kommt es zu der schönen Gewissheit, dass man trotzdem gehalten ist. Diese Verpanzerungen stecken in den Schultern manchmal – bei Männern zumal, die sich so viel auf ihre Schultern packen lassen – in den Unterarmen stecken sie auch, mit denen man »zupackt«, auch im »Genick« stecken sie. Diese Verpanzerungen, die uns den Zugang zum frei strömenden Leben fast unmöglich gemacht haben. Die Energie fließt nicht mehr, wir haben deshalb Schmerzen in den Schultern. Dieser Schmerz ist ein wichtiger Wegweiser – dort geht es lang. Dort ist die richtige Richtung.

»Sag nicht: ›Du bist aber tüchtig!‹«, sagt mir die Freundin. Ich weiß, warum ich das nicht sagen soll. Es rührt an einen alten Schmerz.

Zorn

»Bete, dass deine Einsamkeit der Stachel werde,
etwas zu finden, wofür du leben kannst, und groß
genug, um dafür zu sterben.«

Dag Hammarskjöld

Die tägliche Übung des ZAZEN am Morgen führt auch dazu, dass Gefühle frei werden. Davon muss nun auch berichtet werden.

Heute früh bin ich zornig auf das Leben, das ich führe. Wieder stehe ich allein auf, wieder stehe ich allein auf der Terrasse am Morgen. Da klingt Zorn nach, den ich gestern das erste Mal gefühlt habe: Zorn, eine Aufgabe zu erfüllen, der ich nicht gewachsen bin. Ich will in einer Gemeinschaft mit anderen Menschen meinen Platz haben, will geliebt und anerkannt sein. Ich lebe aber im Moment allein in meiner Hütte am See. Gehe abends allein schlafen, stehe morgens allein auf, bin oft mit meinen Gedanken allein. Morgenstunden wie diese sind schlecht und aggressiv. Ich bin voller negativer Energie heute früh. Voller verzweifelter Aggression. Mein inneres Kind tobt herum vor Zorn. »Wieso ich?«, ruft es. »Wieso soll ich ein schweres Leben führen? Voller Gefühle von Aggression, Angst und Zorn? Wieso lehnt ihr mich so ab? Ich hab das nicht verdient!«

Ja, da ist heute früh ein verzweifeltes, trauriges, zorniges Kind in mir, das die Schnauze voll hat vom Alleinsein und von diesen beschissenen Straßengeräuschen, die einem schon am frühen Morgen die Ohren volldröhnen in dieser beschissenen großen Stadt. So ist es heute früh. Da bricht eine Gefühlsschicht in mir auf, die sehr alt ist. Je stärker sie ist, umso älter ist sie. So hab ich mich als verzweifeltes einsames Kind gefühlt. Da ist es wieder. Ich schaue es an, lasse es zu – und lasse es gehen.

Und nun werde ich duschen gehen wie jeden Morgen. Werde mir mein Frühstück machen wie jeden Morgen. Werde mit meinen grübelnden, kreisenden Gedanken im Kopf allein sein ohne Gesprächspartner. Ich werde mich wieder so durch den Tag quälen und ihn irgendwie verbringen, bis die Nacht über mich hereinbricht heute Abend. So ist es kein schönes Leben.

Wieder denke ich »Strick« – es ist ein inneres, überaus zorniges Bild. Da ist eine Stimme in mir, die mir das fröhliche Leben verbieten will, die es beenden will, dieses beschissene, einsame Leben hier in der Hütte am See. Ich denke oft daran, nun irgendwann Schluss zu machen. Wozu soll ich mich noch weiter quälen? Macht doch euren Scheiß alleine weiter, ich verabschiede mich dahin, woher ich mal gekommen bin, seht doch zu, euch ist es ja doch egal, was aus mir wird.

Da ist ein großer trauriger Zorn in mir, dieses einsame Kind in mir strampelt mit den Füßen, schreit herum, schmeißt sich auf den Fußboden, will sich nicht trösten lassen. Ich müsste ihm etwas Gutes tun heute früh, aber ich weiß gar nicht recht, was. Vielleicht will es einfach nur gehalten werden, die nackte Haut an meiner Haut, geborgen in meinen Armen, nur gehalten, ohne Worte.

Ich wünschte mir, dass mir mein Glaube Zuflucht gewähren könnte. Aber ich begegne da auch nur immer wieder meinen eigenen Gedanken. Ich wünschte mir, dass ich das Gefühl einer »Geborgenheit im Leben« empfinden könnte und durch diese beschissene Mauer des Zorns die Tür zur Hingabe fände, zum akzeptierenden Leben, das aufhört ein schweres Leben zu sein.

Es fühlt sich gar nicht schön an, was da heute Morgen wieder in mir ist. Der Himmel ist blau, die Sonne scheint, die Vögel singen, aber in mir ist es finster und zornig. Ich habe keine Lust mehr zum Leben, ich habe keine Lust mehr, mich durch den Tag zu quälen, ihn mit Nichtstun totzuschlagen. Mit all diesem Scheiß von »Sabbatjahr«. Ihr braucht mich ja ohnehin nicht. Niemand braucht mich, keiner ruft an, keiner schreibt, niemand sieht nach mir – und ich fühle mich einsam, ich habe Sehnsucht nach Kontakt. Aber es ist mir nicht möglich, auf andere Menschen so zuzugehen, dass ich ihnen sagen könnte, was ich wirklich brauche. Da ist diese innere Stummheit, die mich den Weg zum anderen Menschen nicht finden lässt. Deshalb wirkt das Sabbatical heute wie eine Strafe auf mich, wie ein Hausarrest, wie eine Karzerzelle. Ich bin verurteilt zu diesem schweigenden

Jahr – so fühlt sich das heute früh für mich an. Man hat mich zum Stubenarrest verurteilt – so sieht es das Kind in mir. Es ist eine Gefühlsebene, die mit dem Erwachsenen gar nichts zu tun hat. Es ist eine uralte Schicht in meiner Seele, eine unterirdische Strömung, auf die ich da heute wieder mal stoße.

Ich werde nachher zum Flughafen Berlin nach Schönefeld fahren und an einem »Dialogforum« teilnehmen. Ich werde meine Rolle spielen den Tag über. Irgendwann werde ich in meine heiße Hütte am See zurückkehren und die Einsamkeit wird wieder da sein. Solche aggressiven und verzweifelten Gefühle sind heute am Morgen in mir. So ist es. Schau sie dir an wie in einem Spiegel. Atme aus. Lass sie gehen. Sie sind nicht wichtig. Jetzt gehe ich duschen. »Du sollst nicht fröhlich leben« – dieser innere Auftrag war heute deutlich zu spüren. Aber mein Zorn und meine große Kraft waren auch da. »Ihr kriegt mich nicht tot, ihr nicht« war da in mir, dieser verzweifelte Zorn des ungeliebten Kindes, den ich so gut kenne. Das ZAZEN hat mir meine Kraft zurückgegeben für den Tag. Ich habe den Zorn in meinem Meditationsraum gelassen, die Kerze hat ihn verbrannt. Nun, nach dem Frühstück, fahre ich los zum BBI,[15] danach nach Potsdam zu einem Vortrag über Elektromobilität.

15. Flughafen Berlin Brandenburg International.

ZEN oder: Der zerbrochene Krug

> *»An und für sich ist das Wort weniger als der Gedanke, der Gedanke weniger als die Erfahrung. Das Wort ist Filtrat, und was sich darin niederschlägt, ist des Besten beraubt. Platon im 7. Brief: Ein ernsthafter Mann, der sich mit ernsthaften Dingen beschäftigt, sollte nicht schreiben.«*
>
> Eugen Herrigel[16]

Und wieder wandert das Pendel in die andere Richtung. Wieder kehrt Stille ein. Nach all dem Alltag. Oder am Beginn des neuen Tages. Wieder kehre ich zurück. Ich spüre der Erfahrung nach, die mir die Begegnung mit dem ZEN-Training geschenkt hat. Es ist schwer, passende Worte zu finden. Augustin hat mal von diesen Erfahrungen gemeint, die aus tiefer Stille wachsen: »Wenn man mich nicht fragt, dann weiß ich es, wenn man mich aber fragt, dann weiß ich es nicht.« Denn über diese Erfahrungen kann man eigentlich nicht schreiben. Das Wort »ist nur Filtrat« einer Erfahrung. ZEN ist eine Erfahrungssache, man muss es tun. Man muss es sich ersitzen. Das Geheimnis ist die Regelmäßigkeit. Egal, wie ich mich fühle, egal, ob ich mich überhaupt fühle, egal, in welchem Gedankenkarussell ich mich gerade befinde – ich setze mich aufrecht in völliger Bewegungslosigkeit hin, kontrolliere Haltung und Atem und bin still. Ich nehme wahr, was in mir und um mich ist – und lasse es los.

Egal, was mir nun begegnet, egal, was sich nun ereignet, es ist nicht wichtig. Ich nehme es wahr, reagiere nicht darauf, schau es mir an – und lass es gehen. Das gilt für den Körper ebenso wie für Gedanken und auch für Gefühle, die aufsteigen. Jeder macht andere Erfahrungen, deshalb kann man eigentlich nicht davon schreiben. ZEN muss man tun, denn »von einem gemalten Kuchen wird man nicht satt«.[17]

16. Eugen Herrigel: Der ZEN Weg, in: Zen in der Kunst des Bogenschießens, Frankfurt am Main 2005, S. 80.
17. Omori Sogen: An Introduction to ZEN Training, Tokyo 2001.

Dennoch sei hier der Versuch unternommen, von Erfahrungen zu sprechen, die das Sitzen ermöglicht, weil sie der Schlüssel sind für das Verständnis von allem anderen, von dem in diesem Buch die Rede ist. Die ZEN-Erfahrung ist gleichsam die Optik, durch die ich meine Welt wahrnehme und dann interpretiere, was ich wahrnehme. ZEN ist die Brille, durch die ich die Welt sehen gelernt habe. Deshalb soll in diesem Kapitel davon die Rede sein. ZAZEN (sprich: Sasén) ist eigentlich eine ins fast Unendliche verlängerte Yogaübung – die des aufrechten Sitzens. ZAZEN kommt ursprünglich aus Indien, zog weiter über China nach Japan. Heute kennt man es in Indien und China kaum noch, von Japan aus hat es mittlerweile auch den Westen erreicht, hier allerdings in Form von allerlei modischen Unwesentlichkeiten. Es gibt nur wenige wirklich gute ZEN-Lehrer im Westen.[18] Vieles, was heute als »ZEN« angeboten wird, ist modischer Müll. ZEN ist streng. ZEN ist hart. An manchen Tagen habe ich das Gefühl, dass in der ZEN-Übung alles zerbricht, von dem ich glaube, dass es mich ausmacht. Ich nenne es die Erfahrung des zerbrochenen Kruges. Es ist eine sehr schmerzhafte Erfahrung.

Tagebucheintrag vom 28. Juli 2009: Wochenende in London. Heute seit drei Tagen endlich wieder Sitzen. Schon nach wenigen Atemzügen lösen sich Verspannungen, gut zu erkennen an den Tränen, die mir direkt in die Hände fallen – ich kehre zu mir zurück. Der Atem führt mich in die Mitte meines Körpers. Ich begegne heute ganz überraschend meinen Versehrtheiten, meinen Krankheiten und Operationen, begegne meinen Unzulänglichkeiten, die ich so schwer an mir akzeptieren und annehmen kann, begegne meinem Scheitern. Und dann sind da Sätze in mir, die sich einstellen wie ein Gast, der unvermutet in der Tür steht: »Ich habe dir nichts zu bringen, Gott. Ich halte Dir nur diese Schale hin, damit du sie füllst für diesen Tag. Ich hätte gerne eine heile Schale, weißt du, eine Schale,

---

18. Es gibt eine Fülle von Literatur über ZEN, aber alle Kundigen wissen: Über ZEN kann man eigentlich nicht schreiben oder sprechen, weil es eine Erfahrung ist, die aus dem Tun kommt, aus dem eigenen Tun. Das beste Buch über RINZAI-ZEN, das ich kenne, stammt von Omori Sogen: An Introduction to ZEN Training. The Classic Text on Rinzai ZEN Training, Tokyo 2001; leider nur in englischer Sprache zu haben.

in der ich das Wasser gut tragen kann, das du mir heute gibst. Aber
meine Schale ist zerbrochen, sie hat Sprünge. Sie fühlt sich an wie
ein Haufen Scherben in meiner Hand.«
    »Du sollst lernen, das Wasser in einem zerbrochenen Krug zu
tragen.« »Dann will ich es tun. Und wenn auch die Schale ganz
zerbricht, will ich das Wasser, das du mir heute gibst, mit bloßen
Händen zu dir tragen. Ich werde so lange hier an der Schwelle
sitzen, bis du mich bei dir aufnimmst.«

So geschieht es. Und darum geht es. Es ist die Erfahrung der
völligen Ohnmacht der eigenen Möglichkeiten. Ich kenne diese Erfahrung aus Zeiten, als man mich in den Operationssaal
fuhr, schon leicht betäubt durch die Spritze. Die Erfahrung der
völligen Ohnmacht, das Gefühl: Ich bin völlig ausgeliefert, und
ich lasse mich fallen. Nun ist alles egal. Alles ist gleich-gültig.
Nichts gilt hier mehr: kein Staatssekretär, keine Karriere, kein
politischer Einfluss, kein bestandenes Examen. Alle »deine«
Leistungen, die bestandenen Wahlkämpfe, die Ämter, die Bücher und Artikel, die vielen vielen Reden – sie sind nichts als
Haschen nach Wind. Ich fühle mich wie ein Gefäß, noch dazu
eins mit ziemlichen Fehlern und Rissen, aus dem das Wasser
nur so herausläuft, wenn ich versuche, damit jenes Wasser zu
tragen, mit dem mich das Leben selbst an diesem Tage füllen
will. Ich selbst kann gar nichts, so fühlt es sich an. Weder zählt
mein Beruf noch meine »Erfolge«, es ist nicht wichtig, ob man
»Staatssekretär« ist oder Toilettenfrau; es ist völlig unwesentlich, ob man Minister ist oder Arbeitsloser. Das klingt kühn,
rede ich doch aus der Perspektive des materiell Versorgten. Und
dennoch entspricht es meiner Erfahrung. Hier und jetzt – hier
in der direkten tiefsten Begegnung mit dem Leben spüre ich,
dass ich aus mir selbst heraus gar nichts bin – nur ein Gefäß, ein
Bettler, wie Luther mal gemeint hat. Es ist eine sehr unangenehme Erfahrung. Es schmerzt, dass mir die Tränen laufen. Denn
ich habe das Gefühl, dass alles zerbricht, was »ich« heißt. Ich
erlebe eine völlige Ohn-Macht. Nicht das Geringste kann ich zu
meinem Leben hinzutun, nicht eine Spanne Zeit. Nichts. Mir ist
das Gefäß meines Körpers so gegeben worden, wie es ist, mit all
den Schmerzen, Verletzungen, Operationen. Ich habe mich viel

in Krankenhäusern herumgetrieben in meinem Leben. Trage die Erinnerung daran in meinem Körper. In der »ZEN-bodhy-Ausbildung« in der Schweiz wurden diese Speicher wieder sichtbar. Sie zeigten sich, als sie berührt wurden. Die Schmerzen wurden wieder fühlbar. Alte Schmerzspeicher im Körper. An Stellen, wo du sie niemals vermutest, nicht nur in den Schultern, nicht nur im Rücken. Diese gespeicherten Schmerzen von alten Verletzungen – sie begegnen dir wieder in der Körperarbeit. Und ich lerne mühsam, sie loszulassen, mich nicht mehr an ihnen festzuhalten. Wenn ich sie festhalte, tun sie mir weh. Wenn ich meine Ohnmacht zulasse, können sie gehen. Verspannungen und Schmerzen im Körper sind Hinweise auf gespeicherten Schmerz. Die Körperarbeit spürt diese Speicher nur auf und hilft, sie zu lösen. Es fühlt sich manchmal an wie ein Haufen Scherben, wie ein zerbrochener Krug. So ist das Gefäß beschaffen, in dem mein Leben ist. Sieh es dir an. Sei achtsam. Nimm es wahr. Vielleicht kann ich mich eines Tages mit diesem Haufen Scherben anfreunden. Manchmal habe ich das Gefäß, in dem mein Leben wohnt, womöglich mutwillig weiter zerstört, über die Risse und Scharten hinaus, die ein Gefäß im Gebrauch im Laufe der Zeit erfährt. Das fühlt sich an, als wenn ein Kind voller Zorn den Tonkrug, der ihm anvertraut ist, mutwillig zerstört. Ich begegne da einem Impuls zur Selbstzerstörung, nehme wahr, wie sehr ich das Gefäß, in dem Leben wohnt, zerstören will. Mutwillig. Weil ich es nicht wertschätzen kann. Es ist keine schöne Entdeckung. Sicher haben die viele »Arbeit«, die »Sucht«, all die »Politik«, die vergeblichen Versuche, »die Welt zu verbessern« dazu beigetragen, dass das Gefäß noch mehr zerstört ist, als es durch einen natürlichen Alterungsprozess geworden wäre. Ich habe da ganz sicher meinen Anteil daran, dass ich das Gefühl habe, nur noch einen Haufen Scherben in Händen zu tragen. Ich will nicht wegsehen. Ich will nicht weglaufen und mich ablenken mit irgendeiner Tätigkeit. Ich will es aushalten. Und hindurchgehen. Schau dir dieses unangenehme, verzweifelte Gefühl an. Fühle es mit deinem Leib. Es kann sein, dass es dich schüttelt. Energie wird frei. Ich habe das Gefühl, dass mir das Leben »zwischen den Fingern zerrinnt«, denn ich trage das Wasser wie in einem zerbrochenen Krug. Dag Hammarskjöld hat dieses schöne *Bild des Kruges* gefunden, als Bild für sein Leben und seinen Leib: Es geht darum, jeden Tag Gott deinen Krug hinzuhalten, damit er ihn mit Leben fülle. Jeden Tag neu. Jeder Tag ist neu, deine Schale ist heute leer wie an jedem Morgen. Solche Erfahrungen kann man nicht erzwingen. Sie stellen sich ein. Vielleicht. Es ist aber auch nicht wichtig, ob sie sich einstellen. Sie geschehen einfach. Warte nicht auf sie. Nimm dir nichts vor. Setz dich einfach hin, sitz bewusst aufrecht und entspannt, atme lange aus. Alles andere macht dein Leib.

»Stille – wie wenn lange Bitterkeit in Tränen zerbricht«, schreibt Hammarskjöld in seinem Tagebuch über ähnliche Erfahrungen.[19] »Die Angst vor der Einsamkeit bringt Böen aus dem Sturmzentrum der Todesangst: nur das ist, was eines anderen ist, denn nur was du gabst – wenn auch allein, indem du hinnahmst – wird herausgehoben aus jenem Nichts, das einmal dein Leben gewesen sein wird.«[20] »Ich bin das Gefäß. Gottes ist das Getränk. Und Gott der Dürstende.«[21] »Der Stolz des Bechers ist sein Getränk, seine Demut das Dienen. Was bedeuten da seine Mängel?«[22] »Des Glaubens Nacht[23] – so dunkel, dass wir nicht einmal den Glauben suchen dürfen. Es geschieht in der Gethsemane-Nacht, wenn die letzten Freunde schlafen, alle anderen deinen Untergang suchen und Gott schweigt, dass die Vereinigung sich vollzieht.«[24]

Ich erwarte nichts. Ich erwarte keine Gefühlssensationen. Ich erwarte keine »Erfahrungen«. Ich sitze und atme, den Blick konzentriert und trainiere meine Wachheit: Übe wahrzunehmen, was um mich ist, höre die Geräusche von der Straße, sehe die Kerze, nehme wahr, was ich wahrnehme. Ich schaue es mir an

19. Dag Hammarskjöld: Zeichen am Weg, a.a.O., S. 62.
20. A.a.O., S. 65.
21. A.a.O., S. 107.
22. A.a.O., S. 109.
23. Bezug zu Meister Eckhart.
24. A.a.O., S. 110.

– und lass es gehen. Das Gefühl ist nicht wichtig. Es ist ganz und gar ohne Bedeutung. Ich bin. Hier und jetzt. Mehr ist nicht zu sagen. Die Sorgen des gestrigen Tages sind vorbei. Was auf mich zukommt, weiß ich nicht. Ich habe nur diesen gegenwärtigen Moment, jetzt, wo ich aufrecht und völlig bewegungslos sitze, meinen Atem kontrolliere und den »Kreisel im Kopf« zur Ruhe kommen lasse, so gut es gehen will. »Hier und jetzt« – das ist alles. »Hier und jetzt« ist das ganz sichere Gefühl, die völlig verlässliche Wahrnehmung: »Das Beste und Herrlichste, wozu man in diesem Leben gelangen mag, ist, dass du schweigst und Gott da wirken und sprechen lässt.«[25] »Soll das Auge die Farbe gewahren, so muss es selber zuvor aller Farben entkleidet sein«, beschreibt Meister Eckhart[26] die Erfahrung, dass man selbst völlig »leer«, »mit leeren Händen« dasteht. Bevor diese Schwelle nicht erreicht ist, bleibt man im Vorläufigen. Es gehört zu den schönen Einprägungen der vergangenen Jahre, dass ich Weggefährten gefunden habe, die von Ähnlichem berichten können. Ich habe Geistesverwandte gefunden, Gesprächspartner, Orientierungspunkte. Ein »roter Faden« wurde sichtbar, das Verbindende zwischen den Kulturen und den Jahrhunderten. Ich habe die Linie entdeckt zwischen dem ZEN, zwischen den muslimischen Sufis und der deutschen Mystik, zwischen dem Erfurter Meister Eckhart und dem Afghanen Dschalaluddin Rumi, Annemarie Schimmel war behilflich auf dieser Entdeckungsfahrt; die Linie wurde sichtbar zwischen dem Berliner Jazzer Joachim-Ernst Berendt und dem Amerikaner Thomas Merton. Eine Welt tat sich auf. Diese körperliche Erfahrung des »zerbrochenen Kruges« haben viele meiner Weggefährten gemacht, die sich zu jeweils ihrer Zeit auf den WEG gemacht haben. An diese Weggefährten will ich denken: Teresa von Avila,[27] diese immer

25. A.a.O., S. 159.
26. Hammarskjöld zitiert Meister Eckhart (1260-1327): Deutsche Predigten, ausgew. u. übertr. v. Louise Gnädiger, Zürich 1999. Seine Deutschen Predigten sind auch als Hörbuch erhältlich.
27. 1515-1582, spanische Ordensreformerin und Mystikerin, gründete zahlreiche Klöster des Reformzweigs der Karmeliten.

wieder schwerkranke Frau, die schon als Jugendliche so krank war, dass man glaubte, sie sei tot und sie beerdigen wollte. »Hier hast du mein Leben, hier hast du mein Ansehen, hier hast du meinen Willen; alles habe ich dir gegeben, ich bin dein, verfüge du über mich nach deinem Willen.«[28] Und doch ist sie überhaupt nicht depressiv und weltabgewandt, sondern eine so lebenslustige und humorvolle Frau, dass es eine große Freude ist. Thomas Merton[29] hat ebenso die Erfahrung des »zerbrochenen Kruges« gemacht, der amerikanische (eigentlich französische) Schriftsteller und Trappist, dem es noch im Kloster zu laut war und der deshalb in die Klause zog, um immer mehr in die Tiefe zu gehen. Seinen »Berg der sieben Stufen« habe ich mehrfach gelesen, je älter ich werde, je weniger neue Bücher lese ich, ich kehre stattdessen immer wieder zu den guten alten Wegbegleitern zurück. Der »Berg der sieben Stufen« ist ein solches Buch und Thomas Merton ist einer der treuen Freunde geworden. Johannes vom Kreuz[30] gehört zu meinen Weggefährten seit langen Jahren, der um einige Lebensjahre jüngere Beichtvater der Teresa und ihr Kampfgefährte, der sie unterstützte, als die tatkräftige kranke Frau sich ans Werk machte, neue Klöster zu gründen – bekämpft von den Bischöfen und Vorgesetzten ihrer Zeit. Johannes vom Kreuz ist mir über den Jazzer Joachim-Ernst Berendt begegnet,

28. Teresa von Avila: Das Buch meines Lebens. Vollständige Neuübertragung, 4. Auflage Freiburg i.Br. 2001, S. 313.
29. Geboren 1925, studierte Philosophie, Kunstgeschichte und Literatur. Seine Begegnung mit der östlichen und christlichen Mystik führte 1938 zu seiner Konversion. In der Trappistenabtei Gethsemani in den USA entstanden seine wichtigsten Werke. 1968 starb Merton in Indien. Er hat sich intensiv mit ZEN beschäftigt. Er gilt heute als einer der wichtigsten geistlichen Schriftsteller unserer Zeit. Seine Autobiografie: Der Berg der sieben Stufen, 8. Auflage, Zürich und Düsseldorf 1990.
30. 1542-1591 (eigentlich Juan de Yepes y Alvarez), spanischer Mystiker und Schriftsteller, wichtiger Verbündeter der Teresa von Avila; »Die dunkle Nacht«, 7. Auflage, Freiburg i.Br. 1995. »Das Buch richtet sich an Menschen, für die materielle Werte, höherer Lebensstandard oder die Karriere an sich noch nicht die Erfüllung des Lebens ist, die zu suchen beginnen nach dem, was Leben noch bedeutet. (…). »Nacht« ist das Aufgehen des eigenen Selbst, das schmerzliche und begeisternde Offenwerden für eine andere, tiefere Realität …«.

auf Umwegen sozusagen. Er hat mir die Welt der Seele aufgetan, hat mich an die Hand genommen und ist ein Stück mit mir gegangen. Immer wieder kehre ich zu ihm und seinen Büchern zurück, zu seiner Frömmigkeit, zu seiner Erfahrung. Eine Vaterfigur vielleicht, ein guter Freund mittlerweile.

»Nicht mein, sondern dein Wille geschehe« – das ist die Erfahrung, dass alles, von dem du glaubst, dass es dich ausmacht, zerbricht. Wenn ich an dieser Schwelle stehe, habe ich das Gefühl, dass ich selbst zerbreche, dass ich mich auflöse in das, was mich umgibt. Das »Ich« hört auf. Es ist eine ernste Sache und eine tiefe Erfahrung, denn das sind die »Böen aus dem Sturmzentrum der Todesangst«, wie Hammarskjöld weiß. Ich gebe alles aus der Hand. Ich beginne, mich zu öffnen für eine größere Wirklichkeit, in der ich schwimme wie der Fisch im Wasser.

»Hilfe, ich ertrinke in Gott«, ruft Mechthild von Magdeburg aus, als sie diesen Moment erlebt. Das Wundersame ist – diese Erfahrung ermöglicht tatkräftiges Handeln. Alle meine zitierten Gesprächspartner und Weggefährten zeichnen sich dadurch aus: Sie sind Erfahrene in der Stille, sie wissen darum, dass sie nur ein »tönernes Gefäß« sind – und sind aber gerade deshalb tatkräftig Handelnde, die sich einmischen können in die Aufgaben, die das Leben ihnen gestellt hat. ZEN ist praktisch. ZEN ist eine Erfahrung mitten im Alltag. Es hat überhaupt nichts Weltabgewandtes. Alles ist eine Botschaft des Lebens an dich. Alles. Es gibt keinen Unterschied zwischen dir und dem, was dir begegnet. Ich scheue mich nicht, für »das Leben« auch »Gott« zu sagen, denn unsere Tradition weiß um die Identität beider Worte: »Ich bin der Weg, die Wahrheit und das Leben« notiert der »Liebling der Trappisten«, der Evangelist Johannes,[31] über Jesus von Nazareth. Und die ganz alten Quellen unserer Tradition, das »Buch der Lieder« – die Psalmen Davids – wissen ganz selbstverständlich um diesen tiefen Zusammenhang: »Du tust mir kund den Weg[32] zum Leben«, dichtet Psalm 16, oder »der Herr

31. Johannes 14,6.
32. Es ist ein wichtiger Hinweis, dass hier vom »WEG« die Rede ist. Auch bei den Sufis im Islam, auch im ZEN des Buddhismus ist in unserem Zusammenhang vom »WEG« die Rede. Hier ist er wieder, der Ariadnefaden.

ist meines Lebens Kraft«, weiß der Dichter von Psalm 27. »Hier brauchst du nichts mehr zu leisten. Hier brauchst du nicht mehr tüchtig sein. Hier darfst du einfach so sein, wie du bist.« »Du kannst dich selbst und deine Angst loslassen – nichts brauchst du zu tun. Du bist geliebt, so wie du bist – ohne eine Leistung, ohne einen Erfolg, ohne ein Amt.«

So klingt es manchmal, wenn ich in die Stille gehe. Die Frage ist: Wie fühlt sich das an, wenn ich das tief in mich sinken lasse? Was spürt mein Körper, wenn solche Sätze tief in mich fallen wie Saatkörner in feuchte fruchtbare Erde? Es kann sein, dass da Trauer ist. Trauer über die viele Energie, die ich aufgewendet habe, als ich in der falschen Richtung suchte. Es kommt nicht darauf an, tüchtig zu sein. Es kommt nicht darauf an, »Erfolg« zu haben. Es kommt darauf an, dass ich leer werde wie eine Schale, die mir ein anderer füllt. Es gibt im ZEN eine Übung für Anfänger, manchmal auch in Form einer kleinen Karikatur gezeichnet. Ich habe sie in der Schweiz zum ersten Mal gesehen, als ich RINZAI-ZEN kennenlernte. Man sieht, wie der Lehrer dem Schüler eine Tasse Tee einfüllt. Man sieht, dass diese Tasse überläuft. »Halt, Meister, die Tasse läuft ja über!«, ruft der Schüler. »So ist es im ZEN« sagt der Meister. »Erst muss deine Tasse ganz leer sein, damit sie sich füllen kann.«

Freunde kommen. Der Kaffee ist gekocht. Das Leben ist jetzt in diesem Moment.

Es war schön mit den Freunden bei mir auf der Terrasse. Der Spaziergang um den See war wunderbar. Dieser Tag hat mir nach dem Besuch der alten Freunde aber auch eine »Gallenkolik« beschert, die mich getroffen hat wie der Blitz aus heiterem Himmel. Der Körper machte mal wieder, was er wollte. Das Unbewusste arbeitete an Orten, die dem Kopf nicht klar waren. Der Körper versteckte seine Energie in Regionen des Leibes und hielt sie dort fest, in denen sie nichts zu suchen hat. Zeit zum Gehaltenwerden. Zeit zum Gesunden durch Berührung. REIKI gibt gute Energie. Gute Zeit.

Immer wieder ankommen

Heute, am dritten Tag nach unserem Radurlaub, will ich mich neu konzentrieren. Will mir meinen eigenen Rhythmus zurückgeben. Den Tag ordnen an einem einzigen Ziel: Heute will ich etwas weiterschreiben an dem Buch über die Stille, das bis zum Herbst fertig werden soll. Ich will mich nicht ablenken lassen von den Dingen. Ich werde nicht aufräumen. Ich werde nicht den Rasen mähen. Ich werde nicht einkaufen. Ich will nicht die Dinge tun, die sich in meinen Kopf in einer langen Reihe anstellen und erledigt sein wollen. Ich will heute diesem Buch begegnen und dem Vorgang des Schreibens. Deshalb setze ich mich nach dem Duschen eine halbe Stunde in den ZEN-Raum, atme, nehme wahr, was ist und beginne danach ein neues Kapitel. Ich stelle den Laptop auf den kleinen Campingtisch auf meiner Terrasse, mache mir einen Kaffee und schreibe. Es ist nicht einfach, die Tiefe der Stille zu halten. Selbst ein Urlaub kann mich davon ablenken, so paradox das klingt. Wir waren zehn Tage mit den Rädern an der Ostsee unterwegs. Sind schöne Wege gefahren. Morgens brachen wir auf und wussten nicht, wo und wie unser Quartier am Abend sein würde. Jeder Tag brachte seine Gaben und wir kannten sie noch nicht, als wir aufbrachen. Selten habe ich so intensiv den »WEG« erfahren. Der »Weg« wurde in diesem Urlaub zu einer schönen Lebenserfahrung. Wir haben sie uns er-fahren. Mit dem Körper. Mit Beinen, Rükken, Bauch und Armen, mit Händen und dem Atem. Morgens brachen wir auf und machten uns auf den Weg des Tages. Und die Welt wurde anders. Unsere Wahrnehmung veränderte sich. Die Orte verloren schon bald ihre Bedeutung. War es anfangs noch eine Nachricht, ob man in Flensburg oder Eckernförde sein würde, verblasste diese Nachricht sehr schnell. Bald schon war es egal, in welchem Ort das Bett für die Nacht stehen würde. Das sagt nichts gegen die wunderschönen Orte, die wir gesehen haben. Es sagt aber etwas über eine wichtige Veränderung in unserer Wahrnehmung. Anderes wurde wichtig. Es war schon nach wenigen Tagen im Grunde egal, wie der Ort hieß. Jeder der gesehenen Orte hatte seine Geschichte und die Menschen, die in ihm lebten. So, wie jeder Ort dieser Welt seine Geschichte hat und Menschen, die in ihm leben. Die Menschen, die wir sahen, waren bald schon wie Gäste am Ufer eines großen Flusses, auf dem wir trieben. Wir sahen sie uns an wie vorüberziehende Zuschauer am Ufer eines Flusses. Unser kleines Leben, getragen vom Strom der Tage. Zwei in einem Boot, das durch den Tag trieb, getragen von einem gewaltigen Strom, der aus den Tagen vor uns kam und in die Tage nach uns führen würde. Manchmal floss der Tag schnell und heftig, dann wieder lag er ruhig und breit wie ein gewaltiger Strom. An manchen Tagen schien er fast stillzustehen, der breite Strom unserer Tage, in dem unser kleines Leben getragen wurde wie ein winziges Boot auf dem gewaltigen Fluss. Nicht mehr das Ankommen bestimmte den Tag, sondern der Weg. Der Weg wurde zum Wesen des Tages. Das Weiterfahren. Das Weitergehen. Den Weg fahren. Den Weg finden. Umwege fahren. Neue Wege versuchen. Mit Überraschungen rechnen. Tag für Tag wurden wir offener für das, was gerade ist. Wir lernten, den Tag zu nehmen, so, wie er kam. Selbst das Wetter verlor seine Bedeutung. Mal war es eben windig, dann wieder war es sehr heiß. Manchmal regnete es, an einem anderen Tag war es recht kühl. Die Tage wurden verschieden in der Art, wie sie sich anfühlten. Sie verloren die Monotonie, die sie oft haben, wenn man in der Mühle des Alltags mahlt. Die Tage begannen sich zu unterscheiden, aber es war ohne Bedeutung, dass sie anders wurden. Denn eigentlich war der Weg der Inhalt und das Wesen des Tages. Immer waren wir unterwegs. Eigentlich kamen wir nie an. Ein Bett für nur eine Nacht. Dann zogen wir weiter. Was blieb, war das Kontinuum der Zeit: Zu einer bestimmten Zeit standen wir auf. Zu einer bestimmten Zeit mussten unsere Koffer gepackt sein, weil der Service sie zur nächsten Station brachte. Das war die einzige Fremdbestimmung, mit der wir umgehen mussten. Wenn die Koffer fertig gepackt an der Rezeption standen, gingen wir frühstücken, dann brachen wir auf. Der Weg wartete auf uns an eben der Stelle, an der wir ihn gestern Abend verlassen hatten. Der Weg war neu. Das Licht war anders. Der Ton war anders. Die Luft fühlte sich anders an.

Die innere Stimmung wechselte. Ankommen wurde nicht mehr zum Ziel. Jedenfalls tagsüber nicht. Abends nur wegen der aufkommenden Müdigkeit. Aber des Tags war der Weg der eigentliche Inhalt unseres Lebens. Fahren, schauen, reden, innehalten, hören, schauen, fahren.

Das gegenüber dem Auto deutlich langsamere Tempo führt dazu, dass ich mehr Eindrücke aufnehmen kann. Meine Tage werden durch das langsamere Tempo reicher an Eindrücken. Noch intensiver dürften die Eindrücke werden, wenn man zu Fuß geht, wenn man noch mehr das Tempo aus dem Tag nimmt. Pilger wissen davon. Man kann an einem Tag nur eine bestimmte Distanz schaffen, wenn man seine Kräfte nicht überstrapazieren will. Man kann dann nur noch tun, wozu man in der Lage ist. Man lernt seine Grenzen kennen. Wir haben Menschen getroffen, die erzählten abends im Restaurant am Handy ganz begeistert ihren Freunden, wie viele Kilometer sie »gemacht« hätten an diesem Tag. Sie rechneten ihre Leistung ab. Das war nicht der Stil, in dem wir unterwegs waren. Wir zählten nicht die Kilometer. Wir waren voller Bilder. Und dennoch: Als ich nach zehn Tagen zurück war in der lauten Stadt, hatte ich mich irgendwie verloren. Ich brauchte das ZAZEN, um mich wiederzufinden, mich wieder zu verankern, um weiterschreiben zu können. Diese langsamen und doch schnell fließenden Tage des Radurlaubs an der See hatten ihre eigene Dynamik entwickelt. Ich war nun eingestellt auf ständig neue Eindrücke. Wurde immer mehr zum Sehenden und Hörenden, hatte fast gar kein Bedürfnis mehr, zu sprechen. Nur abends dann, wenn der Tag weitgehend hinter uns lag, wenn wir beim Essen saßen oder noch einen kleinen Spaziergang in den Ort unternahmen, der für eine Nacht unsere Herberge sein würde – dann kam die Sprache zurück. Der Austausch über das Gesehene und Gehörte. Gemeinsame Themen. So wie die Sprache tagsüber an Wichtigkeit verlor, so sehr nahm meine Bereitschaft zu, zu hören, was um mich ist: das Rauschen des Windes zunächst, der fast immer weht, wenn man an der Küste reist. Er ist verschieden stark, bläst sehr verschieden in den Ohren, je nachdem, ob man ihn im Rücken hat – meist kommt er von Nordwest und schiebt einen auf der Tour von Flensburg

Richtung Lübeck – oder ob er von der Seite weht. Abends klingt er anders als am Morgen. Das Rauschen der Wellen am Strand des Meeres, das Geräusch, wenn sich die Wellen brechen, aber auch das feine silbrige Geräusch, das hörbar wird, wenn die schon gebrochene Welle den Kies am Strand entlangschiebt und mahlt; die Möwen sind zu hören, aber auch die anderen Vögel des Tages: Krähen und Stare am Morgen, Schwalben tagsüber. Das Fahren der Reifen auf dem Sand des Weges kann ich noch hören, das Knirschen der Wanderschuhe, wenn das Rad geschoben werden muss auf einem schmalen Pfad an der Steilküste; den Ton des eigenen Atems weiß ich noch.

Ich wurde immer aufmerksamer für die Töne des Tages, je länger wir fuhren. Stille führt zu erhöhter Aufmerksamkeit. Besonders stark war der Eindruck eines Orgelklangs. Wir waren in Lübeck zu einem Orgelkonzert in die Jakobikirche gegangen. Im Rahmen des »Lübecker Orgelsommers« gab es ein Konzert an drei Orgeln in der »Musik- und Seefahrerkirche St. Jakobi«. Wir hörten Stücke an der Stellwagen-Orgel, am Richborn-Positiv, das man nach langen Jahren auf einem Dachboden wiedergefunden und für einen alten Schrank gehalten hatte, bis ein erfahrener Restaurator auf den Edelstein aufmerksam wurde und ihn durch den fachgerechten Wiedereinbau der Orgelpfeifen wiederhergestellt hatte – und wir hörten Musik von der Großen Orgel, die 1673 von Richborn vollendet worden ist. Der Organist Thiemo Janssen hat sehr zurückhaltend und bescheiden musiziert und vor allem die alten Instrumente und ihre Erbauer erklingen lassen. Sich selbst hat er dezent im Hintergrund gehalten. Das ist selten, aber wohltuend. »Wo sind die Klänge hergekommen, wohin sind sie gegangen?«, frage ich nach dem Konzert. Ich weiß keine genaue Antwort, fühle aber eine Ahnung. Das Instrument, der Organist, der Komponist – sie sind nur verbindende Teile, Verbindungsstücke, Bindeglieder zwischen dem Reich der Töne und dem Ohr des Hörenden, zwischen Gott und Mensch. Besonders schön war der Hinweis vor dem Konzert, dass die alten Meister bei notwendigen Orgelumbauten immer auch auf altes, vorhandenes Material, also auch auf alte Orgelpfeifen zurückgegriffen haben. Und so kommt es, dass wir heute auf der

Stellwagen-Orgel Klänge von Registern aus dem 15. Jahrhundert hören. 1467 wurde die Orgel begonnen, 1637 von Stellwagen überarbeitet – und heute noch klingen die alten Register! Es ist eine wunderbare Erfahrung, Klänge aus dem Mittelalter zu hören. Da klingen sie wieder: uralte, bewährte Klänge. Ganze Generationen vor uns haben diese Töne schon gehört. Sie sind wie ein gewaltiger Fluss, der durch die Jahrhunderte trägt, die Botschaft vom Reich der Töne – am Anfang war das Wort, der Klang, der Sound! –, die Botschaft vom Himmel-Reich verkündend. Höre, wem Ohren gegeben!

Eine zweite Begegnung der ganz besonderen Art kam in diesem Erfahrungs-Urlaub dazu: Als wir im Dom in einer Ausstellung von Johannes Schlepp waren, fand ich in einem Kommentar zu den mich sehr beeindruckenden Bildern des Künstlers den Hinweis auf Pater Luis de León. Er hatte von der »stillen Musik« gesprochen, die die Sterne am Firmament vollbringen. Ein wunderbares Bild, das mich zu Joachim-Ernst Berendt zurückführt und seinem Hinweis, dass Astronomen des Mittelalters von jener »harmonia mundi« wussten, die die Planeten auf ihrer Umlaufbahn ertönen lassen. Berendt berichtet von Musikern, die diese Töne mithilfe von Synthesizern hörbar machen können, denn die Umlaufbahnen sind ja nichts anderes als eine sehr sehr langsame Schwingung. Wenn man sie entsprechend oft oktaviert, entsteht ein Ton – ein Planetenton. Und so klingen die Sterne um uns herum, die Erde badet im Sonnenton, die Venus klingt, der Mars ebenso, die Erde mit ihrem schnarrenden Ton fügt ein Übriges hinzu. Berendt hat Radiosendungen zu den »Planetentönen« gemacht; es gibt sie auf CD.

Später, wieder in der lauten Stadt, versuche ich, Näheres über Pater de León in Erfahrung zu bringen. Bald schon werde ich fündig: Luis de León[33] war einer der größten lyrischen Dichter Spaniens. 1544 schloss sich León dem Augustinerorden an und studierte dann Theologie an der Universität Salamanca, wo er später auch lehrte. 1571 wurde er von der Inquisition verhaftet,

33. Auch Luis Ponce de León; geboren 1527 in Belmonte, heutige Provinz Cuenca; gestorben 23. August 1591 in Madrigal de las Altas Torres, heutige Provinz Ávila.

weil er das Hohelied ins Spanische übersetzt hatte; 1576 kam er nach langem Prozess frei. Angeblich nahm er danach seine Vorlesungen in Salamanca mit den gelassenen Worten auf: Hesterno die dicebamus (»Wie wir gestern sagten ...«). Später wurde er zum Generalvikar seines Ordens in der Provinz Kastilien ernannt. León übersetzte Horaz, Vergil und Homer sowie die Italiener Pietro Bembo und Francesco Petrarca. León begründete seinen Ruhm mit etwa 20 Gedichten, in denen er die Mysterien des Universums besang – sie erschienen erst posthum 1631. Er war neben Francisco de Aldana, Alonso de Ercilla, Fernando de Herrera und San Juan de la Cruz einer der bedeutendsten literarischen Interpreten der spanischen Renaissance.

Dieser Hinweis im Internet macht mich neugierig. Ich will versuchen, diese »etwa 20 Gedichte« zu finden. Denn eines dieser Gedichte scheint in unserem Zusammenhang besonders wichtig: die Ode an Salinas, seinen Freund, mit dem er zusammen über Literatur und Musik sprach: «Ode to Salinas: Another well-known poem composed by Fray Luis is an ode written for his friend Francisco de Salinas. They frequently spoke about art and poetry, and listened to music together. Salinas was an organist and composer, who shared Fray Luis's belief that music can make one more religious, and that it inspires man to contemplate spiritual matters. The ode, an excerpt of which is listed below, includes numerous positive images about music as a means to contemplate the divine and to overcome ignorance and foolishness.«[34] In einer von Google digitalisierten Fassung des wunderbar zu lesenden Buches[35] von Dr. C.A. Wilkens lese ich über León:»Fern liegt ihm der Wahnsinn, da der Körper so wenig bedarf, Reichthümer, Güter und Kleider zu häufen, die wie Lasten ein Schiff so das Leben hemmen. Er verachtet den Götzendienst des Geldes, das glänzende Elend der Macht,

34. Dies steht im entsprechenden Hinweis bei Wikipedia, der weiterführende Literatur enthält.
35. Cornelius August Wilkens: Fray Luis de Leon. Eine Biographie aus der Geschichte der spanischen Inquisition und Kirche im 16. Jahrhundert, Halle 1866, S. 21f.; bei Google unter: http://books.google.de/books?pg=PR1&dq=fray+luis+de+leon.

die Pöbelthorheit des Ranges, den Trug der Würden, die der Schlechteste erreichen kann, die äussere Schönheit, die Kraft, denn das Beste thun nicht Sehnen sondern Geist; sind die Muskeln stark, Elephanten und Stiere haben noch stärkere, nur der Pöbel hält Armuth und Hässlichkeit für schlimmer, als Laster und Blindheit.«

Dieses »glänzende Elend der Macht«, die »Pöbelthorheit des Ranges«, der »Trug der Würden« wird als Motiv wiederkehren in diesem Büchlein hier, das ich zu schreiben im Begriff bin. Ich lese über den spanischen Mönch, der mir im Dom in Lübeck »zufällig« begegnete: »Noch mehr liebte er Musik. Ueber die Productionen der alten Musikschule von Salamanca, die Werke von Viscargui, Castillo, Torres, Victoria, Cabejon konnte er eingehend berichten. Die Tonkunst ist ihm der Abglanz der höchsten, unvergänglichen Musik des Himmels, die Ursprache der Seele, in der sie voll süßer Harmonie mit Gott sich eint. Er nahm Tonwerke mit ganzer Seele auf und erfuhr ihre Wirkungen in einer Weise, wie es nur eine geborene musikalische Natur vermag, die mit dem Herzen hörend, die Arbeit des Künstlers fortsetzt, von den durch das Kunstwerk erregten Gefühlen bis an die Grenze dessen getragen, was darin dem Menschen verliehen ist. Er fühlt sich von den Tönen wie aus tiefem Traume zum Erwachen[36] gerufen. Sie sind der Schlüssel, der ein verschlossenes Thor seines innern Lebens öffnet, hinter dem religiöse Entzückungen seiner warten. Solche Genüsse wurden ihm zu Theil, so oft er Francisco de Saunas besuchte, den berühmten Professor der Musik in Salamanca. Erblindet seit seinem zehnten Jahre, gelehrter Humanist, Mathematiker, Dichter, Schriftsteller über Theorie der Musik, erlangten seine Compositionen ein hohes Ansehen in der spanischen Schule, die an Reichthum der italienischen gleichkommt. Der Musik im höchsten Chore der Heiligen gehörte seine Liebe, hinreissend spielte er die Harfe. Wenn Leon, der ihn oft besuchte, neben dem blinden Meister sass, schien er todt für alles Andere, aber lebendig für das göttliche Gut.«

---

36. Es liegt nahe, hier an die Erfahrung des ZEN zu denken. Die Übung des ZEN besteht in dem ständigen »wach auf!«, in der Übung der Achtsamkeit, der Wachheit.

Aber nicht nur die Musik, auch die Poesie bestimmt das Leben des Spaniers. Es bestimmt ihn auf eine Weise, wie sie mir bei Dag Hammarskjöld und Thomas Merton wieder begegnet ist: »Leon war nichts bedeutungslos in dem Buche der Natur. Jeden Buchstaben sieht er darauf an, ob er nicht etwas von oben sage, ob er nicht mit einem Zuge von der Schönheit des Herzens Gottes zeuge, ob er nicht einen Ton von dem Tempelgeläute herübertrage, das in heiligen Klängen die Schöpfung durchdringt.[37] Felder, Matten, Quellen, Triften mahnten ihn an die wahrhaftigen Gefilde ewiger Anmuth. Das Glühen des Morgenroths redete von der Gluth der Liebe zu Ihm, dessen reiches Herz all diese Schönheit geschaffen. Der unbeschränkte Anblick von Himmel und Erde war ihm Bild einer wahren Freiheit. Alles erscheint da geordnet, befreundet, ineinander geschlungen, antwortet sich, theilt sich Kräfte mit, ruft Eins dem Andern. Die Himmelskreise zeigten die göttlichen Strahlen der Glorie des Meisters. Schatten redeten ihm vom leeren, menschlichen Treiben, Dunkel der Nacht vom Todesschlaf der Sünde, die Ruhe des Firmaments von der ewigen Ruhe der Heiligen, die sinkende Sonne vom nie untergehenden Licht, die Sternenfluren mit Lichtblumen von dem ewigen Frühling oben, wo der leise Schritt des Todesengels nicht mehr gehört wird. Die Kühle in schattigen Laubgängen erinnerte an die verheissenen Erquickungen vom Angesicht des Herrn. Mit seinem Christenherzen hört Leon die Botschaften des Himmels, den ja die Vögel unter dem Himmel, Lilien und Dornen dem Frommen auszurichten haben.«

Von der Musik finde ich diesen Text: »Die Musik. In seltnem Glanz, in reiner Lichtbläue strahlt die Luft, kein Wölkchen schwebet Saunas, wenn von Deiner tonkundgen Hand belebet in ihrer Pracht sich die Musik erhebet. Bei deren Göttertönen die Seel in Selbstvergessenheit versenket, erwacht und ihres schön erhabnen Ursprungs denket und des Vermögens, das ihr ward geschenket. Nun, ihre Würd' erkennend, ihr Loos veredelnd so und ihr Empfinden, flieht sie das Gold – so brennend vom Volk

---

37. In diesem Zusammenhang sei an Joseph von Eichendorff erinnert, der darum wusste: »Schläft ein Lied in allen Dingen«.

erstrebt, dem Blinden –, die trügerischen Reize, die verschwinden. Hin durch den Aether dringet sie, bis der Sphären Höchste sie erreichet, und dorten ihr erklinget Musik, der keine gleichet, der, als der ewig Höchsten, jede weichet. Und da sie selbst in reinen Accorden ist gestimmt, wird sie zur Stätte mit jener sich vereinen; und lieblich um die Wette dann eifern beid' im süssesten Duette. Da schwimmt die Seele trunken in einem Meer von Wohllaut, bis am Ende sie so darin versunken, dass für die Gegenstände der Aussenwelt sie gleichsam todt sich fände. O wonniges Versinken! O seliges Vergessen! Tod voll Leben! Stets diese Lust zu trinken, nie mehr zurückgegeben der irdischen Gefühle niederm Streben. An diesem Glück Dich letze Freund, Du, Apollo's heil'gen Chores Ehre! Den mehr als alle Schätze ich lieb' und hoch verehre. Denn allem Ändern folgt, der Reue Zähre. O tönten meinen Ohren Salinas, ewig Deine Melodien, die mein Gefühl – verloren für alles Aeussre – ziehen zum Glück empor, das Seligen verliehen.«

Schön hat er das geschrieben, der Spanier, wenn auch die deutsche Übersetzung zu wünschen übrig lässt. Ich werde ihn einreihen in die Reihe meiner Freunde, werde ihn neben Juan de la Cruz stellen und neben Teresa von Avila. Eine schöne Begegnung hat da stattgefunden im Dom zu Lübeck. Wenn die Seele ruhig wird, wird sie zum Spiegel der Dinge. Das ist nicht neu. Neu aber ist für mich, dass es zur Erfahrung wird. Es ist die Er-Fahrung dieses Urlaubs. Es ist die immer wieder neue Erfahrung des Hörens. Wenn die Sprache aufhört, wenn das Ohr sich öffnet, dann kann die Seele ruhig und still werden. Das ist eine Erfahrung, die ich auch im Kloster der schweigenden Mönche gemacht habe, als ich nach Zeiten der Krankheit zum Auftanken dort Station machte. Wenn die Seele still wird, wird sie zum Spiegel der Dinge und Erscheinungen. Der äußeren und der inneren. Die Dinge spiegeln sich aber in ihr nur, sie finden keinen Widerhall. Die Seele nimmt sie auf eine Weise wahr, wie ein Spiegel die Dinge wahrnimmt. Gleich-gültig. Sie kommentiert nicht mehr. Sie bewertet nicht mehr. Sie schaut nur noch zu. Sie nimmt nur noch wahr. Und lässt es gehen. Sie schaut den Schmerz an und die Freude, den Verlust und den Zorn. Sie hört die Autos fahren und die Flugzeuge fliegen. Sie hört den Atem und den Farb-Ton in der Blume. Sie nimmt das alles wahr und spiegelt es und lässt es gehen.

Das meine ich, wenn ich von »Ankommen« spreche. Eine solche Erfahrung verändert nun allerdings meine Sicht auf die Welt der Politik auf nicht unerhebliche Weise. Politik habe ich immer erlebt als eine Welt des Vergleichens, des Argumentierens, der Auseinandersetzung, der Bewertung, der Kritik und des Rationalen – wenn auch überaus viel durchaus irrationalen Charakter trägt, was sich in der Welt der Politik so vollzieht. Politik ist geprägt von Kampf und Auseinandersetzung, vom Willen, etwas durchzusetzen, vom Versuch, Mehrheiten zu erringen, so wie ein Ringer einen Sieg erringen will. Politik ist Kampf. Sie hat mit wirklicher Begegnung, mit wirklichem Zuhören, mit wirklichem Gespräch über die Frage, wie unsere Welt lebenswert gehalten werden könnte, nur noch sehr wenig zu tun.

Ich schreibe diese Zeilen in den Wochen des Bundestagswahlkampfes 2009. Plakate hängen, Videos werden gesendet und über Internet verbreitet. Faltblätter und Briefe erreichen millionenfach die Haushalte. Man kritisiert den »politischen Gegner«, man verunglimpft Menschen, kritisiert ihr Verhalten auf eine Weise, dass das eigene Verhalten glorreich und beispielhaft erscheinen möge – leicht zu durchschauende Manöver in Zeiten ausgegangener Argumente. Herr Ackermann wird kritisiert, weil er sich im Kanzleramt eine Geburtstagsfeier ausrichten lässt; eine Ministerin wird wegen der Benutzung ihres Dienstwagens angefeindet. Man wirft sich gegenseitig Unglaubwürdigkeit vor. Es ist ein einziges Getöse von Worten, meist inhaltsleeren Worten. Je leerer die Positionen sind, desto lauter ist das Getöse drum herum. Es ist eine Scheinwelt, die sich da vollzieht. Welche Rolle spielt denn N.N. im Kabinett?, wird gefragt. Welche Rolle spielt sie im Schattenkabinett? Man fragt nach »Rollen«, man fragt nach Darstellern, es ist wie beim Theater. Der wache Bürger wendet sich ab.

»Wenn ich mal zu einer Zeitung greife, frage ich mich oft nach der Lektüre, was ich eigentlich versäumt hätte, wenn ich sie nicht gelesen hätte«, sagt mir ein guter Bekannter und er spricht mir aus der Seele. Wer nicht mehr hört, hat auch bald nichts mehr zu sagen. Das ist die neu gewonnene Erfahrung dieser Tage. Sie ist mir fremd geworden, die Welt der Politik, der ich 20 meiner besten Jahre angehört und in der ich gelebt habe. Man hört sich nicht mehr wirklich zu. Man redet nicht miteinander, sondern übereinander. Man fällt sich ins Wort. Man bekämpft sich. Man glaubt sich im Besitz der Wahrheit. Es mangelt an Bescheidenheit. Was fehlt, ist Stille und gründliches Nachdenken. Was fehlt, sind geschützte Räume, in denen partnerschaftliches, offenes Nachdenken und Sprechen möglich sind, in denen ein wirklicher Gedankenaustausch gepflegt werden kann.

In der Welt, in der ich so lange gelebt habe, spricht man anders, man spricht zynisch. »Was ist ein Meinungsaustausch?«, wird in einem Witz gefragt. »Wenn du mit deiner Meinung zu deinem Chef gehst und mit seiner Meinung wieder herauskommst, das ist ein Meinungsaustausch.« Man lacht über so etwas, weil sich eine bittere Wahrheit in dieser kleinen Geschichte verbirgt, die Wahrheit nämlich, dass man nicht mehr wirklich miteinander spricht, nicht auf die Wahrheit hört, die der andere zu sagen bereit und in der Lage wäre. Was notwendig wäre – stille werden, hören. Ankommen.

Sich mit dem Tod anfreunden

»Enthoben dem Halbschlaf frei aller Bande, ge-
reinigt, geübt, geschmückt, nah ich der Schwelle.
Gefragt, ob ich Mut habe, meinen Weg zu Ende
zu gehen, gebe ich Antwort ohne Unterlass.
Öffnen seh ich geblendet das Tor zur Arena und
geh hinaus, um nackt den Tod zu treffen.«

Dag Hammarskjöld

Der Gedanke »heute könnte es zu Ende sein« begleitet mich
seit vielen Jahren. Über den Tod ist deshalb zu sprechen, weil ein
Sprechen von der Stille genau dorthin führt: an die Schwelle zur
»Großen Stille«, die doch vielleicht so still gar nicht ist. Bonhoeffer erwartet Musik an dieser Schwelle zum Großen Übergang: »Wenn sich die Stille nun tief um uns breitet, so lass uns
hören jenen vollen Klang der Welt, die unsichtbar sich um uns
weitet, all deiner Kinder hohen Lobgesang«, schreibt er 1944
im Angesicht des bevorstehenden Todes. Johannes vom Kreuz
lässt seine Mitbrüder das »Hohe Lied der Liebe« anstimmen, als
seine Zeit gekommen war, hinüberzugehen. »Horch! Mein Geliebter! Er kommt! Er springt über die Berge. Er hüpft über die
Hügel. Draußen steht er. Er schaut durch die Fenster. Er späht
durch die Gitter. Und er spricht zu mir: Steh auf! Komm! Vorbei
ist der Winter. Verrauscht ist der Regen. Auf der Flur erscheinen
die Blumen. Die Zeit zum Singen ist da.«[38]
    Beim SAZEN am Morgen ist der Satz wieder da: sich mit
dem eigenen Tod anfreunden. Ich denke an den eigenen Tod.
Sehe, wie sich mein Sarg in die Erde senkt. »Ich wollte nicht ins
Leben, Gott. Ich wär noch gern bei dir geblieben, aber du hast
mich losgeschickt« – ist so ein Satz heute früh in mir. »Du sollst
das Leben lieben lernen« ist die Antwort. Es sind wieder Tränen
da, natürlich. Sie gehören dazu, wenn ich morgens hinabstei-
ge in meinen Abgrund. Das ist schon lange nichts Aufregendes

38. Das Hohelied Salomos 2,8-12

mehr, das ist nur ein Zeichen von tiefer Entspannung. Teresa von Avila nennt diese Tränen ein »Waschen von innen«, eine Art Morgentoilette sozusagen.

Gestern habe ich die Mutter einer Freundin beerdigt. Die Freundin hatte mich darum gebeten. Es war eine innerliche Herausforderung nach den vielen Jahren der Abstinenz von meinem früheren Beruf. Aber es war gut so, wie es war. Heute früh ist da sicher noch ein Nachklappen dieses Themas in der Seele. Da kommt der »Einfall« her, der sich im Spiegel der Seele zeigt. Ich hatte schwer und unruhig geschlafen, obwohl die Schwüle etwas nachgelassen hat. Der Gedanke an den Tod begleitet mich fast mein ganzes Leben lang. Die Krankenhausaufenthalte haben dazu beigetragen. Schwere Operationen waren zu überstehen. Krebs vor etlichen Jahren. Ein Schlaganfall vor kürzerer Zeit. Auf diesem WEG hab ich einiges gesehen von dieser merkwürdigen weißen Welt der Krankenhäuser und Rehabilitationsstationen. Unsummen geben wir aus, weil wir den Tod besiegen wollen. Immer teurer werden die Apparate und Mixturen. Milliarden um Milliarden stecken wir in den Kampf gegen den Tod. Und am Ende wird er doch gewinnen. Trotz Lebensversicherung. Es gibt nichts Alberneres als eine Lebensversicherung.

»Du sollst dich mit dem Leben anfreunden« – so ein Satz war da heute früh. Diese Sätze »stellen sich ein«. Sie kommen anspaziert, wenn die Mühle im Kopf endlich still steht. Sie fallen ein, wie Schneeflocken vom Himmel fallen. Mit einem Mal sind sie da. Mir sind diese Sätze wichtig, die sich da einstellen. Denn sie geben mir eine Botschaft von ganz innen. Ich denke sie nicht. Sie sind einfach »da«, wenn das SAZEN tief genug ist.

Und nun schaue ich aus dem Küchenfenster und entdecke die schönen Pfirsiche, sehe das frische Grün hinter der Terrasse, spüre die Lebendigkeit um mich herum. Nass ist es draußen. Regen ist gefallen. Es ist Sommer. Hier und jetzt ist das Leben. Ich sehe die Fülle des Lebens. Es ist immer beides zugleich: die Erfahrung der Grenze durch schwere Krankheit, aber auch das Gespür für das quirlige Leben, das daraus erwachsen kann. Mein Leben hat sich durch Krankheit verändert. Seit dem Schlaganfall vor zwei Jahren reise ich mit leichtem Gepäck. Fast täglich kommt mir der Gedanke, dass morgen das Leben zu Ende sein kann. Man wird dann den Körper in die Erde legen. Dann ist es vorbei. Der Gedanke an den Tod hat aber nichts Schreckliches. Vielleicht ist es eine Furcht vor Schmerzen. Aber eigentlich habe ich eher die Vorstellung, dass die Seele dann endlich nach Hause kann. Es ist eher eine schöne Vorstellung, sie hat etwas von Loslassen, von Weggeben ohne Wehmut. Den Körper werde ich wieder ablegen, so, wie man einen alten Mantel auszieht. Vielleicht werde ich das Buch nicht zu Ende schreiben können. Vielleicht werde ich den nächsten Urlaub nicht erleben. Das Leben ist Hier und Jetzt. Was nachher sein wird, weiß ich nicht. Dieser Gedanke hat auch etwas sehr Leichtes. »Es kommt nicht darauf an«, heißt er. »Nichts hängt ab davon, ob du ›tüchtig‹ lebst.« Die Dinge relativieren sich im Angesicht des Todes.

Manchmal habe ich in meinem politischen Leben gedacht, es könnte sinnvoll sein, all unser Tun und Engagieren von der anderen Seite zu betrachten – von dem Tag, an dem man den Körper in die Erde zurücklegt, von der er gekommen ist. Vieles würde in einem anderen Licht erscheinen. Vieles würde erscheinen als der vergebliche Versuch, das Leben irgendwie zu verlängern. Nehmen wir den Klimaschutz als Beispiel: Worum geht es im Kern? Geht es nicht darum, ein Überleben der Menschheit zu sichern? Ist es der vielleicht vergebliche Versuch, dies zu tun? Was vollzieht sich da in der Welt mit dem, was wir den »Klimawandel« nennen? Oder geht es im politischen Klimaschutz nur darum, Geld zu sparen, das ausgegeben werden müsste, wenn die Schäden überhandnehmen? Geht es etwa nur darum, erreichten Wohlstand zu »sichern«? Das wäre wenig. Was bedeutet eine Politik, die »vom Ende her« gedacht und entworfen ist? Wie würde sie aussehen? Was würde sich ändern in unserem politischen Alltag, wenn wir vom Ende her denken würden? Vieles würde sich ändern. Der Hochmut würde verschwinden; der Hochmut zu glauben, wir könnten unser Leben wirklich gestalten und auch nur um ein Haarbreit verlängern. Bescheidenheit wäre spürbar. Nachdenklichkeit vielleicht. Vielleicht würden politische Entwürfe nicht länger den Anspruch haben, die Welt zu »verbessern«, sondern sie würden sich besser einschwingen auf das, was sich vollzieht. Vielleicht käme man zu einem »besser angepassten« politischen Handeln? Vielleicht wäre eine solche Politik nachhaltiger? Aber so ist unsere bisherige Politik nicht. Denn unser politischer Alltag hat die heimliche Voraussetzung des ewigen Lebens. Wir glauben, dass wir ewig leben. Wir glauben, dass wir unser Leben verlängern können, wenn wir nur »richtig« agieren. So jedenfalls agieren und handeln wir meistens. So, als lebten wir ewig. Als hinge das Leben davon ab, wer gerade die Regierung stellt oder die Mehrheit »hat«. Davon hängt gar nichts ab. Denn vom Ende her gesehen, stellt es sich heraus als »Haschen nach Wind«. Welche Bedeutung hat meine Teilnahme an einer Vorstandssitzung im Angesicht des Endes? Sie hat keinerlei Bedeutung mehr. Andere Dinge sind viel wichtiger. Barfuß laufen zum Beispiel. Die nasse Wiese an den Füßen spüren. Das vorwitzige Rauschen der Pappel hören, wie sie sich wichtig macht gegenüber den anderen Bäumen, durch die der Wind geht. Das Lachen eines Kindes sehen. Und seine staunenden Augen, wenn es auf dem Bauch auf der Decke liegt und sich verwundert die Welt um sich herum betrachtet. Diesen Tag ansehen, als wäre es der erste deines Lebens. Das Staunen wieder lernen, es wieder freilegen in dir. All den Schutt von Tun und Rackern und Machen und Diskutieren wegräumen – und das Staunen wieder lernen. Die Welt mit großen Augen anschauen. Ich sehe plötzlich ganz verwundert aus dieser Perspektive, wie merkwürdig sich viele Menschen (mich eingeschlossen) verhalten. Wie sie rennen und laufen und Plakate kleben und im Fernsehen diskutieren um Dinge, die nicht lebenswichtig sind. Wie sie streiten um Unwichtiges. Wie sie sich bekämpfen und verletzen. Warum nur leben wir so? Weil wir den Kontakt zum Leben verloren haben. Wir fühlen nicht mehr, wie es uns trägt, das so viel Größere. Wir fühlen nicht mehr, dass wir Getragene sind und nicht Träger. Wir glauben, wie seien wie Atlas, der die Welt auf seinen Schultern trägt. Die Wahrheit ist umgekehrt: Sie trägt uns. Aus dieser Perspektive kann ich in meiner verrückten Welt viel Schönheit entdecken. Liebende Menschen sehe ich. Junge Menschen. Und alte Menschen. Am schönsten scheint mir heute die Liebe zwischen alten Menschen zu sein, wenn sie glückt. Es ist eine wissende Liebe, eine tief gegründete Liebe. Eine Liebe, die den anderen sein lässt, wie er ist, und die ihm zu seinem Leben verhelfen will. Eine Liebe, die von sich selbst absieht und will, dass der andere Mensch zu seinem Glück findet.

Ich denke darüber nach: Was würde sich ändern, wenn wir auch Politik »vom Ende her« betrachten und entwerfen würden? »Ach du immer mit deine Politik«, hatte meine über 90-jährige Großmutter in ihrem wunderbaren pommerschen Dialekt manchmal gespottet, wenn ich sie besuchte in ihrem Zimmerchen und von meiner Arbeit erzählte. »Du immer mit deine Politik. Ich hab als Kind noch den Kaiser gesehen und den Zeppelin am Himmel. Ich habe die erste Dampflok fahren sehen und weiß noch, wie die Bauern Angst davor hatten. Dann hab ich erlebt, wie das Telefon kam in die Orte. Und dann kam der erste Krieg, dann die große Not, dann kam der Verrückte, der Adolf. Dann kam der Hornickel oder wie der hieß – ach, du immer mit deine Politik«, sagte die weise Alte, die so viele politische Wechsel erlebt hatte, die gesehen hatte, wie die Systeme kommen und gehen.

Sie war auf der Flucht vor den Russen, damals, im April 45 an der Oder. Die einzige Tochter hatte sie dabei, die war 18 und hatte Angst, vergewaltigt zu werden. Man hatte ihr die Haare kurz geschnitten und sie in Sachen für Jungen gesteckt, um sie zu tarnen. Ein polnischer Gefangener, der auf dem Hof arbeiten musste, hat sich schützend vor die Frauen gestellt. Damals. An der Oder. Als die Russen kamen. Diese alte Frau, die meine Großmutter war, die aus dem Oderbruch, die mit dem kindlichen Glauben – wie eine alte weise Indianerin kommt sie mir manchmal vor. Sie hatte alles geregelt vor ihrem Tod. Sogar die Lieder standen fest, die gesungen werden sollten bei der Beerdigung. Das letzte Hemd lag bereit. Sie hat gelebt, wie die Bauern in jener Gegend über lange Zeit immer gelebt hatten: Immer im Angesicht des Todes. Bei denen stand der Sarg immer oben auf dem Dachboden des Hauses. Alles war vorbereitet. Denn jederzeit konnte etwas passieren.

Seit meiner Krebserkrankung vor etlichen Jahren habe ich diese Dinge ebenfalls geregelt. Die Patientenverfügung ist geschrieben, die Vollmacht ebenso. Das Testament ist geschrieben. Seither reise ich »mit leichtem Gepäck«. »Morgen kann es vorbei sein« – das ist ein prägendes Gefühl. Es ist ein fast täglicher Gedanke. Und er führt mich ins Hier und Jetzt. Mehr kann ich nicht sagen. Ich weiß nicht, was kommen wird und was vergangen ist, ist vergangen. Das ZEN-Training am Morgen hilft mir, mich täglich darin zu üben: das Leben in diesem Moment wie ein Geschenk anzunehmen, das einem staunenden Kind hineingelegt wird in die Schale, die seine leeren Hände bilden. So also ist der Tag heute. Je mehr ich den Gedanken an den eigenen Tod an mich heranlasse, umso fröhlicher kann ich mich dem Leben zuwenden. Umso ausgelassener kann ich zum Beispiel – tanzen. Tango mit der Marie. Eine wundervolle Sache! Es ist ein tiefer und schöner und auch geheimnisvoller Zusammenhang. Der Zusammenhang von Leben und Tod.

Sound of Silence: Begegnung

»Ein Wort gibt es, das in Euer Munde mich
leicht verdrießlich macht. Es ist das Wort von
der Weltverbesserung (...) Die Welt ist nicht da,
um verbessert zu werden, auch Ihr seid nicht
da, um verbessert zu werden. Ihr seid aber da,
um Ihr selbst zu sein, damit die Welt um diesen
Klang, um diesen Ton, um diesen Schatten
reicher sei (...)«

Hermann Hesse[39]

Die Anregung für diese Kapitelüberschrift kommt von einem Freund im Facebook-Netzwerk. Ich bin ihm dankbar dafür, weil dieses Lied »Sound of silence« von Simon & Garfunkel eine Brücke sein kann zu dem, wovon ich sprechen will. Wir stehen fünf Wochen vor der Bundestagswahl 2009. Die »heiße« Wahlkampfphase beginnt. Überall im Lande sind die Teams unterwegs, kleben Plakate, gestalten Internetseiten, machen Hausbesuche, organisieren Veranstaltungen. Die Kandidaten versuchen, in den Talkshows, vor allem im Fernsehen, Sendezeit zu ergattern, um ihre Botschaft von der Weltverbesserung »rüberzubringen« an den Wähler, der vielleicht zu Hause auf seinem Sofa sitzt und sich die Sendung ansieht. Die Welt der »actio« greift nach dem Land. Es ist die Zeit der Macher. Es ist sicher auch die Zeit der Eitelkeiten, gewiss.

In diesen Tagen lese ich wieder Joachim-Ernst Berendt, wie ich ihn so oft in den zurückliegenden Jahren gelesen habe. Ich muss nicht mehr Plakate hängen, Flyer verteilen, Veranstaltungen besuchen, Hände schütteln. Ich stelle mich nicht mehr zur Wahl. Meine Wahl war es, nach 20 Jahren Politik ein stilles Jahr zu leben, ein Sabbatical zu nehmen, eine Aus-Zeit. Ich

---

39. Joachim-Ernst Berendt: Kraft aus der Stille, München 2003, S. 263.

nehme mir die Freiheit, die Dinge aus der Stille zu betrachten. Ich habe die Freiheit zu hören und dem nachzuspüren, was zwei Jahrzehnte meine Welt war. Ich begegne den alten Weggefährten wieder: Berendt, dem Esten Arvo Pärt, dem großen Dirigenten der Münchner Philharmoniker, dem ZEN-geschulten Sergiu Celibidache. Und Rilke natürlich. Und Hermann Hesse.

Musik hat mich geprägt. Nicht das verstandesmäßige Hören der Musik, das zu erklären versucht, was nicht zu erklären ist, sondern das Erleben der Musik, das körperliche Spüren dessen, was sich ereignet, wenn Musik geschieht. Es ist die Erfahrung des Großen Raums hinter der Musik, zu dem die Musik führt. Das Erlebnis der Musik hinter der Musik, die Ahnung von der Musik, die in der Stille beginnt wie bei Anton Bruckner und in der Stille endet, wenn der letzte Akkord verklungen ist. Musik ist für mich aber auch eine Tür zum Erleben dessen geworden, was im ZEN das »Hier und Jetzt« heißt: Jetzt, hier in diesem Moment, in dem du den Ton hörst, jetzt, in diesem Moment, in dem der Ton auch schon wieder verklungen ist, flüchtig, unstet, immer fließend – hier und jetzt ist dein Leben. Es ist nicht erst, wenn das Parteiprogramm umgesetzt, das Förderprogramm gestartet, die Arbeitsplätze gesichert, das neue Institut gegründet ist. Nein, dein Leben findet jetzt statt, jetzt, in diesem Moment, in dem meine Finger die Tasten des Notebooks benutzen, um zu beschreiben, was so schwer zu beschreiben ist, jetzt, in dem vielleicht ein Leser diese Worte liest. »Hier und Jetzt« – das ist die Botschaft des Klangs. Das ist die Botschaft des ZEN, das ist die Botschaft der deutschen, der spanischen und muslimischen Mystik. Deshalb sind Mystiker nicht weltabgewandte Spinner, sondern Menschen der Tat. Sie wissen, dass das Geheimnis sich im »Hier und Jetzt«, im Alltag vollzieht. »Hier und jetzt« – das gilt es immer neu zu lernen, täglich. Vom Morgen eines Tages an, an dem ich meine leeren Hände halte wie einen leeren Becher, damit er vom Leben selbst gefüllt werden möge. Mich hat dieses Bild vom leeren Becher sehr angerührt, ich hab es bei Dag Hammarskjöld gefunden: »Jeder Tag der erste. Jeder Tag ein Leben. Jeden Morgen soll die Schale unseres Lebens hin-

gehalten werden, um aufzunehmen, zu tragen und zurückzuge-
ben.«[40]

Dieser »leere Becher« kommt in anderer Gestalt bei einem
anderen meiner Weggefährten vor. Bei ihm ist es das »hörende
Ohr«. Joachim-Ernst Berendt, Pfarrerssohn aus Berlin-Weißen-
see, Gründer des Berliner Jazz-Festes, Globetrotter, Getriebener,
»Macher«, der zum Hörenden wurde. Ich bin ihm begegnet, als
mein Körper mich zum zweiten Mal hinstreckte – nach einer
Nierenkrebsoperation vor etlichen Jahren. Ich war zornig damals. Zornig, weil mein Körper nicht machte, was ich von ihm
verlangte. Er sollte tüchtig sein, er sollte funktionieren, er sollte machen, was ich von ihm verlangte. Ich habe gegen ihn gearbeitet. Er war stärker. Er verweigerte seinen Dienst, weil ich
die Botschaft nicht hören wollte, die schon so lange bereitlag
– und wurde krank. Er zwang mich zur Stille. Er zwang mich
zur Erfahrung der Ohn-Macht. Er zwang mich zum Erleben
des Ausgeliefertseins. »Wenn der Schüler bereit ist, erscheint
der Lehrer«, heißt es im ZEN. In jenen schweren Tagen war
ich endlich bereit für Joachim-Ernst Berendt. »Das Leben – ein
Klang. Wege zwischen Jazz und Nada Brahma« kam, »Kraft aus
der Stille« ebenso, seine Hörbücher, seine CDs, ganz wunderbar »Hinübergehen. Das Wunder des Spätwerks«, in dem er auf
sehr einfühlsame Weise die letzten Kompositionen der Großen
erklärt, einen Sinn weckt für die Botschaft, die diese letzten
Musikstücke in sich tragen, eine Botschaft von »drüben«, von
jener Landschaft, in die ich womöglich würde gehen müssen.
Krebs ist oft eine tödlich verlaufende Krankheit. Ich hatte Angst
damals. Angst vor dem Tod. Berendt hat mir den Sinn geöffnet für die Botschaft der Musik in allen Kulturen der Welt. Sein
»Stimmen! Stimmen! Der Riesige Ruf« war die Öffnung meiner Wahrnehmung hin zur Weltmusik. Ich habe den roten Faden
gefunden, der die Religionen verbindet. Die deutsche Mystik,
ZEN, die muslimischen Mystiker; der »Faden der Ariadne«, der
aus dem Labyrinth herausführt, der im Buddhismus ebenso zu
finden ist wie im Christentum, der sich in den Naturreligionen

---

40. Dag Hammarskjöld: Zeichen am Weg, a.a.o., S. 151.

finden lässt und im Islam. Ich habe in diesen Tagen mit Berendts Hilfe Bach neu entdeckt, sein »Es ist genug« hat mich selten tief angerührt und einen Prozess in Gang gebracht, der nun in diesem Buch mündet.

Berendt hat sein Leben diesem Zusammenhang gewidmet: Wie klingt die Stille? Was ist das für ein »Sound«, in dem die Erde badet? Welches Lied »schläft in allen Dingen«? (Eichendorff) Er hat mich das Hören neu gelehrt. Seine Bücher waren eine Entdeckung. Mein jüngerer Bruder hat mich zu ihnen geführt, ich bin ihm dankbar dafür. Erst waren es Kassetten, später kamen die Bücher dazu, dann CDs, die Radiovorträge – ein neuer Kosmos tat sich auf. Der Junkie, der ich war, bekam eine Ahnung davon, was es außer seiner Droge »Politik« noch so auf der Welt geben könnte …

Wer in die Stille geht, beginnt genauer zu hören. Ich erinnere mich an ein Frühjahr im Kloster Mariawald vor einigen Jahren, ich war zum ersten Mal dort, hatte mir einen Spaziergang vorgenommen nach dem Mittagsgebet – und plötzlich blieb ich im Wald stehen, weil mir sogar der Sound meiner weichen Wanderschuhe auf dem weichen Waldboden noch zu laut war; ich wollte den Wald selbst hören – und war überwältigt von dem großartigen Konzert, das ich da hören konnte. Die Klangfarben des Windes, wenn er durch die Bäume geht; das silbrige Plätschern von Wasser irgendwo in der Nähe; Vögel natürlich, wenn sie »singen«, oder wenn sie »schimpfen«, wenn sie »warnen« oder einfach nur fliegen oder im toten Laub nach Nahrung suchen – Amseln machen einen ziemlichen Lärm dabei, finde ich. Der Klang hinter dem Ton – der Klang der Stille, dieser »Sound of Silence« – führte mich später zum ZEN. »Wenn du auslöschst Sinn und Ton – was hörst du dann?«, ist ein bekanntes ZEN-KOAN. Wer dieser Frage nachspürt, der versteht sehr bald, dass er sie mit dem Kopf nicht beantworten kann, weil sie »unlogisch« ist; er ahnt, dass da nichts zu hören ist, wohl aber, etwas zu fühlen ist. Man kann wahrnehmen, was da hinter dem Ton ist, auch wenn man nichts mehr hört. Das ist keine Sache nur für den Kopf, das ist eine Sache für den ganzen Körper. Allerdings gilt von dieser Erfahrung, was Altmeister Augustinus davon sagt:

»Wenn mich keiner fragt, weiß ich es. Wenn ich es sagen soll, kann ich es nicht.« Wenn ich mit geschärften Sinnen da bin und höre; wenn ich meine Ohren aufsperre, dass ich mein Blut hören kann und wenn ich noch hinter diesen Klang höre; wenn ich durch die Geräusche hindurch höre, die meine Finger auf dem Laptop machen, wenn sie Buchstaben schreiben; wenn ich hinter den Klang der Autos höre, den ich wahrnehme, wenn ich auf der Terrasse sitze und schreibe – was ist dahinter? Dahinter beginnt etwas. Etwas sehr Großes. Es ist die Frage nach der Transzendenz. Die Stille führt mich auf die Fährte. Sie führt mich auf den WEG. Ganz natürlich sind Klöster Orte der Stille, sie geben dem Suchenden Obdach und gute Wegzehrung auf seinem Weg nach Hause – Klöster sind Orte der Transzendenz: klar, schlicht und einfach. Die sehr einfachen und schlichten Zisterzienserklöster mag ich deshalb besonders. Wegen des ZEN-Geistes, den ich in ihnen spüren kann: wegen dieser klaren, natürlichen und dennoch warmherzigen Strenge, die die uralten Mauern auf mich ausstrahlen. Kraftorte. Wenn ich in die Stille gehe – fängt die Seele wie von selbst an, nach Gott zu fragen, sie öffnet sich. Ich tue es, ohne es zu wissen, denn ich frage nach dem Klang »hinter dem Ton«, frage nach dem Ursprung, ohne es zu merken. Es geschieht einfach. Es ist keine Entscheidung, es ist nicht ein bewusstes Tun, sondern eine Körpererfahrung. Arvo Pärt gesellt sich nun zu uns. Ich habe ihn auf einer Reise in Estland getroffen, genauer: Seine Musik hat mich getroffen. Wir waren mit einer Freundin unterwegs in ihrer Heimat. Es war nach meiner Rehabilitation in einer Reha-Klinik. Die Freundin war damals Stipendiatin im Internationalen Parlamentarier Patenschaftsprogramm beim Deutschen Bundestag und sie zeigte uns nun ihr Heimatland. In Tallin hatte sie Karten besorgt für ein Konzert mit dem Estonian Chamber Choir. Wenn ein Este in einem Chor singt – und fast alle Esten singen in einem Chor –, dann kann das hilfreich sein, um an Karten zu kommen. Dieses Konzert war eigentlich ausverkauft. Aber die Sängerin wandte sich an einen anderen Sänger, den sie aus einem Chor kannte – und wir konnten durch dessen Hilfe in unseren Touristensandalen, mit Jeans und offenem Hemd dieses wunderbare Konzert anhören, in dem neben uns die Menschen in Anzug, Lackschuhen und Kostüm saßen. Diese Situation war ein wenig seltsam, aber sie war auch wunderbar. Wir waren Fremde, Touristen. Waren entsprechend gekleidet. Es war unwichtig. Die Blicke der angemessen gekleideten Nachbarn waren nicht wichtig. Die Musik war wichtig. Diese Musik hat mich elektrisiert. Nach dem Konzert nahm ich mir am Ausgang eine Chormusik-CD mit. Und hörte sie abends im Ferienhäuschen. Es war wundervoll. Arvo Pärt. Nie hatte ich von ihm gehört. Nun war seine Musik da. Als ich nach Deutschland kam, hab ich mir alles gekauft, was ich nur kriegen konnte. Ich war süchtig nach der Musik dieses Esten, der während der Diktaturzeit Filmmusiken geschrieben hatte. Dann war in seinem Leben plötzlich Schluss mit dem Schreiben. »Es« ging nicht mehr. Er konnte nichts mehr komponieren. Sieben Jahre der Stille folgten. Dann kam »Alina« und »Spiegel im Spiegel«. Er hatte »seine Melodie« gefunden. Tinitabuli. Die Dreiklang-Musik. Was mich so fasziniert an dem Esten, ist: Seine Musik kommt aus der Stille. Diese sieben Jahre Pause sind hörbar geworden in den Stücken, die dann kamen. Wer »Alina« oder »Spiegel im Spiegel« einmal gehört hat, ahnt vielleicht, wovon ich spreche. Es ist die warmherzige Kargheit, die äußerste Sparsamkeit im Ton, die Musik, die um den Dreiklang kreist, die mich so eingenommen hat. Und seltsam: Durch Arvo Pärt bin ich neu zu Anton Bruckner zurückgekehrt, der doch anscheinend so ganz andere Musik macht. Bruckner fand ich wieder, den ich seit meinem Abitur kannte, bin zurückgekehrt zu den wundersam stillen Anfängen seiner Sinfonien. Hab sie ganz neu gehört. Der Este hatte mich an die Hand genommen, oder genauer: am Ohr gepackt und hatte mich wieder zu ihm geführt. Diese besonderen Anfänge der Bruckner'schen Sinfonien – sie kommen alle gleichsam aus dem Nichts, kommen von Nirgendwo, lassen eine Ahnung aufscheinen, wovon dieser Dorfschullehrer, der noch im mittleren Lebensalter Kontrapunkt studiert hat, getragen wurde – er war schon ein berühmter Organist in diesen Jahren. Sergiu Celibidache tritt hinzu. Sergiu spielt – Bruckner natürlich. »Still! Der Meister!«, pflegte er das Orchester einzustimmen, wenn er Bruckner probte. Es gibt eine wunderbare

DVD, von seinem Sohn gemacht, über diese Welt des Sergiu Celibidache. »Der Garten des Sergiu Celibidache«. Ein Film von Serge Joan Celebidachi mit Musik von Bruckner, Mozart, Bartók. Eine gut eingefühlte Hinführung zu dem, wovon ich hier zu sprechen versuche. Später, am Nordkap, in einer Kapelle, in den Fels gehauen, mit einem Ausblick auf das Nordmeer, hinter dem irgendwo im milchigen Grau der Pol liegen soll, mitten im eisigen Schneesturm, war da der Klang von Jan Garbareks Saxophon. Wieder so ein Blitz aus dunklem Schneehimmel, mitten auf der Reise erwischt er mich völlig unvorbereitet und lässt mich nicht mehr los. Dieser Sound. Dieser Klang. Was ist da, was mich in Resonanz gehen lässt, als sei ich ein Instrument, das eine Schwingung aufnimmt? Was ist das für eine Energie, die mich zum Schwingen bringt, wenn ich diese Klänge höre? Welcher Strom strömt da und nimmt mich mit auf eine Reise ins ungeahnte Land? Mozart hat mal gemeint, nicht er schreibe die Musik, sondern die Musik ströme nur durch ihn hindurch, er brächte sie lediglich zu Papier. Was ist das für eine Wirklichkeit, von der jede Kunst weiß, diese Wirklichkeit hinter der Wirklichkeit? Was ist das, das sich da vollzieht, ohne mein Zutun, ohne dass ich aktiv etwas dafür tun könnte? Es ist das Leben selbst, sagen die Erfahrenen. Es ist das Leben selbst, sagen die Hörenden. Die spirituell gestimmten Menschen reden von Gott. In einem jahrtausendealten Text unserer Tradition kann ich finden: »Und siehe, der Herr ging vorüber, und es kam ein gewaltiger Sturm, der die Berge stürzte und die Felsen zerbrach. Aber Gott sprach nicht im Wind. Nach dem Wind aber kam ein Erdbeben, und es wütete im ganzen Land. Aber Gott sprach nicht im Erdbeben. Und nach dem Erdbeben kam ein Feuer, das alles von Menschen Geschaffene verbrannte. Aber Gott sprach nicht im Feuer. Und nach dem Feuer kam Stille. Und im Rauschen der Stille, Da sprach Gott.«[41]

Wenn ich still werde und genau zu hören beginne, dann bekomme ich eine Ahnung von diesem gewaltigen Klang, der mich umgibt, von diesem »Riesigen Ruf«, wie Berendt eine seiner

41. Das Erste Buch der Könige 19,11-12. Übersetzung nach Martin Buber.

Chor-CDs genannt hat; es ist eine Ahnung von dem gewaltigen Strom des Lebens, der von allem ausgeht, das um mich ist und dessen Teil ich bin. Dag Hammarskjöld hat ähnliche Erfahrungen gemacht, wenn er in den Bergen Lapplands war: »Tönendes Schweigen durchstrahlte Nacht Licht das sein Übereinstimmendes sucht in Melodie Stille die nach Erlösung strebt im Wort Sein in der Krume Dunkel wie selten Wuchs und Blum wie selten Frucht.«[42]

Es ist seltsam, wieder geht das Pendel in die andere Richtung: Während ich das hier schreibe, erreicht mich über mein Blackberry eine schriftliche Anfrage eines Abgeordneten aus meinem Büro im Ministerium, die ich noch freizeichnen muss, bevor sie an ihn geschickt wird. Der Abgeordnete fragt die Bundesregierung: »Welche Gegebenheiten müssen in Ost- und Westdeutschland erreicht sein, damit die Bundesregierung die deutsche Einheit als vollendet ansieht, und welche Ziele strebt die Bundesregierung neben dem im Jahresbericht zum Stand der Deutschen Einheit 2009 genannten Ziel der wirtschaftlichen Annäherung der ostdeutschen an die wirtschaftlich strukturschwächeren westdeutschen Bundesländer bis 2019 außerdem an?« Da ist sie wieder, die Glocke des ZEN, da ist es wieder, das TAKKU: hier und jetzt. Darum geht es. Nur scheinbar werde ich aus dem Fluss der Gedanken über den Klang der Stille herausgerissen, muss mich wieder dem politischen Alltag zuwenden, einem Abgeordneten eine Frage beantworten, wohl wissend, dass er diese meine Antwort im nun beginnenden heißen Wahlkampf verwenden wird – im Zweifel gegen die Regierung. Hier und jetzt. Jetzt Worte der Achtsamkeit finden. Ich finde die im Ministerium vorbereitete Antwort gut formuliert und zeichne sie frei. Ich weiß, dass sie gegen die Regierung verwendet werden wird, denn die Frage kommt von einem Oppositionsabgeordneten. Es ist keine einfache Antwort, sie enthält keine einfachen Lösungen, weist hin auf die überaus komplexen und durch individuelle Wahrnehmung gebrochenen Wirklichkeiten in Ost und West. Ich finde die Antwort ausgewogen und unterschreibe. Der Abgeord-

42. Dag Hammarskjöld: Zeichen am Weg, a.a.O., S. 76.

nete wird diese Antwort gegen uns verwenden. So ist es. Und wie es das Leben will: Gleich kommt noch die Anfrage eines Rundfunksenders hinterher, ob ich bereit wäre, am Montag ein Telefoninterview zu einem PPP-finanzierten Autobahnabschnitt zu geben. Public private partnership – der Versuch, durch Beteiligung von privatem Kapital wichtige Infrastrukturprojekte zügiger zu realisieren, als es mit staatlichen Mitteln allein möglich ist. Ich empfinde beides, die Anfrage des Abgeordneten und die des Radiosenders wie den Klang des TAKKU im ZEN: Das TAKKU verhindert, wenn es kurz und scharf geschlagen wird, dass ich ins Träumen abgleite, holt mich zurück ins »Hier und Jetzt«. ZEN ist eine sehr nüchterne Sache. Und wieder nehme ich die Geräusche der Autos wahr, die an meinem Arbeitsplatz vorbeifahren, höre den Klang der Tasten des Laptops und bin wieder in dem, womit wir begonnen haben: dem Klang im Hier und Jetzt. Es geht um Achtsamkeit für das, was jeden winzigen Moment passiert. In Sekundenschnelle verändert sich mein Leben, ständig wechseln die Eindrücke und Impulse.

Die Aufforderung im ZEN-Training heißt deshalb: »Wach auf!« Sie heißt nicht: »Mach die Augen zu und schlaf!« Das Gegenteil wird trainiert: Wachheit. In unserer Tradition weiß man auch davon. Es gibt einen Choral aus dem Mittelalter, der von dieser Haltung der Achtsamkeit spricht: »Wachet auf, ruft uns die Stimme!« Da ist er wieder, der rote Faden, der die Dinge zusammenhält.

Joachim Ernst Berendt nennt seine CD-Sammlung mit den Chören der Welt: »Der riesige Ruf!« Ein solches Training der Achtsamkeit, der Wachheit, der Aufmerksamkeit für das Hier und Jetzt ist nicht banal. Denn: »Morgen treffen wir uns, der Tod und ich. Er wird den Degen stoßen in einen wachen Mann.«[43] Und Johannes vom Kreuz, von dem noch zu sprechen sein wird, fügt über diesen entscheidenden Moment des Übergangs vom Leben ins Leben an: Die Zeit zum Singen ist da.

43. Dag Hammarskjöld: Zeichen am Weg, a.a.O. S. 42

Rostock oder: Junkies leben auf der Straße

6. August 2009. Um fünf stehe ich auf. Ich muss nach Rostock ins Steigenberger Hotel »Sonne«, um vor dem 9. Hanse Sail Business Forum über »Die EU-Ostseestrategie – Herausforderungen und Ziele« vorzutragen. Etwa 270 Unternehmer aus dem Ostseeraum sind gekommen, Dänen, Schweden, Litauer dabei. »Die Russen fehlen«, sagt man mir, als ich nach ihnen frage. Der Präsident der BCCA, der Baltic Chamber of Commerce, trägt vor. Er vertritt 51 Handelskammern mit zusammen 450.000 Unternehmen, ein wichtiger Mann also. Der Staatssekretärskollege von der Schweriner Landesregierung ist da, der Oberbürgermeister, der Kammerpräsident; einen Botschafter erkenne ich in der ersten Reihe, andere VIPs ebenso. Der Saal ist voll. Die Leute wollen hören, was die EU mit der Ostsee vorhat. Und sie wollen hören, was die Bundesregierung zu dieser Strategie meint.

Die EU hat vor, im Oktober 2009 bei der Konferenz der Staats- und Regierungschefs im Europäischen Rat die EU-Ostsee-Strategie zu beschließen. Diese Strategie wird in diesem Halbjahr das zentrale Thema der schwedischen EU-Ratspräsidentschaft sein. Der erste Punkt der Strategie ist es, das besonders sensible Ökosystem Ostsee vor weiteren Schäden zu bewahren. Zu viel Altlasten aus zwei Kriegen liegen noch am Boden des Meeres; das Meer ist überfischt und es droht in den Abwässern der Großstädte ihrer Küsten zu ersticken. Die Ostsee hat kaum Austausch mit dem Ozean, weshalb das »größte Binnenmeer der EU« besonders bedroht ist. Klimawandel und fremde Arten im Meer tun ein Übriges.

Das Ziel, die Ostsee zu schützen, ist nicht neu. Bereits zu Zeiten des »Kalten Krieges« haben die Ostseeanrainer gesehen, dass das sensible Ökosystem nicht unbegrenzt strapazierbar ist. Insbesondere nahmen die Schiffsabfälle und die Abwässer aus den Küstenstädten zu und führten zu einem bedenklichen Zustand des Meeres. Deshalb gründete man – in einer Tauwetterphase des Kalten Krieges – 1974 die zwischenstaatliche Helsinki Kommission (HELCOM) zum Schutz der Meereswelt im

Ostseeraum. Das erste Abkommen zur Reduzierung der Schadstoffe trat 1980 in Kraft (nach sechs Jahren). Dann folgte das Abkommen von 1992 (nach 12 Jahren!) – es trat im Jahr 2000 in Kraft (nach weiteren acht Jahren!). Die letzten Änderungen und Ergänzungen zum Abkommen stammen vom November 2008. Im Jahre 2005 wurde in einer interfraktionellen Ostsee-arbeitsgruppe des Europäischen Parlaments u.a. vom heutigen estnischen Staatspräsidenten Toomas Hendrik Ilves und dem heutigen finnischen Außenminister Alexander Stubb eine erste Skizze für eine notwendige EU-Ostseestrategie entwickelt. In einem Beschluss des Europäischen Parlaments zu einer Strategie für die Ostseeregion vom 7. November 2006 heißt es, man sei bestrebt »… zur Verbesserung des ökologischen Zustands der Ostsee, die derzeit einer am meisten verschmutzten Meeresräume der Welt ist, beizutragen, die Verschmutzung und Eutrophierung zu verringern sowie die weitere Einleitung von Öl und anderer toxischer und schädlicher Stoffe zu verhindern«. Das Parlament unterbreitete damals 25 Vorschläge und Anregungen, die von den Mitgliedsstaaten und der Europäischen Kommission aufgegriffen werden sollten. Außerdem forderten sie Rat und Kommission auf, bei der Konzeption einer Strategie die Regierungen der Russischen Föderation und den Rat der Ostseeanrainerstaaten mit einzubeziehen. Schweden reagierte. Der Europäische Rat forderte auf schwedische Initiative die Kommission in den Schlussfolgerungen vom Dezember 2007 auf, eine entsprechende Strategie auszuarbeiten. Die Europäische Kommission nahm Anfang 2008 die Arbeit auf und führte vor allem im Herbst und Winter 2008 einen intensiven Konsultationsprozess mit Konferenzen, Seminaren, Workshops und Runden Tischen in verschiedenen Städten rund um die Ostsee durch und schloss diesen Prozess mit der Konferenz Anfang Februar 2009 in Warnemünde ab. Ich war damals als Vertreter der deutschen Regierung dabei. Seit Mitte Juni 2009 liegt nun das Ergebnis vor: Es gibt nun eine EU-Ostseestrategie, einen Aktionsplan und einen Steuerungs- und Umsetzungsplan. Man hat beschlossen, die Ostsee zu schützen. 35 Jahre hat das gedauert. Man hat noch mal beschlossen, was 1974 schon Beschluss war …

90 Millionen Menschen leben rund um die Ostsee. Sie leben, arbeiten, wirtschaften, verbrauchen und emittieren weiter wie bisher und wollen sich einen »wachsenden Wohlstand« organisieren. Aber nun gibt es ja immerhin die Strategie. Doch noch gibt es sie nur auf dem Papier. Es ist überhaupt nicht abzusehen, wie das konkrete Handeln aussehen wird. Das ist die eine »Geschwindigkeit«. Von der anderen Wahrheit, von der anderen »Geschwindigkeit« spricht die mittlerweile messbare Faktenlage. Sie spricht eine ganz andere Sprache. Denn der Klimawandel beschleunigt sich, kleine und mittlere Tourismusunternehmen entlang der Küste klagen jetzt schon über zunehmende Küstenabbrüche, die Strände werden schmaler; die Fischerei klagt mehr und mehr über fremde Tier- insbesondere Fisch- und Krabbenarten im Meer, was zu einer starken Veränderung des Fischbestandes führen wird.

35 Jahre hat es gedauert, von der Gründung der HELCOM bis zur Verabschiedung der EU-Strategie für den Ostseeraum im Oktober 2009. »Die neuen Möglichkeiten, die die EU-Mitgliedschaft bietet, wurden nicht optimal genutzt« heißt es lapidar über diese 35 Jahre. Das führt uns zu einem zentralen Problem: Die Geschwindigkeiten des politischen Prozesses einerseits und der Naturzerstörung andererseits passen nicht zueinander. Die Zerstörung geht weit schneller, als die Politik reagieren kann. Zwar will man nun in der Strategie die Ostseeregion zu einer »Modellregion« für nachhaltiges Wirtschaften entwickeln, aber die Widersprüchlichkeit der vier strategischen Ziele zeigt eben auch, dass eine große Gefahr besteht, einfach weiter so zu machen wie bisher.
Die Ziele sind:
• die Sicherstellung einer nachhaltigen Umwelt (Interessant ist, dass die Strategie nur noch von einer »Sicherstellung« spricht. Man ist bescheiden geworden. Man will wenigstens zu erhalten versuchen, was noch da ist.)
• die Steigerung des Wohlstands der Region
• die Verbesserung der Zugänglichkeit und Attraktivität der Region (Hier geht es im Wesentlichen um den Bau von Brücken, Straßen, Fähr- und Eisenbahnverbindungen für schnelleres ökonomisches Wachstum.)

• die Gewährleistung der Sicherheit in der Region

Beim letzten Punkt geht es nicht nur um Kriminalität, sondern auch um zunehmende Gefahren aus der »wachsenden Wahrscheinlichkeit von Extremwetterereignissen«, wie uns die Klimaforscher warnen. Wir können sehr genau messen, dass die Meerestemperaturen steigen – mit all den Auswirkungen, vor denen beispielsweise das Potsdam-Institut für Klimafolgenforschung seit Jahren warnt. Wir kennen die Gefahren der Überfischung; wir wissen, dass die Gefahren von auf dem Grund der Ostsee liegendem Kriegsmüll täglich steigen. Aber eigentlich wissen wir es nicht. Wir lassen diese Fakten nicht wirklich an uns heran. Wir hören sie nur mit dem »Kopf«, nicht mit der Seele. Deshalb ändert sich nichts. Weitere Widersprüche tauchen auf: Einerseits sagen die Strategie und der Aktionsplan, man wolle neben dem selbst für Insider unübersichtlich gewordenen Gewirr von Netzwerken und »Anrainerbündnissen« (die Ostseeparlamentarierkonferenz, der Ostseerat, die Nördliche Dimension, das Ostseeforum, die Organisation der Ostseehäfen, die Union der Ostseestädte und vieles mehr) nicht eine weitere Bürokratie aufbauen; andererseits hat allein das erste Oberziel fünf Teilziele – mit jeweils einem nationalen Koordinator. Die 79 »Leuchtturmprojekte«, die im Aktionsplan umgesetzt werden sollen, sind ebenfalls jeweils mit einem Koordinator ausgestattet. Auch hier passen »Wissen« und »Tun« nicht wirklich zueinander. Bei genauerem Hinsehen zeigt sich schnell in dem Papier, das man »Strategie« nennt, dass etliche Projekte und Ziele vereinbart sind, die sich durchaus widersprechen können: Einerseits soll »die Rentabilität und Wettbewerbsfähigkeit der Schlüsselsektoren Landwirtschaft, Forstwirtschaft und Fischerei erhalten« werden, andererseits will man die Region als eine »nachhaltige« Region entwickeln. Letzteres würde bedeuten, der Überfischung Einhalt zu bieten. Das aber schließt die »Rentabilität und Wettbewerbsfähigkeit der Fischerei« aus. Und damit steht man vor folgender Entscheidung: Entweder schütze ich die Fischbestände durch geringere Fangquoten oder ich versuche, die Fischerei wettbewerbsfähig zu halten. Entweder arbeite ich für die »Erhaltung der Naturräume und der biologischen

Vielfalt, auch im Fischereibetrieb« – das bedeutet Reduktion der Fangquoten und entsprechende Ausgleichszahlung an die Betriebe – oder ich lasse die »Rentabilität« der Fischerei noch für ein paar wenige Jahre weiter so zu wie bisher, was vermutlich zu einem Totalbankrott der Ostseefischerei führen wird.

Letztlich wird es wohl zu einem Sterben von Fischereibetrieben kommen, denn die zurückgehenden Fangquoten und die zunehmende Überfischung werden zwangsläufig dazu führen. Der Staat kann die ausbleibenden Einkommen der Fischereibetriebe nicht durch weitere Subventionen auffangen. Ähnliches gilt für Land- und Forstwirtschaft.

Das alte Lied fällt mir ein. Das Lied vom Kloster Grabow und den Mönchen. Jährlich sind zwei Fische gekommen. Einen hat man geschlachtet und ein Fest gefeiert, den zweiten hat man schwimmen lassen. Als man in einem Jahr beide fing und verspeiste, war es zunächst ein schönes Fest, aber dann ist allen übel geworden vom vielen Essen – und im nächsten Jahr kam gar kein Fisch mehr. Die Ressource war erschöpft. »Sie hätten sich sollen begnügen«, singt der Refrain.

Die weiteren Ziele der Strategie:

• Ausbau der Infrastruktur mit dem Ziel, eine »wohlhabende Region« zu entwickeln

• eine bessere Zusammenarbeit der Staaten im Bereich Forschung und Innovation – die Universitätsstädte rund um die Ostsee arbeiten schon sehr gut zusammen und die Integration nimmt immer mehr zu

• eine bessere Integration im europäischen Arbeitsmarkt

• die »Beseitigung von Hindernissen für den Binnenmarkt im Ostseeraum«

Das sind alles Ziele, die »altem Denken« entsprechen. Altes Denken setzt auf Wachstum. Dieses Denken wird zu mehr Ressourcenverbrauch führen, ich bin bereit zu wetten. Für das ganze Vorhaben, die »EU-Ostseestrategie« umzusetzen, hat man nur wenige Geldmittel zur Verfügung, man will dennoch so arbeiten, »dass schnell sichtbare Erfolge eintreten, um zusätzliche private Investoren zu gewinnen«.

Da ist er wieder, da lugt der Junkie um die Ecke: Man will

schnelle Erfolge. Dabei sind die Russen immer noch nicht ausreichend in den Prozess eingebunden, man versucht es zwar über die »Nördliche Dimension«, einen Konsultationsprozess der EU mit den nördlichen Nichtmitgliedsstaaten, doch es gelingt nur unzureichend. Und ohne die Russen wird es nicht gehen, denn die Russen gehören zu den größten Emittenten. Bundestag und Bundesrat haben in Deutschland die Strategie »begrüßt«, so wie man jemandem freundlich »guten Tag« sagt: Die deutsche Regierung ist mit mehreren Ressorts an der Umsetzung der Strategie ebenso beteiligt wie die norddeutschen Bundesländer. Doch, ob aus dem Papier, das 35 Jahre brauchte, bis es auf der Welt war, am Ende auch eine wirklich nachhaltige, umweltverträgliche, intelligente Art des Wirtschaftens in dieser neu entstehenden europäischen Wirtschaftsregion Ostsee entsteht – das sei dahingestellt.

Ich will nicht despektierlich sein. Ich weiß aus den 20 Jahren meiner politischen Arbeit sehr wohl, wie mühsam europäische Prozesse sind. Und ich weiß sehr wohl, dass politische Dokumente wie eine solche »EU-Strategie« dennoch hilfreich sein können, weil man sich auf sie berufen kann, um aktuelle Politik umsetzen zu können. Dennoch muss auf die enorme Spannung zwischen dem mörderischen Tempo hingewiesen werden, das die Zerstörung der Lebensgrundlagen kennzeichnet, und dem diesen Entwicklungen in keiner Weise angepassten Tempo politischer Entscheidungen. Da passt etwas ganz offensichtlich nicht zusammen. Was ist die Ursache? Was ist der tiefste Grund für diese fatale Lage? Wir fühlen nicht mehr, was wir wissen. Die Frage ist – gibt es Auswege aus diesem Dilemma? Man könnte Entschleunigung und mehr Sorgfalt in Betracht ziehen. Das könnte ein Weg sein. Wenn eine Sache besonders dringlich ist, dann ist besonders gründliches Denken und Handeln notwendig. Das geht nicht, wenn »schnelle Erfolge« erwartet werden. Das geht nicht, wenn alles »sofort« entschieden werden soll. Entschleunigung ist notwendig. Man braucht eine Notbremse.

Glücklicherweise geschieht es manchmal, dass sich Beamte in den Ministerien solche großen politischen Projekte zu eigen machen. Sie arbeiten dann unabhängig davon, wer gerade ihr Minister oder Staatssekretär ist, weiter an »ihrem« Thema. Ich habe solche Fälle beharrlicher Projektarbeit mehrfach in den Ministerien angetroffen, in denen ich gearbeitet habe. Da waren Beamte zu bewundern, die manchmal selbst gegen den Widerstand ihrer jeweiligen Leitungen politische Ziele weiter verfolgten, die wichtig und, wie sich gezeigt hat, auch richtig waren – zum Beispiel für die europäische Politik. Sie haben sich nicht beirren lassen von ihren jeweiligen Chefs. Die wechseln schnell und häufig. Ein Rascheln im Blätterwald – und weg sind die Minister und Staatssekretäre. Anders ist es in den Tiefen der Ministerien. Gott sei Dank gibt es solche Beamte, die ihre politischen Ziele beharrlich weiterverfolgen, unabhängig davon, wer gerade mal ihr Chef ist.

Das muss auch einmal ausgesprochen sein, selbst auf die Gefahr hin, dass ich mir Spott zuziehe. Denn, wenn solche politischen Prozesse, wie der oben beschriebene Prozess der Entstehung einer EU-Strategie für den Ostseeraum auch noch von den unglaublich schnellen Amtswechseln von Ministern, Staatssekretären und anderen leitenden Mitarbeitern abhängig wäre – dann wäre das Ganze ohnehin zur Wirkungslosigkeit verdammt.

Oft sind diese politischen Prozesse ja gerade deshalb so mühsam, weil das politische Personal an der Spitze so häufig wechselt: Die Ansprechpartner wechseln schon mal nach fast jeder Wahl, oft kommen neue Zuständigkeiten während einer Legislaturperiode hinzu, je nachdem, wen die Gazetten gerade jagen.

Trotzdem ist Fakt: Die Geschwindigkeiten beider Prozesse passen nicht zueinander. Ich könnte ähnliche Konflikt-Geschichten beispielsweise von den Klimakonferenzen aufschreiben, wie ich es hier exemplarisch von einer EU-Strategie getan habe. Man könnte ähnliche Geschichten aufschreiben über den vergeblichen Versuch, im Sicherheitsrat der Vereinten Nationen endlich zu einem Abstimmungsverfahren zu kommen, das in kritischen Momenten nicht durch das Veto eines Mitglieds blockiert werden kann. Es gibt eine Fülle solcher Problemlagen, in denen das Tempo zwischen politisch Möglichem und eigentlich Erforderlichem nicht zueinander passt. Die eine Möglichkeit, mit diesem Dilemma umzugehen, besteht darin, das ohnehin schon unglaublich hohe Tempo in der Politik noch weiter zu erhöhen. Auf den Unterschriftmappen steht dann nicht mehr nur »Eilt« oder »Sofort auf den Tisch«, sondern da steht dann drauf: »Bitte wirklich sofort« oder »Jetzt wirklich und unverzüglich« – aber über die Gefahren des hohen Tempos für die Qualität politischer Entscheidungen hatte ich ja schon geschrieben. Politiker sind Gehetzte. Sie sind vom Kalender Getriebene. Sie sind vom Erfolg Abhängige. Wenn sie nun ihr Tempo noch mehr erhöhen – um sich dem höheren Tempo beispielsweise der Naturzerstörung wenigstens etwas anzunähern –, dann werden sie noch schneller scheitern. Deshalb muss es – scheinbar paradox – um Entschleunigung gehen. Gerade weil beispielsweise die Megathemen wie der Klimawandel so sehr drängen – gerade deshalb wäre sorgfältigere Arbeit notwendig. Denn am Ende spart gründlicheres Nachdenken Zeit.

Ich fürchte allerdings nach meinen 20 Jahren im Hamsterrad, dass die Hoffnung auf einen entschleunigten Politikbetrieb ein Wunschtraum bleiben wird, denn so funktioniert der Politikbetrieb einfach nicht. Der politische Prozess hängt ja auch ab von »externen Faktoren«, von Wahlkämpfen zum Beispiel oder anderen Einflüssen. Was also wird tatsächlich geschehen? Nun, das alte Hamsterrad wird sich drehen: Die Opposition wird der Regierung Untätigkeit vorwerfen. Die Regierung wird antworten, mehr sei »nicht drin« gewesen, man habe Kompromisse machen müssen. Und die anderen im Bunde melden sich natürlich auch zu Wort. Die Chefredakteure der einflussreichen Zeitungen haben ja auch noch ihr eigenes Bild der Welt. Das spiegelt sich in der Art der Darstellung politischer Zusammenhänge. Und die wirken zurück auf den politischen Prozess selbst. Selbstverständlich haben die am Prozess beteiligten großen Gruppen auch noch Eigeninteressen, die sie je nach finanzieller Ausstattung ihrer Repräsentanzen auch energisch einbringen: die OCCA beispielsweise mit ihren 450.000 Mitgliedsunternehmen rund um die Ostsee, die in dem Wirtschaftsraum von 90 Millionen Menschen noch »mehr Arbeitsplätze schaffen« wollen und Umsatz und Gewinn steigern wollen. Natürlich hat ein solcher Zusammenschluss von 51 Industrie- und Handelskammern rund um die

Ostsee Eigeninteressen. Und er wird vor allem den Ausbau der »Infrastruktur« fordern: mehr Straßen, mehr Schienen, bessere Energienetze – Ölpipelines zum Beispiel –, größere Schiffe, dichtere Fährverbindungen. Auf der anderen Seite werden sich Umweltverbände zu Wort melden. Die Nationalstaaten und ihre Regierungen werden aus jeweils nationaler Sicht darauf achten, dass »die Wirtschaft« nicht zu kurz kommt bei den auszuhandelnden Kompromissen. Schon so mancher Abschluss in Europa ist zuletzt an den Interessen der Landwirtschaft oder der Fischerei gescheitert.

Weitere Faktoren treten hinzu: Politiker sind nicht nur vor ihrem Terminkalender Gehetzte, sie müssen auch »Erfolge« vorweisen, wir sprachen mehrfach davon. Sie müssen also etwas mitbringen, wenn sie von einer Konferenz nach Hause kommen. Ausgehandelte und beschlossene »Strategien« beispielsweise. Sie müssen nach der Konferenz wenigstens ein Papier unterschrieben haben, das dann »auf einem guten Weg« ist. Insbesondere in Wahlkampfzeiten müssen sie gegenüber der Öffentlichkeit in verständlicher und einleuchtender Weise dem Wahlvolk und den Journalisten erklären, dass und warum sie »Erfolg« hatten in ihrem Tun. Sie müssen aufzeigen, dass sie »vorangekommen« sind. Sie müssen Gründe einleuchtend benennen, weshalb man sie wiederwählen sollte. Deshalb sind sie auf den »schnellen, sichtbaren Erfolg« geeicht. Sie haben ja nur vier Jahre bis zur nächsten Wahl. Und immerhin sind schon 35 Jahre ins Land gegangen, bis die Strategie auf dem Papier stand. Deshalb: Hauptsache, ein Papier wird unterschrieben anlässlich eines Gipfeltreffens. Hauptsache, ein Vertrag ist unter Dach und Fach, mindestens ein »Memorandum of understanding«. Das unterschreibt man, wenn es zum Vertrag nicht gereicht hat. Und das wird dann natürlich und selbstverständlich als »Erfolg« gefeiert – dafür sorgen die Pressestellen. Ob dieses Papier aber tatsächlich zu einer Verbesserung, beispielsweise in der Frage der Schonung unserer natürlichen Ressourcen, führt, steht dahin. Es ist ein Ritual: »Wir haben es beschlossen – nun ist es Realität.«

Die Statistik über die steigenden Umweltschäden spricht jedoch eine beredte andere Sprache. Der Widerspruch zwischen

»sollte« und »ist« wird immer größer. Ich habe Kollegen, die wegen dieser genannten Umstände an der Leistungsfähigkeit unseres bestehenden politischen Systems generell zweifeln und deshalb zunehmend auf die Kraft der nichtstaatlichen Organisationen, der NGOs, setzen. Man glaubt, dass man nur noch mit großen Kampagnen unmittelbar vor großen Konferenzen den entscheidenden Druck aufbauen kann, damit wenigstens Verträge zustande kommen. Und: Die nichtstaatlichen Organisationen sind offenbar in vielen Fällen viel schneller an den Problemen und viel dichter an den Menschen, als es »der Staat« oder »die Politik« ist. In der Entwicklungszusammenarbeit gilt das schon seit langen Jahren. Manche Staaten sind so korrupt, dass staatliche deutsche Entwicklungshilfe nicht mehr mit staatlichen, sondern nur noch mit nichtstaatlichen Organisationen kooperiert. Zunehmend gewinnt auch in anderen politischen Handlungsfeldern die Kooperation mit nichtstaatlichen Organisationen an Bedeutung. Eine Strategie, wie die zitierte EU-Ostseestrategie, kann deshalb nur gelingen, wenn beispielsweise die nichtstaatlichen Umwelt- und Wirtschaftsverbände mitmachen. Das ist einerseits eine Chance. Das bedeutet aber auch: Der Einfluss der Lobbyisten wächst. Große Verbände können sich starken Einfluss leisten. Kleine Verbände können das nicht. Es ist jetzt in Deutschland schon so, dass so manche politische Forderung, die von einer Fraktion im Parlament erhoben wird, aus der Feder eines nichtstaatlichen Verbandes, einer Gewerkschaft oder eines Industrieverbandes stammt. Auf europäischer Ebene ist es nicht viel anders. Und ein Grundübel ist das ständig zunehmende Tempo. So wird die Arbeit anfällig für Fehler. So wird Politik anfällig für die Einflüsterer von Einzelinteressen, so gewinnen die Vertreter von Einzel- und Verbandsinteressen immer größeren Einfluss und drängen den Einfluss des Parlaments Schritt für Schritt zurück. Politik wird zum Spielball externer Einzelinteressen und externer Einflussfaktoren. Es ist wie die Wahl zwischen Scylla und Charybdis, wie die Wahl zwischen Pest und Cholera. Das politische System, bestehend aus Parlamenten und Ministerien nebst nachgeordneten Behörden, ist nicht mehr in der Lage, das zunehmende Tempo beispielsweise der Umweltzerstörung zu begrenzen. Man braucht die NGOs. Man bezieht sie ein. Um die NGOs einzubeziehen, hat sich nun aber ein ganzes eigenes System entwickelt: In den Beratergremien, die sich die Ministerien eingerichtet haben, sitzen immer dieselben Interessengruppen und Verbände, sehr wohl paritätisch austariert. Auch diese Einbeziehung der NGOs ist mittlerweile zur gängigen und eingespielten Form geworden. Deshalb bekommt auch der Mechanismus zwischen Politik, Beratungsrunden und schließlicher Entscheidung im Parlament, deshalb bekommt das Zusammenspiel der verschiedenen politischen Kräfte in einer medial vermittelten, durch die neuen Netzwerke wie Facebook oder Twitter fast in Echtzeit kommunizierten Politikwelt zunehmend den Charakter eines leer laufenden Rituals, das zwar zelebriert wird, das aber längst seine Kraft verloren hat. Sein Ergebnis lässt sich oft schon am Beginn eines Prozesses absehen – es wird weitergehen wie bisher. Nur das gesamte Karussell dreht sich – immer schneller. Die in den meisten Fällen unübersichtlich gewordene Überlagerung politischer Prozesse von Einzel- und Gruppeninteressen führt schließlich im Ergebnis dazu, dass man nicht wirklich vorankommt. Am Beispiel des Klimawandels ist es gut zu sehen. Die Umweltzerstörung nimmt weiter zu. Wir sägen immer schneller an dem Ast, auf dem wir sitzen. Im Namen des nachhaltigen Fortschritts: Nehmt das Tempo raus! Zieht die Notbremse! Und, was besonders wichtig ist: Schafft geschützte Räume für gründliches Nachdenken! Denn für eine wohlüberlegte und gut ausdiskutierte politische Entscheidung wären Kommunikationsräume nötig, in denen auch mal laut nachgedacht und unfertig überlegt werden kann, ohne dass das Gesagte am nächsten Tag in der Zeitung nachzulesen ist. Manchmal gehen die laut überlegten Sätze gleich online in die entsprechenden Gazetten. Geschützte Räume wären nötig. Werkstattcharakter müsste möglich sein. In einer hochkomplexen Welt muss auch mal in einem Gremium nachgedacht werden dürfen, ohne dass es am nächsten Tag in der Zeitung steht oder in einem Interview gesendet wurde. Diese Räume aber fehlen. Fraktionssitzungen, ja selbst Fraktionsvorstandssitzungen sind durch die neuen Medien inzwischen öffentliche Veranstaltungen geworden. Da wird getwittert und über Facebook in die Welt hinausposaunt, was noch längst nicht Beschlussreife hat – und schon steht es am nächsten Tag in der Zeitung – mit entsprechenden Folgen. Denn meist schränkt eine zu frühe Öffentlichkeit politische Handlungsoptionen deutlich ein, man wird Gefangener dessen, was da gedruckt steht oder gesendet worden ist.

Die Wahl des Bundespräsidenten hat im Jahr 2009 für entsprechende Schlagzeilen gesorgt, als über Twitter schon das Ergebnis in der Öffentlichkeit war, bevor man es im Parlament verkündet hatte. Abgeordnete, die sich wichtig machen wollen, arbeiten so. Sie berichten aus den Sitzungen, dass es nur so rauscht im Netz. Eigeninteressen stehen dann vor Gemeininteressen. Das ist ein großes Manko. Deshalb sind politische Diskussionsprozesse in Gruppen, die größer als fünf oder zehn Personen sind, fast nicht mehr frei von Misstrauen und können nicht aufrichtig und offen geführt werden, sondern bekommen den Charakter von Ritualen. Man spricht und diskutiert kaum mehr miteinander, man gibt Positionen bekannt. Man verhandelt Stand-Punkte. Ich schreibe von diesen Phänomen des modernen Politikbetriebs deshalb so offen, weil die Kenntnis dieser Umstände wichtig ist für die Beurteilung der erreichbaren Ergebnisse. Die modernen Kommunikationsmöglichkeiten haben weitere Folgen: Der Umgang des politischen Personals miteinander hat einerseits an Freundlichkeit und Unverbindlichkeit zugenommen, weil andererseits die »harten« Anweisungen und schnellen Informationen per SMS kommuniziert werden können. Die Ministerin kann freundlich sein zu ihrem Gegenüber, weil sie anschließend per SMS an ihren Staatssekretär die konkrete Politik anordnen kann. Das Misstrauen wächst. Niemand kann sich mehr sicher sein, dass das, was er da gerade geäußert hat, nicht längst per SMS oder Twitter bei jemandem auf dem Handy gelandet ist, der es zu diesem Zeitpunkt zumindest durchaus noch nicht zu wissen braucht. Überlegungen, Gesprächsbeiträge, Gedankensplitter, spontane Äußerungen werden durch die extrem verkürzenden neuen Medien wie Twitter als feststehende Meinungen kommuniziert. Sätze werden aus dem Zusammenhang gerissen und an die Zeitung oder ins »Netz« gefunkt – wo sie am nächsten Tag oder noch während der Sitzung zu finden sind. In einer solchen Atmosphäre wird Qualitätsarbeit immer schwieriger. Die Staatssekretäre werden immer verschwiegener. Entscheidende Informationen werden immer dünner gestreut, man hält sie »eng an der Brust«, wie es ein Kollege tat, wenn der neue Bundesverkehrswegeplan zu entwerfen war, nur um ein Beispiel zu nennen.

Wie soll da offene Meinungsbildung funktionieren? Sie kann nicht gelingen. Wir sind weit entfernt von dem, was Martin Buber unter gelingender Kommunikation verstand. Wir sind weit entfernt von seinem großen Kommunikationsmodell, das von einer wirklichen Begegnung zwischen »Ich« und »Du« lebt. Weit weit entfernt. Wir verhandeln Standpunkte. Wir halten Standarten hoch. Wenn wir unterliegen re-signieren wir. Begegnung und Gespräch ist das nicht. Wie aber soll man zu einem gelingenden Interessenausgleich zwischen unterschiedlichen politischen Positionen kommen, wenn ein wirkliches Gespräch zwischen einem »Ich« und einem »Du« nicht mehr gelingen kann? Die Frage ist also: Wer wäre denn überhaupt in der Lage, wieder geschützte Räume des offenen und ehrlichen Gedankenaustauschs zu eröffnen? Wie kann Vertrauen wieder wachsen? Übrigens auch Vertrauen zwischen Opposition und Regierung, zwischen Parlament und Regierung! Man hält es nicht für möglich, wie groß das Misstrauen selbst zwischen einer Regierungsfraktion und »ihrem« Ministerium sein kann! Wie könnte gar Vertrauen wachsen zwischen Parteien, die unterschiedliche politische Ziele verfolgen? Im Sinne des Gemeinwohls? Es gibt keine schnelle Antwort. In besonderen Situationen gelingt es ja glücklicherweise immer noch, das Schiff irgendwie über Wasser zu halten. Natürlich zeichnen sich erfahrene Fraktionsführer dadurch aus, dass sie mit dem Koalitionspartner, aber eben auch mit der Opposition einen ständig gepflegten »Funkkanal« haben, auf den man in Notfällen zurückgreifen kann. Da funktioniert das Miteinander noch – wenn es wirklich darauf ankommt. Die großen Konjunkturpakete in der Weltwirtschaftskrise der Jahre 2008 und 2009 wären anders gar nicht zu schnüren gewesen. Mehrheiten für umstrittene andere politische Vorhaben wären anders gar nicht zu organisieren gewesen. Und dennoch: Solange Tempo, übereilte Entscheidungen und Misstrauen angesichts neuer Kommunikationsmöglichkeiten wachsen, wächst auch die Skepsis, ob »die Politik« wirklich noch angemessen auf die Herausforderungen reagieren kann, vor denen sie steht.

Also: Ausatmen. Entschleunigen. Das Tempo herausnehmen. Nicht nur Standpunkte vertreten, nicht nur dis-kutieren, sondern Räume des Gesprächs eröffnen. Es gibt Beispiele für eine solche Art der Politik: Dag Hammarskjöld ist nicht nur als UN-Generalsekretär, sondern auch schon in seiner Zeit als Staatssekretär und stellvertretender Außenminister vor wichtigen Entscheidungen in die Berge Lapplands gegangen. Um über eine Sache in Ruhe nachzudenken. Andere Spitzenpolitiker tun Ähnliches. Ich kenne Wirtschaftsminister, die sich in den schweren Tagen der Treuhand Anfang der 90er-Jahre vor schweren Entscheidungen in ein Kloster zurückgezogen haben, um sich über ihre Motive und Argumente ganz klar zu werden, bevor sie mit wachem Geist und klarem Verstand zum Teil sehr unbequeme Entscheidungen trafen und durchsetzten. Solche Menschen sind wie der Fels in der Brandung. Sie überstehen auch die heftigsten Angriffe aus Opposition und Presse – wenn sie tief in sich gegründet sind und sich über ihre eigenen Motive ganz klar sind. Aber solche Menschen sind selten geworden. Der Normalfall ist der gehetzte Junkie, der kaum noch zur Besinnung kommt über das, was er da täglich tut. Der Normalfall ist der Abhängige. Politiker sind fremdbestimmt. Sie sind »eingebunden in die Kalender anderer«, wie es Frank-Walter Steinmeier in einem ZDF-Porträt im August 2009 in seiner diplomatischen Art sehr zurückhaltend formulierte. Wann wäre Zeit zum Ausatmen? Wo wäre Gelegenheit zum wirklichen Zuhören? Sie ist rar. Es gibt Spitzenpolitiker, die im Gespräch im kleinen Kreis beiläufig erwähnen, sie seien im zurückliegenden Jahr an einem einzigen (!) Wochenende mal ohne dienstlichen Termin gewesen. Sie sagen das mit einer Mischung aus Klage und Stolz. »Seht mal, was ich leiste.« Aber auch: »Seht mal, wie b… es mir geht.«

Es ist eine Mischung aus getrieben sein und sich nicht verweigern können. Es ist eine Mischung aus dem guten Gefühl, gefragt und gebraucht zu werden und der Unfähigkeit, bei den eigenen Bedürfnissen zu bleiben. Es ist die weitverbreitete Unfähigkeit, beim Wesentlichen zu bleiben. Das einfache Menschsein bleibt auf der Strecke. Und damit geht eine wichtige Dimension verloren. Junkies leben auf der Straße, ohne Zuhause …, Parlamentsjunkies haben nur eine Dienstwohnung in Berlin. Sie leben dort, wenn das Parlament zusammenkommt, in den Sitzungswochen. Sie leben wie auf Montage. Fahrendes Volk. Am Ende eines Arbeitstages in Berlin gehen sie erst spät in diese Wohnung. Sie sind dann allein dort. Der Kühlschrank ist leer. Einsamkeit wird spürbar. Deshalb sind sie am Morgen sehr bald wieder »im Büro«. Auch, um dem zu entfliehen, was sie da spüren konnten …

Stille und Arbeit

Ich empfinde es als wohltuend, wenn ich ein Wochenende, sagen wir einen Samstag, im Wechsel zwischen ZAZEN, körperlicher Arbeit, Ruhepausen und Lektüre verbringen kann. Insbesondere der Wechsel von körperlicher Arbeit – gern in Ruhe und Stille – und Schreiben oder Musizieren ist wohltuend.

Heute nach dem Frühstück auf der Terrasse sah ich die Meise in Nachbars Apfelbaum nach Nahrung suchen. »Es geht mir gut«, dachte ich. »Ich habe zu essen, habe eine schöne Wohnung, bin gesund, habe keine Schmerzen, habe Kleidung und Nahrung genügend – und nun, nach dem Frühstück, habe ich Zeit, zu leben. Ich muss nichts tun, aber ich kann etwas tun, wenn ich es möchte.« Mir fielen Menschen ein, die ich in den zurückliegenden Jahren in anderen Ländern getroffen hatte: jenen Kenianer etwa, der nach dem Besuch in einem sehr armen Dorf, in das wir mit einem kleinen Boot für umgerechnet vielleicht 50 Euro Lebensmittel gebracht hatten, sagte: »Heute ist ein guter Tag für die Menschen dort. Heute hatten sie eine Mahlzeit.« Mir fallen die etwa zwei Milliarden Menschen ein, die kein sauberes Trinkwasser haben. Ich habe solche Orte gesehen, in denen es kein Wasser gibt. Zum Beispiel in Afghanistan. Mir fällt ein, was mir Rupert Neudeck, mit dem ich unterwegs war, damals sagte: »In solchen Ländern wie hier, da bist du der King, wenn du den Menschen zwei Liter Wasser am Tag garantieren kannst.« Zwei Liter am Tag. Wir Deutschen verbrauchen durchschnittlich 153 Liter am Tag, das meiste Trinkwasser spülen wir durchs Klo.

»Sie hätten sich sollen begnügen« – dieser Liedvers geht mir wieder durch den Sinn, und ich denke an die enorme Verschwendung in unserem Land. Ich höre es als eine Parabel auf unsere Leistungsgesellschaft. Wir schaffen es nicht mehr, zufrieden zu sein, wenn die Grundbedürfnisse gestillt sind. Wir füllen die innere Leere immer mehr aus mit unnützen Dingen, schuften immer mehr, damit wir uns diese unnützen Dinge »leisten« können – die uns angeblich glücklich machen. Wir haben Kleidung, Wohnung, Nahrung und Wasser. Normalerweise haben wir ein paar Freunde, sind gesund. Wir können lesen und schreiben, können telefonieren und ins Kino gehen. Theater stehen uns zur Verfügung und Radio und Fernsehen. Wer will, wendet sich Kreativem zu: Malerei, Handwerk, Musik. Wir haben mehr, als wir brauchen – von den äußeren Dingen. Wie aber steht es mit der Zufriedenheit? Wie aber steht es mit der inneren Unruhe? Wie ist es mit der Gesundheit der Seele? Wonach sehnen wir uns, wenn wir immer neue Dinge »haben« möchten?

Erich Fromm hat in »Haben oder Sein« auf die großen Defizite hingewiesen, die deutlich werden, wenn wir merken, dass wir trotz unseres Besitzes nicht innerlich zufrieden sind. Da tun sich Abgründe auf, schwarze Löcher, Trauer und alte Wunden. Da ist vielleicht auch Schmerz zu finden – wenn wir in die Stille gehen. »Ich würde so gern mal wieder Spiele spielen, oder fotografieren gehen, aber ich habe dafür leider keine Zeit. Schade«, schreibt heute ein junger Mensch auf Facebook. Ich kenne viele Menschen, die ähnliche Erfahrungen machen. Sie laufen irgendwelchen »wichtigen« Dingen hinterher, die sich aber bei genauerem Hinsehen häufig als »Haschen nach Wind« herausstellen. Häufig verbergen wir unsere Unfähigkeit, wirklich zu genießen, hinter dem vorgeschobenen »Ich habe (leider) keine Zeit«. Natürlich haben wir Zeit. Wir haben alle Zeit der Welt. Aber wir entscheiden uns, die Stille zu füllen, wir entscheiden uns, sie zu verschütten, das innere Loch aufzufüllen mit allerlei unwichtigem Müll. Mit Ablenkung, Feten, Kino, Shopping, Fernsehen, Computerspielen. Wir dröhnen uns zu – den winzigen Kopfhörer im Ohr, den iPod in der Tasche, beim Laufen, Sitzen, Radfahren. Wir halten die Stille nicht aus. Sie würde uns zu sehr schmerzen. Sie würde uns zu sehr konfrontieren mit uns selbst – deshalb sind wir auf der Flucht in die Ablenkung, deswegen rennen und rennen wir. Wir halten uns selbst so schlecht aus – deshalb lenken wir uns ab von uns selbst. Und am Ende bleibt der schale Geschmack, dass »das alles« irgendwie nicht zu einer inneren Befriedigung führt, dass da »noch etwas fehlt« – wir sind nicht wirklich glücklich, sind nicht leicht wie die Kinder, lassen uns von unseren »Sorgen« auffressen, grübeln, bis der Kopf schmerzt.

Meine Erfahrung ist, dass mir in solchen Stimmungen körperliche Arbeit guttut. Ich muss dann in Erde greifen, muss die Wiese riechen, muss die Rose wachsen hören, die ungeheure Kraft der Natur um mich herum spüren – nicht mit dem Kopf, sondern mit Händen, Nase, Haut und Ohren. Ich muss sie begreifen im wahrsten Sinne des Wortes. Der Wechsel von körperlicher Arbeit und Stille – das ist die Weisheit der Klöster überall auf der Welt. Der Rhythmus, dieser Wechsel – das ist das Geheimnis. Es ist das Geheimnis des Atems – des regelmäßigen Wechsels von Einatmen und Ausatmen. In der Regelmäßigkeit liegt die Kunst. Aber so ist unser Alltag nicht. Unser Alltag ist geprägt von Einseitigkeit. Vom ständigen Einatmen. Vom Rennen und Reisen. Daher kommen die Verspannungen, daher kommt die Hektik, daher kommt das Unglück. Weil wir nicht mehr wirklich wechseln können zwischen Anspannung und Entspannung, zwischen Einatmen und Ausatmen, zwischen Festhalten und Loslassen. Weil wir die Dinge festhalten wollen – deshalb haben wir Schmerzen im Rücken und in den Schultern, deshalb wird gegrübelt, kaum dass wir aufgestanden sind. Wohltuend dagegen die Worte von Shunryu Suzuki in seinem vorzüglichen Buch »Seid wie reine Seide und scharfer Stahl«:[44]

»Gestern habe ich eine unter Naturschutz stehende Insel besucht. Es gibt dort viele Arten von Landtieren, Vögeln und Fischen. Das war ein sehr interessanter Ort. Wenn ihr in einer Gegend wie dieser wohnt und wirklich anfangt, die Dinge zu sehen, die Pflanzen und Tiere in dieser Gegend, dann kann es sein, dass ihr euer ganzes Leben dort verbringen möchtet, so interessant ist dieser Ort. Aber wir Menschenwesen düsen ständig umher und übersehen so viele interessante Dinge. Wir reisen sogar zum Mond oder noch weiter. Das ist ziemlich dumm. Wenn du an einem Ort bleibst, kannst du dein Leben vollkommen genießen. Das ist ein viel menschlicheres Leben. Ich bin mir nicht

44. Shunryu Suzuki: Seid wie reine Seide und scharfer Stahl, München 2006, S. 50.
Suzuki gilt als einer der wichtigsten ZEN-Lehrer der Moderne. Diese Sätze sagte er am 20. Juli 1969, nachdem die Amerikaner mit Apollo 11 den Mond erreicht und ihn betreten hatten.

sicher, ob die Menschheit der besten Richtung folgt, wenn sie zum Mond reist. Ich weiß nicht, was wir da tun sollen. Wenn wir den Geist des ZAZEN finden, finden wir die Lebensweise, der man als Menschenwesen folgen sollte. Mit anderen Worten: Wir lassen uns nicht von den Dingen oder irgendeiner bestimmten Idee irreführen.«

Lassen sich innere Stille und politische Arbeit miteinander verbinden? Gibt es eine Brücke zwischen diesen so verschiedenen Welten? Manchmal scheint mir dieser »garstige Graben« unüberbrückbar. Aber ich weiß, es gibt Menschen, die versucht haben, diese Brücke zu finden. Ich kenne Wirtschaftsminister, die regelmäßig zu einer Retraite in ein Kloster gingen, wenn schwere Entscheidungen zu treffen waren. Ich stoße auf politische Menschen wie Dietrich Bonhoeffer, entdecke den UN-Generalsekretär Dag Hammarskjöld. Da gibt es eine feine Spur hin zu Menschen, die es gewagt haben, beide sich scheinbar widersprechenden Welten zu verbinden. Die Welt der Stille und die Welt der Politik, die Welt der Arbeit und die Welt des Loslassens. Beides hängt zusammen, natürlich. Es ist schwierig, den Weg in der Mitte zu finden.

Meine Erfahrung ist: Wir müssen uns zunächst um die seit Jahren völlig vernachlässigte Seite unseres Lebens kümmern. Wir müssen zunächst aufhören, neue Kampagnen und Programme zu entwerfen, neue Medienstrategien und Konzepte vorzubereiten – solange wir nicht einen verlässlichen Weg gefunden haben, trotz des Trubels immer wieder in die Stille zu gehen, am besten täglich. Am Anfang steht das lange Ausatmen – um in der Praxis des ZAZEN zu sprechen. Das Nicht-Tun, das Lassen. Wir werden unsere Politik nicht besser machen können, wenn wir diesen Weg nicht wieder finden. Es ist eine schwere Übung, den Wechsel zwischen Anspannung und Entspannung, zwischen Ausatmen und Einatmen, zwischen Arbeit und Stille, zwischen Meditation und Engagement auszubalancieren, jeder auf die ihm gemäße Weise. Es ist eine wirklich schwere Übung. Deshalb spricht Suzuki von der Schärfe des vielfach geschmiedeten Stahls. So, wie der Stahl für das Damaszenerschwert siebenfach geschmiedet, immer neu in der Hitze gefaltet und im Wasser abgeschreckt, erneut erhitzt und wieder umgeschmiedet wird – nur so erhält es die unvergleichliche Schärfe –, so geht es um das unablässige und harte Training der Stille. Nach jedem Tag der Arbeit geh immer wieder in die harte Übung der Einkehr in die Stille. Suche immer wieder die Konfrontation mit der Welle des seelischen Mülls, die da am Anfang sichtbar wird, wenn man in die Stille geht. Immer wieder ist erst der Schutt wegzuräumen, der sich angehäuft hat in der täglichen Arbeit in Regierung und Parlament, in Büros und Kampagnenzentralen, in Bürgerbüros und Ausschüssen. Immer wieder ist der »Spiegel der Seele« zu putzen. Es wäre notwendig, immer wieder auf den Grund der Seele hinabzusteigen – regelmäßig. Regelmäßig wie ein Uhrwerk. Egal, was gerade geschieht, egal, was angeblich »wichtig« ist.

Wirklich große politische Führer haben davon gewusst. Gandhi hat dies beispielhaft vorgelebt. Vor wichtigen politischen Einsätzen ging er regelmäßig in die Stille, oft sogar verbunden mit dem Fasten. Denn da liegt die Kraft, dort ist die Quelle, dort fließt die Energie. Die Oberflächlichkeit unseres modernen Politikbetriebs scheint mir direkt ableitbar zu sein aus dem fehlenden Tiefgang. Man kann an der Oberflächlichkeit und Flüchtigkeit von politischen Programmen direkt ablesen, wie sehr der innere Tiefgang fehlt. Ich weiß noch, wie mir ein Ministerpräsident vor langen Jahren, nachdem ich auf seine Bitte hin das Wahlprogramm vor einem Landesparteitag noch einmal gründlich durchgesehen und mit Korrekturen und Kommentaren versehen hatte, sagte: »Na, mein Lieber, da hast du dir ja viel Mühe gemacht. Aber glaubst du wirklich, dass noch irgendjemand solche Programme liest?«

Wir nehmen ja oft schon selbst nicht mehr ernst, was wir da aufschreiben in unserem politischen Alltag. Die Oberflächlichkeit wird zum Programm. Und entsprechend ist die Halbwertzeit solcher Texte. Das hält nicht. Das fliegt beim nächsten Sturm davon. Ein Lüftchen genügt. Es scheint einen inneren Zusammenhang zu geben zwischen Oberflächlichkeit und zunehmendem Tempo des Betriebs. Er besteht vielleicht darin, dass viele Menschen, die in den Mühlrädern des politischen Tagesgeschäfts ihr

Korn mahlen, häufig überhaupt nicht mehr »geerdet« sind, sie haben oft ihre eigenen Wurzeln völlig verloren.

Ich weiß sehr genau, wovon ich da spreche. Mir ging es jahrzehntelang so. Und ich bin nun, im Alter von über 50, auf einem mühsamen Weg der Rückkehr zu den eigenen Wurzeln. Bin dabei, das Tempo zu reduzieren. Bin dabei, die Stille zu erlernen. Das ist überhaupt nicht schmerzfrei. Das ist oft harte Übung, dem Schmieden von Stahl vergleichbar. Denn das macht zunächst die großen Defizite sichtbar, die in all den Jahren entstanden sind. Aber es heilt auch. Das Verhältnis von Stille und Arbeit neu zu bestimmen, scheint mir eine der lohnenswertesten Aufgaben der Gegenwart. Das Leben wieder genießen zu lernen, wenn die Grundbedürfnisse nach Nahrung, Kleidung, Wohnung gestillt sind – welche große Aufgabe wäre das! Diese Unfähigkeit zum wirklichen Genuss des gegenwärtigen Moments ist ein großes Problem im politischen Alltag und nicht nur dort. Ich weiß genau, wie es sich anfühlt, wenn man von »Genuss« zu »Genuss« hetzt, von Buffet zu Buffet, vollgeladen mit den schönsten kulinarischen Köstlichkeiten – auf Dienstreisen in Asien etwa. Die schönsten Hotels, die herrlichsten Ausblicke, das vorzüglichste Essen – aber ein wirklicher, tatsächlicher Genuss stellt sich nicht mehr ein. Es ist, als flögen einem die gebratenen Tauben geradewegs am Mund vorbei, denn man ist innerlich getrieben, ist gehetzt, liest schon den nächsten Vermerk abends auf dem Hotelzimmer zur Vorbereitung des nächsten Termins, kaum dass man den letzten Happen geschluckt hat. Ein paar Stunden Schlaf, dann geht's zum Flughafen, weiter zur nächsten Präsentation, weiter zum nächsten Interview, zum nächsten »business dinner«.

Wir hatten ja eingangs ein kleines Kapitel mit diesen Erfahrungen. Ich kenne etliche Kollegen, die sich statt dieser ständigen belegten Köstlichkeiten, die man auf Empfängen, Podiumsdiskussionen und Parlamentarischen Abenden serviert bekommt, einfach einmal eine Kartoffelsuppe wünschen. Es gibt unter Politikern die Sehnsucht nach der Einfachheit, die aus dem Überdruss kommt. Irgendwann ist es genug mit dem Ausgesuchten, mit dem Exquisiten, mit dem Besonderen. Irgendwann kommt die Sehnsucht nach dem Einfachen zurück. Vielleicht ist das ein nützlicher Hinweis auch für die Veranstalter dieser Parlamentarischen Abende, die ja nicht selten aus dem Kreise von Verbänden und Unternehmen kommen. Macht es einfacher. Die Abgeordneten werden es euch danken.

Zu diesem Kapitel über »Stille und Arbeit« gehört auch die Geschichte vom Schlaganfall, den ich vor einiger Zeit hatte, als ich aus dem Urlaub kam. Er war ein Hinweis darauf, dass die inneren Zyklen häufig ganz andere sind als die äußeren. Erst in der Rehabilitationsklinik hat man mich auf diesen Zusammenhang hingewiesen. Es ist häufiger so, dass Menschen, die aus einer äußeren Entspannungsphase – zum Beispiel einem Urlaub – kommen, einen Schlaganfall haben. Es hängt mit den unterschiedlichen Schwingungen zusammen, die innere und äußere Zyklen haben. Äußerlich scheint man erholt, kommt braungebrannt von der See zurück, will sich wieder »in die Arbeit stürzen« – aber die Seele hat anderes vor. Sie ist nicht bereit, zurückzukehren zu Alltag, Stress und Überlastung. Sie bedient sich des Körpers. Er wird krank. Manchmal schlag-artig. Es kam eine »Aus-Zeit« von fast einem Vierteljahr. Dann folgten die Rehabilitation und die Vorbereitung des Ausstiegs aus dem Beruf. »Sie sind am Anfang hier in der Klinik hin und her gelaufen wie Rilkes Tiger im Käfig«, sagte mir der behandelnde Arzt am Ende der Rehabilitation nach sechs Wochen. »Ein wenig mehr zur Ruhe sind Sie ja nun gekommen.« Lange hat es nicht gehalten. Erst wollte ich nach dem »Hamburger Modell« stundenweise wieder anfangen, aber das hielt nur drei Tage. Dann waren der Kalender und die Aufgaben im Ministerium wieder übermächtig. Und die Droge »Du wirst gebraucht« wirkte wieder. Die alte Routine lief weiter. »Wo muss ich heute hin?« war bald schon wieder die gewohnte Frage am Morgen eines Tages, wenn ich im Ministerium den elektronischen Kalender zum update an die Sekretärin gab …

Das Verhältnis von Stille und Arbeit war bei mir völlig aus dem Lot geraten. Ich hatte meine Mitte verloren. Ich nahm schon gar nicht mehr wahr, was innerlich los war, verstand die »Sprache der Seele« nicht. Sie brauchte die »Krankheit«, um mich zu wecken. Am Anfang bin ich natürlich erschrocken, als der Schlag kam. Klar. Da war große Sorge und Angst. Jetzt, drei Jahre danach, bin ich dankbar für diese wichtige Erfahrung. Denn sie hat mir Begegnungen geschenkt, die mich zum ZEN geführt haben.

Ich will hier eine Ärztin erwähnen, der ich die Spur zum praktizierten ZEN und zur Körperarbeit verdanke. Diese mittlerweile ensionierte Orthopädin behandelte uns mit einer wunderbaren Körperarbeit zusätzlich zu den Therapien, die wir sonst verordnet bekamen. Ich konnte mich bei ihr auf die Pritsche legen und sie ging mit bloßen Händen in die Verspannungen hinein, die der Körper aufgebaut hatte. Ihre Hände waren es, die mich auf die Spur brachten. Wir sprachen bei ihren Behandlungen auch über den Zusammenhang von »Leistung« und »Krankheit«, von Stille und Arbeit. Sie kannte es auch, das Leben der Getriebenen, aus der Sicht einer »tüchtigen« Ärztin. Und ich fragte sie, ob man denn ihre Behandlungsmethode irgendwo lernen könnte. Da erzählte sie von sich und ihrer auch erst spät begonnenen Ausbildung in ZEN-bodhy-Körpertherapie. Das wollte ich lernen. Und so habe ich mir zum 50. Geburtstag diese Ausbildung geschenkt, das vielleicht wichtigste Geschenk, das ich in den zurückliegenden Jahren empfangen habe. Ich habe die Ausbildung zum ZEN-bodhy-Körpertherapeuten (neben meinem Beruf) in der Schweiz und in Deutschland durchlaufen und dadurch einen neuen Zugang gefunden zum eigenen Körper, zu den gespeicherten Schmerzen (seelischen und körperlichen), habe ein neues Verständnis gefunden über die Zusammenhänge zwischen Körper und Seele, zwischen Leistungsdenken und schmerzhaften Anteilen in der Seele, die mit ganz frühen Erfahrungen zu tun haben. Endlich hatte ich einen Zugang zu mir, der nicht »über den Kopf« ging, sondern eine unmittelbare Erfahrung ermöglichte. Der Körper vergisst nichts. Er ist wie eine leere CD, in die sich Tag für Tag, vom Tag der Geburt an, vielleicht auch schon ab einem früheren Zeitpunkt, die Erfahrungen eingraben. Alles, was wir an Krankheiten, an Verspannungen, an seelischen Fragen, an Konflikten und Erlebnissen haben – hat hier Ausgang und Ursprung, aber auch Ziel und Ort. Ich konnte über die Arbeit am Körper wieder Zugang bekommen zu meinen verschütteten

Themen. Diese Lebensthemen kann man be-handeln. Man kann sie mit den Händen aufspüren. Seither praktiziere ich beinahe täglich ZAZEN, die strenge körperliche Übung der konzentrierten Wachheit, die so überhaupt nichts mit Weltabgewandtheit und Weltflucht zu tun hat, wie viele meinen, die es nicht kennen. Die Erfahrung dieser Art von Körperarbeit als Patient und die Ausbildung in ZEN-bodhy danach haben mich zum täglichen Training geführt, das schließlich der entscheidende Impuls war, nach 20 Jahren Junkieleben einen auch schon früher gehegten Wunsch nun auch zu verwirklichen und aus dem Beruf »auszusteigen«. Nun hatte ich die Kraft dafür, einen »alten Gedanken« auch in die Tat umzusetzen.

Ich habe diesen Einschnitt erlebt als den Beginn eines Weges. Denn durch das tägliche Training im ZAZEN geht es seither darum, die innere Balance zu halten zwischen Stille und Arbeit. Es ist eine mitunter schwere Übung, weil man sehr schnell wieder herausfallen kann aus dem, was Graf Dürckheim die »Seinsfühlung« nannte. Dann rennt man wieder im Hamsterrad, steckt nur noch im Kopf, vergisst den Körper und geht sich verloren. Deshalb: immer wieder zurück. Immer wieder ins Training. Immer wieder in die Stille. Es geht um die Balance.

Mitten im Lärm der Stadt betrete ich die Stille

Hupende Autos auf der Straße vor meinem Haus erinnern mich an den Straßenlärm von Hongkong. Bilder aus vergangenen Tagen zeigen sich. Aber es ist Vergangenheit. Auch die zurückliegende Nacht ist vergangen. Ich tauche ein in die Gegenwart. Ich habe geduscht, habe lange trainiert, mir danach ein Frühstück gemacht. »Ich höre auf zu suchen« – dieser Satz war heute früh in mir und ich will ihm nachspüren. Es ist ein guter Satz. Ich lerne zu schätzen, was ich jetzt habe. Sitze hier an meinem Laptop in meinem Wohnzimmer mit dem Blick in den Garten, der frische Tee neben mir. Meine Hände gehorchen meinen Gedanken und halten fest, was da ist. Ich lasse meine Zukunftssorgen los, die ängstlichen Gedanken nach Beruf, Einkommen und Rente, diese lächerlichen Sorgen. Ich sehe in den Garten des Nachbarn, über den Flügel hinweg, der in meinem Wohnzimmer steht und lasse die Angst los. Für einen Moment. Für einen schönen Moment. Es ist nichts zu tun. Alles ist da. Nichts ist zu veranlassen. Ich gehe zu dem lauschenden Kind in mir und höre mit ihm auf die Geräusche, die mich umgeben. Das Klappern der Tasten auf dem Laptop beim Schreiben. Die Straßenbahn, die vor meinem Haus hält und wieder losfährt. Ich höre Autos vorbeifahren. Sie kommen in Wellen, wenn die Ampel vorn an der Kreuzung auf Grün umgeschaltet hat. Flugzeuge kann ich hören, die die Hauptstadt erreichen. Der Kühlschrank macht mit leisem Summen seine Arbeit. Es ist nichts zu tun. Ich kann meinem Körper nachspüren. Meinem Rücken, der vom ZAZEN-Training stark geworden ist. Den Sitzknochen, die mir Halt geben, wenn ich aufrecht auf dem harten Holzstuhl sitze, um zu schreiben. Meine Füße, die gerade und locker in den bequemen Sandalen stecken, die ich zu Hause trage. Nichts ist zu tun. Kein Brief ist zu schreiben, keine E-Mail ist zu beantworten, kein Facebookeintrag ist zu registrieren. Ich will nur schreiben. Schreiben, was ist. Will die Stille betreten mitten im Lärm der Großstadt.

Später werde ich aufbrechen zu einem dienstlichen Termin. Der Fahrer wird vor dem Haus stehen, um mich zu einer Straßeneröffnung abzuholen. Eine Rede halten. Bändchen durchschneiden. In die Kameras lächeln. Hände schütteln. Ich werde da sein. Aber jetzt betrete ich die Stille mitten im Lärm der Stadt. Höre den Wecker draußen auf dem Flur, der die fließende Zeit zerhackt. Hackt sie in kleine Stücke, versucht, den Strom aufzuteilen in kleine Happen. In jedem Augenblick meines Lebens ströme ich mit in diesem großen Strom, den ich nicht anhalten kann. Ich wurde in ihn hineingeboren, man hat mich nicht gefragt. Ich schwimme nun in ihm mit und eines Tages werde ich den Strom der Zeit wieder verlassen, werde an ein anderes Ufer gehen, vielleicht zurückkehren in einen Raum, in dem ich schon mal war.

Hammarskjöld hat von diesem Raum gewusst. Gestern Abend brachte der Deutschlandfunk eine kurze, nur 20-minütige Erinnerung an den UN-Generalsekretär. Da war er wieder, dieser wichtige Weggefährte. Hat sich wieder in Erinnerung gebracht. Es ist seltsam, wie die Dinge ihren Lauf nehmen. Ich hatte ihn beinah vergessen im Trubel der zurückliegenden Tage. Das »Tagesgeschäft« hatte mich wieder. Wir sind mitten in Wahlkampfzeiten, die Dinge spielen sich im Kopf ab, der Körper tritt in den Hintergrund. Nur morgens, wenn ich sitze und atme, kehre ich bewusst zurück in den Körper, um wieder in Kontakt zu kommen mit mir selbst. Um in Kontakt zu kommen mit diesem Raum, der uns Tag für Tag umgibt und der uns trägt, wie eine Mutter ihr Kind in sich trägt. Ich bekomme eine Ahnung von der ungeheuren Kraft, die da um mich ist. Von der Kraft, die die Bäume in den Himmel wachsen lässt und die die Menschen und ihre Städte trägt. Es ist eine körperliche Wahrnehmung, von der ich schreibe. Es ist eine Energie, die ich spüren kann. Es ist eine sichere Wahrnehmung. Deshalb kann ich sagen: Es ist nichts zu tun. Alles ist getan. Denn diese Kraft, die alles trägt, die alles hervorbringt und zu der alles zurückkehrt, diese Kraft ist vollkommen. Da ist nichts, was wir verbessern oder verändern könnten, denn alles, was ist, besteht ganz und gar aus dieser Kraft.

Meistens allerdings haben wir nicht die geringste Ahnung davon. Meistens findet das Leben lediglich in unserem Kopf statt. Und der kommt dann auf die merkwürdigsten Gedanken. Der meint zum Beispiel, man müsse die Welt zum Besseren hin verändern. Das ist nicht klug. Denn das kann man nicht. Die Kraft, aus der alles kommt, aus der alles besteht und in die alles zurückfließt, lässt sich nicht ändern oder verbessern, denn sie ist die Fülle selbst. Das ist ein Problem für die Politik. Denn Politik tritt idealerweise mit dem Anspruch an, die Welt zu einem besseren Ort zu machen. Sie kann es aber nicht. Es wäre stattdessen notwendig, mit der Kraft, die alles trägt und aus der alles kommt, in Kontakt zu bleiben. Aber so ist es nicht im Alltag. Wir leben und arbeiten auf andere Weise.

Es gibt da diese schöne alte Geschichte von dem Mann und der Frau, die eins waren mit der Kraft, die uns hervorbringt und trägt, die uns versorgt mit allem, was wir wirklich brauchen. Sie waren so eins mit dieser Kraft, dass sie gar nicht wussten, dass sie eins mit ihr waren. Doch eines Tages lösten sie sich von ihr. Sie wollten das wunderbare Rätsel der Einheit lösen – und verließen das Paradies. Sie begannen, den Acker im Schweiße ihres Angesichts zu bebauen und unter Schmerzen Kinder zu gebären. Das Heraustreten aus dem Energiefeld, aus der Kraft, die alles umgibt und trägt – dieses Heraustreten, meist ausgelöst durch eine Frage, die im Kopf gewachsen ist, dieses Weggehen von der Kraft, die das Leben selbst ist –, das ist die Ursünde, die uns in die Hölle führt. So verstehe ich dieses alte Bild heute. Es wird darauf ankommen, wieder zurückzukehren ins »Paradies«, wieder in Kontakt zu treten mit dieser Kraft, aus der alles kommt und die ich spüren kann, wenn ich den Baum vor meinem Fenster betrachte. Ich kann sie »sehen«, wenn ich den Flügel sehe, der aufgeklappt vor mir im Wohnzimmer steht und der mir in stummen Klängen die Welt der Musik vorspielt, die in ihm enthalten ist. Die Musik: Da ist sie. Unhörbar und doch sehr gegenwärtig. Wenn das Stück beginnt, wenn jemand das Instrument spielt, dann entfaltet sich nur etwas, das immer da ist. Es ist wie das Aufklappen der Flügel eines Schmetterlings. Nun erst kann man die Pracht erkennen, die zwischen seinen gefalteten Flügeln verborgen war. Wenn der erste Ton erklingt, beginnt der Schmetterling zu fliegen. Wenn ich die Gegenstände in meiner Wohnung betrachte, die Möbel aus Holz, die Tassen aus Keramik, die Blumen, den Teppich, die technischen Geräte – alles ist aus dieser Kraft gemacht, aus der alles kommt, aus der alles besteht und in die alles zurückkehrt eines Tages. Nur wir, mit unserem Hirn, wir Superschlauen, wir da in den Parlamenten und Ministerien, wir glauben, wir können an dieser wundervollen Welt etwas verbessern? Was für eine Hybris. Was für ein Hochmut. Denn die Wahrheit ist, da ist nichts zu tun. Es ist alles getan. Die einzig angemessene Haltung des Menschen gegenüber dieser unendlichen Kraft, die ihn hervorgebracht hat und die ihn trägt, wären Lob und Dankbarkeit. Das staunende Wahrnehmen, das staunende Betrachten und Nachspüren dieses Wunders.

»Ich höre auf zu suchen« – dieser Satz war heute in mir. Dieser Satz kann auch heißen: »Ich nehme wahr, was an unendlichem Reichtum da ist. Ich nehme wahr, was da ist. Ich nehme wahr, was ist.« Es geht also um Achtsamkeit. Wahrnehmen, was ist. In jedem Moment, der durch mich hindurchströmt. Vorhin, als ich diesen kleinen Text begann, jetzt, indem ich ihn fortsetze, später, wenn ich ihn abgeschlossen haben werde. Wahrnehmen, was jetzt, in diesem Moment, gerade ist. Dieser Moment enthält alles. Er enthält die ganze Fülle meines Lebens. Jetzt, in diesem Moment, kann ich in Kontakt treten, mit dieser unendlichen Kraft, aus der ich gekommen bin, die mich ausmacht und in die ich eines Tages zurückfallen werde wie der Regentropfen in den Ozean.

Ich gehe hinüber zu meinem Instrument – und lasse den Falter fliegen. Ich kann sehen, wie er losfliegt, wenn die Töne klingen. Ein schönes Bild am Morgen dieses Tages. Die Sonne kommt und verändert das Zimmer, in dem ich schreibe. Der Lärm der Straße tritt immer mehr in den Hintergrund, kaum noch höre ich ihn. Das Ohr lauscht nach innen. Ich betrete die Stille mitten im Lärm der Stadt. Und spüre der unendlichen Kraft und Energie nach, aus der ich gemacht bin, aus der ich komme und in die ich zurückkehre eines Tages. Ich betrete die Terrasse und höre mit einem Mal den feinen Klang, den ein Sonnenstrahl macht, wenn er auf die Fliesen der Terrasse trifft. Noch nie gehört. Aber hörbar. Andere Klänge höre ich, wenn das Licht auf die Blätter der Bäume fällt. Man kann durch den Lärm der Stadt hindurchhören. Man kann durch ihn hindurchhören, wie man durch eine Glasscheibe hindurchsehen kann. Klang-Farben. Farb-Klänge. Es tönt um uns herum in einer unglaublichen Fülle. Jeden Tag, jeden Moment. Es ist immer da. Es umgibt uns in jedem Augenblick. Ständig. Es ist, als badeten wir in dieser Wirklichkeit, die immer da ist.

»Gott ist immer da«, sagt Meister Eckhart, »aber wir sind nicht immer da.« Das ist es. Es geht um die Achtsamkeit. Es geht um die ständige Übung der Achtsamkeit, es geht um das Training der Achtsamkeit. Nichts ist zu tun. Alles ist getan. Die Fülle ist da. Sie umgibt dich. Spüre ihr nach, wie sie durch dich hindurchfließt und dich leben lässt. Höre jenen »wunderbaren Klang, der still sich um uns breitet«, von dem Bonhoeffer wusste. »Schläft ein Lied in allen Dingen«, singt Eichendorff. »Nada Brahma – die Welt ist Klang«, sagt Joachim-Ernst Berendt. Ich kann ihnen zustimmen. Ich kann es fühlen mit meinem Körper. Es gibt Momente, da kann ich diese feinen Klänge sogar mit meinem Rücken hören oder mit meinen Fußsohlen, mit meiner Haut. Sehr fein ist das gewebt, aber voller Energie.

Was werden wir reden heute Abend, wenn sich die Ministerpräsidenten wieder treffen und die Staatssekretäre? Wir werden über »die politische Lage« sprechen, wir werden eine Sitzung der Ministerpräsidenten vorbereiten, die morgen im Bundesrat stattfinden wird. Werden wir etwas wahrnehmen von dieser vollkommenen Wirklichkeit, die um uns und in uns ist? Wir werden sie zukleistern mit unserem Gerede, wenn wir gut essen und guten Wein trinken. Wir werden im Kopf sein und mit Worten verdecken, was an schöner Wirklichkeit da ist. Wir werden unseren Fantasien nachhängen und glauben, dass wir die Welt verbessern könnten. Vielleicht werde ich abends noch etwas von diesem feinen Klang in mir tragen, den ich am Morgen dieses schönen Tages im September 2009 in mir habe. Vielleicht wird es mir gelingen, die Klappe zu halten und dem nachzuspüren, was ist.

Stell dir den Ozean vor. Stell dir vor, wie es ist, wenn du am

Meer stehst und mit deinen Füßen im feuchten Sand versinkst. Stell dir den Klang der Wellen vor, wie sie heranrauschen im starken Wind und wie sie toben und zerbrechen, wenn sie auf Land stoßen. Stell dir die große Tiefe des Meeres vor, die gewaltige Stille da unten. Hör die Klänge der Delphine und Wale, die in ihm singen. Hör diese Klänge, wie sie aus dem Meer aufsteigen, wenn sich die Wellen brechen. Es ist eine ungeheure Energie, die auf mich zurollt, Welle für Welle. Es ist eine unglaubliche Kraft, die da ist. Ich kann sie mit meinen Füßen spüren, kann sie mit meiner Haut wahrnehmen, kann sie mit meinen Haaren hören oder mit meinen Ellbogen. Und ich bekomme eine Ahnung von der gewaltigen Größe dieser Wirklichkeit, die da ist, hinter den Dingen. Eine vorsichtige Ahnung nur, ein Gefühl von Unendlichkeit und All-Macht, die mich umgibt und in der ich schwimme wie ein winziges Atom.

»Was ist der Mensch?«, fragt der Psalm. »Was ist der Mensch, dass du an ihn denkst?« – Du – diese große Kraft, die wir »Gott« nennen? Ich spüre meine Winzigkeit an diesem Morgen hier in der Großstadt, mitten im Lärm der Straße vor meiner Haustür. Ich habe das Gefühl, dass ich schwimme wie der Tropfen im Meer. Was kann er hören, dieser winzige Tropfen in dem großen Ozean? Größe. Und Herrlichkeit. Und Allmacht. Und Liebe. »Du bist mein Kind«, kann ich hören. »Ich habe dich bei deinem Namen gerufen, du bist mein.«[45] Egal, mit welchen Ängsten du dich gerade herumplagst, egal, ob du gerade Schmerzen in dem Körper spürst, den du von mir bekommen hast – all das ist unwichtig. Wichtig ist allein: »Ich habe dich bei deinem Namen gerufen – du bist mein.« So kann ich heute Morgen die Stimme hören. *Ich höre auf zu suchen.* Ich atme aus. Und betrete die Große Stille, die mich trägt. »Im Zentrum unseres Wesens ruhend, begegnen wir einer Welt, in der alles auf gleiche Art in sich ruht. Dadurch wird der Baum zu einem Mysterium, die

---

45. Das vollständige Zitat aus Jesaja 43,1: »Und nun spricht der Herr, der dich geschaffen hat, Jakob, und der dich gemacht hat, Israel: Fürchte dich nicht; denn ich habe dich erlöst; ich habe dich bei deinem Namen gerufen; du bist mein.«

Wolke zu einer Offenbarung und der Mensch zu einem Kosmos, dessen Reichtum wir nur in Bruchteilen erfassen«, schreibt Dag Hammarskjöld in »Zeichen am Weg«.[46] Deshalb geht es darum, immer wieder heimzukehren. Tag für Tag die leere Hand hinhalten, damit die große Kraft, damit Gott sie füllt. Es geht darum, der Unrast zu entkommen, die im Hirn des isolierten und von der Einheit getrennten Menschen entsteht. Immer wieder zurückkehren. Tag für Tag. Jeden Tag neu in Kontakt gehen zu dieser unendlichen Kraft, die immer da ist. »Die Stärke deiner aufflammenden Unrast zeigt den Grad deiner wirklichen Unfreiheit an und deiner Isolierung – von der Einheit«, schreibt Hammarskjöld und ich verstehe nun, wovon er spricht. »Kümmere dich daher nicht um dies oder jenes, sondern folge dem Weg, den du fühlst, auch wenn du ihn verließest. Doch nicht mein, sondern dein Wille geschehe!«[47] Draußen geht der Wahlkampf weiter. Großveranstaltungen, Fernsehsendungen, abgesagte Fernsehsendungen, Zeitungsmeldungen, soziale Netzwerke. Die Jagd um die schnellste Meldung. Argumente fliegen, in Worthülsen gepackt, den Menschen um die Ohren. Kampf. Worum? Das ist die Frage. Menschen hören weg. Zu viel Lärm. Zu wenig Tragfähiges.

46. Ruth und Karl-Heinz Röhlin: Dag Hammarskjöld. Mystiker und Politiker. Visionen für heute, München 2006, S. 112.
47. Dag Hammarskjöld: Zeichen am Weg, a.a.O., S. 156.

Der Tag nach der Wahl

Das war eine »historische« Niederlage, wie etliche kommentierten, auch der Vorsitzende Franz Müntefering sprach solche Worte. Und gestern Nacht schon, heute, am Morgen nach dem Debakel, kamen bereits die Stimmen auf, die einen »inhaltlichen, personellen und politischen Neuanfang« verlangten. Blitzschnell geht das.

Ich beginne dieses Kapitel am 28. September 2009, einen Tag, nachdem die SPD in Deutschland zweistellig »abgestürzt« ist, wie der Jargon der Gazetten formuliert. Ich halte inne. So schnell wird das nicht gehen mit einem wirklichen Neuanfang. Heute schon tagen überall im Land die Gremien. Erste Rücktritte werden gemeldet. Auch der Vorsitzende und der Kanzlerkandidat sind mit Rücktrittsforderungen konfrontiert. Gestern noch hieß es »Hosianna«, heute heißt es »kreuziget ihn«.

Ein Unternehmen macht einen Tag nach der verlorenen Wahl Werbung mit dem Bild des Kanzlerkandidaten, ein Fernrohr in der Hand haltend: »Ich habe ja nun Zeit.«

Im Internet formieren sich Gruppen, die einen »radikalen Neuanfang« verlangen. Ich halte ein und überlege: Was würde denn ein radikaler Neuanfang bedeuten? Ein »von der Wurzel her« gestalteter Neuanfang, wie das Wort »radikal« ja eigentlich meint. »Die Linken« sollten endlich gestärkt werden, wird gefordert. Man solle wieder »Volkspartei« werden, wird gefordert. Ein Freund fragt mich im Internet, wie es denn nun mit mir weitergehe – es ist die sorgenvolle Frage nach einer beruflichen oder politischen Zukunft, die heute viele meiner früheren Kollegen bewegt. Sie haben gekämpft im Wahlkampf, sie haben sehr viel Geld investiert – und mussten am Abend hören, dass all ihr Einsatz vergeblich war, sie werden dem neuen Parlament nicht wieder angehören. Jedenfalls nicht in der kommenden Legislaturperiode. Da gab es Enttäuschungen und tiefe Verletzungen. Da sind Hoffnungen zu Ende gegangen und Kränkungen eingetreten. Und die tieferen Fragen melden sich. »Wofür denn das alles?«, »Was ist der Sinn?«, »Warum hab ich mich denn nur so aufgeopfert – und dann ein solches Ergebnis?« In diesem Moment werden innere Wunden sichtbar, alte Wunden. Rücktritte tragen auch das Motiv des verletzten Kindes in sich: »Ich schmeiße jetzt hin, ich habe keine Lust mehr, macht doch euren Kram alleine, ohne mich.« Da klingt Verletzung hindurch. Kränkung. Und Einsamkeit.

Was würde denn eine Erneuerung wirklich bedeuten? Geht es lediglich darum, einen Vorsitzenden und einen Kanzlerkandidaten durch neue Namen und Gesichter zu ersetzen? Wäre das ein wirklicher Neuanfang? Geht es darum, andere Abgeordnete nun endlich »in Führungspositionen« zu bringen, die ihnen bislang verwehrt waren? Geht es lediglich darum, einen »Generationswechsel« dergestalt zu vollziehen, dass jüngere Menschen in die Positionen der Älteren einrücken und nun »wichtige Ämter« bekleiden, die ihnen bislang nicht offenstanden? Natürlich nicht!, höre ich als Antwort. Es gehe ja vor allem auch um eine »inhaltliche Neuausrichtung«. Ich spüre meine Zurückhaltung. Ich spüre meine Nachdenklichkeit. Nein. So schnell geht das nicht. Nötig wäre eine viel tiefere Klärung. Nötig wäre ein Innehalten. Nötig wäre eine Entgiftung. Ich spüre die Fremdheit noch an mir selbst. Ich bin selbst noch voller Gift. In den zurückliegenden Tagen hatte ich stundenlang im Internet geholfen, eine schwarzgelbe Regierung zu verhindern – mithilfe der neuen Kommunikationsmöglichkeiten, die Facebook und andere soziale Netzwerke bieten. Vergebens. Der Wähler hat anders entschieden. Er hat einer anderen Regierung eine Mehrheit gegeben. Neue Gesichter werden nun in die alten Rollen schlüpfen. Ein wirklicher Neuanfang wird nicht beginnen, fürchte ich. Es wird ein »weiter so« mit neuen Funktionären sein. Man wird es als »Neuanfang« missverstehen.

Im Ministerium beginnen wir, unsere Schreibtische und Regale auf- und auszuräumen. Wir machen »klar Schiff«, um unser Amt den Neuen zu übergeben. In etwa vier Wochen will die neue Regierung im Amt sein. Man will schnell »Handlungsfähigkeit« beweisen. Da ist es wieder: Alles muss schnell gehen. Was aber wird wirklich neu sein? Heute melden die Gazetten, dass die Aktienkurse großer Energieversorgungsunternehmen nach dem Wahlsieg von Schwarz-Gelb in die Höhe schnellen. Die neue Regierung hat vor, die Laufzeiten der Atomkraftwerke zu verlängern. Schon gehen deren Aktien in die Höhe. Gruppen profitieren vom Wechsel. Andere Gruppen verlieren. Aber das Rad, in dem Hamster laufen, bleibt dasselbe. Gehetzt von ihren Terminkalendern. Getrieben von den Umfragen. Süchtig nach »Erfolg«. Die schnelle Forderung nach einem schnellen »Neubeginn« verdeckt den Schmerz, der sichtbar würde, wenn man innehielte. Man flüchtet sich in neue Aktivität. »Jetzt erst recht!«, kann ich lesen. »Nun also Opposition. Aber richtig!«, kann ich lesen. Man macht sich selbst Mut, nicht den Mut zu verlieren. Einen Mut – wozu? Viele Menschen, die von den alten Mehrheiten profitiert hatten, leben jetzt in beruflicher Unsicherheit. Die Fraktion ist durch das Wahlergebnis stark reduziert, etwa 80 Abgeordnete weniger. Da, wo keine Abgeordneten mehr nachfolgen, werden auch den Mitarbeitern die Arbeitsplätze fehlen – viele Menschen, die sich nun Sorgen machen, wie es mit ihnen beruflich weitergehen kann, nicht nur in der Fraktion, auch draußen im Land. All das spielt eine Rolle. Was ist mit der Wut? Was ist mit der Enttäuschung? Was ist mit dem Zorn des in seiner Ehre und seinem Selbstbild verletzten Menschen, der nach so einer Wahl, nach so einem »Debakel« eigentlich verständlich und erwartbar wäre? Schließlich sind die Wahlkämpfer in den letzten Wochen bis zu 16 Stunden täglich, manchmal mehr, auf den Beinen gewesen und haben gerackert. Viele der jüngeren Menschen, die mitgekämpft haben, haben zum Alkohol gegriffen in der Nacht nach der Wahl. Schreiben heute von ihren Kopfschmerzen nach dem Wahlabend. Sie ertränken ihre Gefühle. Wie kann ein radikaler Neuanfang gelingen? Ich weiß es nicht. Ich weiß nur, dass es nicht schnell geht. Wenn es schnell geht, wird es falsch. Dann werden nur die alten Positionen mit neuen Funktionären ausgefüllt. Dann treten nur »frische Kräfte« ein in das alte Hamsterrad der Getriebenen.

Was bedeutet ein »Debakel« wirklich? Was bedeutet ein solcher »Zusammenbruch«, eine solche »Niederlage« im Kern? Sie bedeutet die Konfrontation mit der Vergeblichkeit, die Konfrontation mit einer Ent-Täuschung. Sie bedeutet eigentlich

Schmerz. Aber der wird abgewehrt. Er wird erstickt in schneller, neuer Aktivität. Er wird nicht ausgehalten. Er wird zerredet in flüchtigen Sitzungen, die eine Analyse versuchen. Der Ruf nach einem wirklichen Neubeginn verhallt ungehört im Lärm der Getriebenen. Man wechselt lediglich Personen aus. Wirklich neu wird gar nichts werden. Das fürchte ich. Und werde bestätigt. Ich lese gerade auf Facebook: »Liebe MitstreiterInnen, ein schmerzhafter Tag liegt hinter uns Sozialdemokraten. Das Wahlergebnis steckt uns allen noch in den Knochen, aber nun gilt es: Die SPD muss sich schnell neu aufstellen und als stärkste Oppositionspartei die künftige Regierung treiben.«

Da ist es wieder, dieses unsägliche »schnell« und dieses »die anderen treiben«. Man will keine Lücke aufkommen lassen. Man will schnell »in die neue Rolle finden«. Warum? Weil da der große Schmerz lauert, der hinter dem Machtverlust steckt? Nun, im Grunde liegen die Dinge sehr einfach: In den nächsten Jahren werden andere regieren. So ist es entschieden. Und drei Parteien werden in der Opposition sein. Warum um alles in der Welt sollte man sich nun »schnell neu aufstellen«? Die Führung diskutiert heute, am Montag, das Wahlergebnis. Sie versuchen, die richtige »Rolle« für den bisherigen Kanzlerkandidaten zu finden. Sie versuchen ein »neues Verhältnis« zur Linken zu finden. Was aber wird tatsächlich neu sein? Ich kann es nicht erkennen. »Ich hab so kurz geschlafen, ich hab keine Zeit für Albträume«, sagt Seehofer in die Kamera, als er auf das schlechte Ergebnis der CSU in Bayern angesprochen wird. Da ist es wieder, das Junkie-Phänomen. Ein gewisser Stolz klingt in dieser Klage: »Seht her, wie tüchtig ich bin. Hab vor lauter Arbeit nur ganz wenig geschlafen.« Das ist der innere Schaden. Und in der SPD brechen Flügelkämpfe aus. Es ist die Frage, wer welchen Kandidaten »in Stellung bringen« kann, manch einer »rechnet sich etwas aus« für die persönliche Karriere. Es ist das alte Lied.

Was treibt dich innerlich wirklich an? Was ist dein Motiv? So fragt Dag Hammarskjöld. Es ist eine bohrende, eine unbequeme Frage. Es ist schwer, loszulassen. Ich merke es an mir an diesem Abend, an dem ich im Fernsehen und im Internet die Kommentare über den Wahlausgang verfolge. Ich könnte den Rechner ebenso ausmachen wie den Fernseher. Der schweigt schon. Aber noch lasse ich den Computer weiterlaufen. Ich merke, wie sehr ich an dem hänge, was mich da all die Jahre über bestimmt hat. 20 Jahre liegen hinter mir. 20 Jahre voller Kämpfe, voller Siege; 20 Jahre, in denen es auch Niederlagen gegeben hat. 20 Jahre unter Drogen. Es ist nicht einfach, davon loszukommen.

Nun ist es Herbst. Wenn die Früchte der Bäume in die feuchte Erde fallen, ist es eine gute Zeit, Neues zu säen. Aber die Saat braucht Zeit, um zu keimen. Ich will mich nun diesem Buch hier widmen, mich ihm zuwenden, mich mir selbst zuwenden und dem nachspüren, was da war und was jetzt ist. Zeit zum Ausatmen. Zeit zum Innehalten. Meine leeren Hände sind geöffnet. Ich bin neugierig auf das, was in sie hineinfallen wird.

Stockholm oder: Die Verrücktheiten Europas

Über diese Tagung will und muss ich ein Kapitelchen schreiben, weil es die Verrücktheiten Europas zeigen soll. Vom Ende her: Der Bus bringt uns nach der Eröffnungszeremonie und dem anschließenden Abendessen bei SCANIA[48] nach Stockholm zum Hotel zurück. Wer jetzt, nachts halb eins, noch will, kann in die »Icebar« gehen. Einige der politischen Repräsentanten haben das vor – ich will nur noch ins Bett, muss morgen schon wieder zeitig raus und nach Frankfurt weiter zur weltgrößten Automobilausstellung, wo ich vorzutragen habe. Auf der Busfahrt vom Gelände der SCANIA zurück ins Hotel sitze ich neben dem niederländischen Kollegen. Wir sprechen über die Bankenkrise, ihre Auswirkungen auf die Volkswirtschaften unserer Länder, wir sprechen über die dadurch steigende Arbeitslosigkeit und über die Zukunft. Dann frage ich ihn nach den Folgen des Klimawandels für Holland. »Der Flughafen Amsterdam liegt 6 Meter unter dem Meeresspiegel«, antwortet er trocken. Und fügt hinzu:»Wenn die Deiche brechen, stehen 50 % unseres Landes unter Wasser – die Hälfte des Landes ist dann weg. Wenn nun der Meeresspiegel weiter steigt, wird es ganz schlimm für mein Land.« Ich frage ihn, was sie dagegen tun. Sie schütten im Meer Sand auf, den das Meer dann von außen an die Deiche trägt. Dafür gibt das kleine Land im kommenden Jahr 1 Milliarde Euro aus. Und sie entwickeln ein Kanalsystem im Hinterland. Es wäre dringend tatkräftiges Handeln der Staatengemeinschaft zum Klimaschutz erforderlich. Aber: Es geschieht nichts. Es werden stattdessen Ministermeetings abgehalten, wie das, von dem ich gerade komme. Ein Ministertreffen, von einer der größten Automobilfirmen Europas, SCANIA, gesponsert. Das Essen findet im Museum der Firma statt. Als Gastredner trägt der stellvertretende EU-Kommissar Tajani vor – so wie er spricht, vermute ich, hält er sich für Trajan(i). Er kommt zu spät, organisiert

---

48. SCANIA ist einer der größten LKW-Hersteller Europas mit Sitz in Stockholm.

sich auf diese Weise seinen »Auftritt«. Offizielle Begründung: Er habe bei den Trauerfeierlichkeiten in Italien anwesend sein müssen. Sechs italienische Soldaten waren in Afghanistan gefallen. Und dann redet er. Und redet. Und redet. Er trägt fast eine Stunde lang alte Hüte nach vorn; Afrika solle endlich eingebunden werden in ein europäisches Infrastruktursystem, man dürfe »das nicht den Chinesen und Indern und Brasilianern überlassen«. (Diese Länder investieren zurzeit stark in Infrastruktur. Es geht im Kern um den Zugang zu den kostbaren Rohstoffen, die beispielsweise für die Herstellung der Platinmembran in Brennstoffzellen benötigt wird – der Umstieg auf die Elektromobilität erfordert neue Rohstoffe.) »Er redet über Afrika wie über eine Kolonie«, raune ich der Dolmetscherin zu. Neben mir sitzt der junge tschechische Staatssekretär, mir gegenüber der junge Bulgare aus dem Verkehrsministerium – sie lachen nur noch über diese Rede.»Was sollen wir jetzt tun?!«, fragen lachend die Vertreter der neuen »Beitrittsstaaten«, »wir sollen jetzt Straßen in Afrika bauen?«

Es sind teure Ministertreffen ohne jegliches Ergebnis. Nicht mal ein Papier wird verabschiedet. Nicht mal irgendeine Absichtserklärung ist durch die Ratspräsidentschaft vorbereitet und zur Abstimmung gestellt. Nichts. Abendessen. Sponsered by SCANIA. That's it. »Das Buffet war größer als das Budget.« Aber SCANIA hat sein Ziel erreicht. Die maßgeblichen Verkehrspolitiker Europas im Rang von Ministern und Staatssekretären – fast alle wichtigen EU-Länder sind vertreten – waren auf dem Betriebsgelände des Unternehmens versammelt. Und das war gut organisiert, man hatte nicht das Geringste dem Zufall überlassen. Es fing schon an mit dem SCANIA-Bus, der uns von der Eröffnungszeremonie in Stockholm abholte – natürlich wurde uns während der Fahrt ein Video über die Leistungsstärke des Unternehmens gezeigt – und alles sollte mit dem traditionellen »Familienfoto« aller Minister enden, das bei solchen Treffen üblich ist. Allerdings hatte sich die Firma überlegt, könnte es doch irgendwie passend sein, wenn die europäischen Verkehrsminister bei diesem Foto vor den LKWs der Herstellerfirma postiert würden … »Man erkennt die Absicht und ist verstimmt«, raunt mir der österreichische Kollege ins Ohr und wir sind uns einig, dass wir ganz bestimmt nicht auf dieses Foto wollen. Auch werden wir an der möglichen Testfahrt eines dieser gut aufgereihten LKWs nicht teilnehmen. Das Unternehmen hatte seine gesamte LKW-Produktpalette aufgestellt, jeweils mit einem uniformierten Fahrer davor. Und nun durfte jeder Verkehrsminister oder Staatssekretär sich einen LKW aussuchen und ihn Probe fahren. PKW-Führerschein würde genügen, sagte man uns – hier auf dem Testgelände. Österreich und Deutschland beteiligten sich nicht. Und die Vertreter der anderen Länder und die Vertreter der Firma registrierten es fein. Man kam und fragte mehrfach, ob wir nicht »auch mal fahren« wollten. Wir hatten besser mit dem Vorstandsvorsitzenden zu sprechen, waren »in politischen Gesprächen«, aber unsere klare Ablehnung war deutlich und wurde registriert. Der Gipfel der ganzen Aktion bestand darin, dass sie auch einen so genannten »Long-Liner« aufgestellt hatten, jenen Riesen-LKW, den man schon vor längerer Zeit auch auf deutschen Straßen zulassen wollte. Der Druck aufs Ministerium war nicht unerheblich. Wir hatten nach einem Gutachten allerdings gute Gründe, diese Riesendinger nicht generell zuzulassen. Bis auf ein paar Testfahrten und ein ausführliches Gutachten ist während unserer Regierungszeit allerdings nichts passiert. Diese Maschinen fahren uns die Brücken kaputt, verursachen große Probleme in den Kreisverkehren und eine Menge anderer Probleme. »Das Haus«, also das Bundesverkehrsministerium, wir waren gegen die Zulassung dieser LKWs, weil sie große Kosten verursachen, die der Steuerzahler zahlen müsste. Die Firmen könnten profitieren – lange LKWs transportieren nun mal mehr als kürzere –, aber die Kosten an der Infrastruktur, die sollten die Steuerzahler zahlen. Nicht mit uns. Nun also wollte die Herstellerfirma doch noch mal einen Versuch unternehmen. Da wäre es doch passend, wenn der deutsche Staatssekretär zumindest vor so einem LKW irgendwie auf ein Foto zu bekommen wäre. Nichts da! Dennoch gelang das Familienfoto der Firma weitgehend – mit der genannten kleinen Ausnahme, dass Deutschland und Österreich sich vor den LKWs nicht fotografieren ließen. Das Arrangement für dieses Foto verriet auch etwas vom Denken der Firma: Von oben herab wurden Staatssekretäre und Minister fotografiert: kleine Minister und Staatssekretäre vor großen LKWS. Es war unschön.

Angefangen hatte der Tag gut: Ich war von Tegel aus gestartet. Der zuständige Abteilungsleiter begleitete mich. Der Flug wunderschön. Wir hatten klare Sicht auf die zauberhaften Inseln in der Ostsee. Das Hotel war gleich in der Nähe des Bahnhofs in Stockholm. Wir hatten etwas Zeit, um aufs Zimmer zu gehen und uns für die Zeremonie umzuziehen: frisches Hemd, Schlips, Schuhe blank, Visitenkarten. Und los. Freundliches Gesicht und Händeschütteln. Small Talk. Dann begann die Eröffnungszeremonie mit dem »Einzug der Minister«. Uns voran zog ein in zwei Reihen aufgestellter Mädchenchor in skandinavischer Tracht, der nordische Volkslieder sang. Wir nahmen Platz in der ersten Reihe des ziemlich vollen, riesigen Saals bei der Eröffnungszeremonie des 17. Weltkongresses über Verkehrssicherheit. Weltkongress. Das will was heißen. Da muss die Zeremonie stimmen. Die gastgebende EU-Ratspräsidentin eröffnete mit freundlichen Worten. Dann führte eine Moderatorin durch das Programm. Zwei junge Musiker sangen nordische Lieder. Nur von einem jungen Pianisten begleitet, sang Sofia Janok alte Lieder der Ureinwohner aus dem Hohen Norden. Diese Lieder erreichen mich. Ich höre eine gute, schlichte Musik ohne alle Schnörkel. Es folgt die bei solchen Weltkonferenzen übliche »Podiumsdiskussion«, die zwar alle maßgeblichen Vertreter der Verkehrsicherheitstechnik aus USA, Japan und Europa versammelt, aber keine eigentliche Diskussion ist. Denn man spricht nicht wirklich miteinander. Man hält vorbereitete Statements. Jeder hat genügend Zeit, seine »Botschaft« vorzutragen. Man spricht pro domo.

Natürlich sind die im Podium versammelten Hersteller von Sicherheitstechnik für mehr technische Sicherheit in den Fahrzeugen. Schließlich stellt man sie her und will sie verkaufen. Man argumentiert mit weniger Verkehrstoten und mehr Umweltschutz. Im Kern ist es eine Verkaufsveranstaltung. Das versammelte Publikum kommt ja immerhin aus der ganzen Welt. Eine große Chance. Nach alledem singt ABBA. Der Abteilungsleiter meint später: »ABBA hab ich noch nie gemocht«, und ich raune zurück: »Sind alt geworden«, und mir geht durch den Sinn, wie solche weltbekannten Bands gegen Ende ihrer Laufbahn so ihr Geld verdienen: Sie treten auf bei weltweiten Kongressen. Nach dem Abgang der Band fahren wir in SCANIA-Bussen, mit Polizeieskorte natürlich, denn man glaubt, uns vor dem Volk schützen zu müssen, zum Unternehmen hinaus vor die Tore der Stadt. Ich setze mich neben den österreichischen Kollegen, wir hatten vorher schon ein wenig gesprochen. Und wir verabreden uns, an dem zu erwartenden PR-Coup nicht teilzunehmen. Nach dem »Familienfoto« zu PR-Zwecken, nachdem die Minister und Staatssekretäre wunschgemäß LKW gefahren waren und nach dem eigenartigen Abendessen im Museum der Firma stehen wir draußen vor dem Museum. »Schade, dass wir uns zum Oktober-Meeting nicht wiedersehen«, sagt die blonde Deutsche, die in der EU-Kommission für politische Kontinuität sorgt. »Zum Oktober*fest*«, griene ich und wir lachen schallend. Sind uns einig in der Beurteilung dessen, was wir gerade erlebt haben.

Besonders hat uns die »Begrüßung« zum Abendessen durch den Chef von SCANIA gewundert: Mitten im Automobilmuseum der Firma stand er auf einem alten Bierwagen. Neben ihm, auch auf dem LKW und auf den Bierkästen, hatte der extra georderte Pianist des Abends an einem Keyboard Platz genommen. Und der Chef hielt »von oben herab« eine launige Rede und erwähnte, dass er dem »Herrn Pi-eck« bei dessen Besuch den »Phaeton« von 1936 gezeigt habe, der da im Museum steht, verbunden natürlich mit dem zarten Hinweis, dass der »Phaeton« keineswegs eine deutsche Erfindung sei … Männergetue. Eitelkeiten. Konkurrenzen. Dann wünscht er allen einen guten Appetit – und geht. Er hat ja, was er wollte. Das Foto ist im Kasten. Die Werbung kann anlaufen. Alles im Sack. Mitsamt den EU-Verkehrsministern.

Jetzt, am Folgetag nach dieser denkwürdigen inhaltsleeren Konferenz am Rande des Weltforums für Verkehrssicherheit, sitze ich nach nur 1 ½ Stunden Schlaf am Gate in Stockholm und warte auf das Flugzeug nach Frankfurt. Ich muss zum German-India-Day bei der weltgrößten Automobilausstellung. Vor drei Jahren hatte ich geholfen, dass der deutsche Verband der Automobilindustrie mit den indischen Kollegen eine engere Zusammenarbeit im Bereich Neue Treibstoffe, insbesondere Biotreibstoffe, aber auch im Bereich von Forschung und Entwicklung beginnen konnte. »Unser Freund Mitra ist nicht mehr im Ministerium«, informiert mich der Abteilungsleiter. »Nach den Wahlen gab es einen neuen Minister, der nahm sich einen neuen Staatssekretär.« Wieder mal ein »Fadenriß« in den internationalen Beziehungen. Die Staaten kommen mit den wichtigen Themen eben auch deshalb nur so mühsam voran, weil durch solche Personalwechsel wichtiges erarbeitetes Vertrauen »abreißt« und sich neue Leute erst einarbeiten müssen.

In Frankfurt wird es eine freundliche Begegnung mit Kollegen aus der deutschen Industrie, aus den Verbänden, auch mit den indischen Kollegen. Die Zusammenarbeit beider Industrien im Bereich Biotreibstoffe, Elektromobilität, Forschung und Entwicklung kommt voran. Wir hatten das angestoßen, weil wir einen Beitrag leisten wollten, dass die stark wachsenden Verkehre insbesondere in Indien und China nicht dieselben Fehler machen wie wir. Wir wollten ihnen helfen, möglichst schnell »weg vom Öl« zu kommen. Sie haben ein großes Interesse daran. Aber: Sie sind mittlerweile auch starke Konkurrenten für die europäischen Hersteller geworden. Die Kunst besteht darin, aus Konkurrenten Kooperationspartner zu machen. Wenn wirklich Vertrauen wächst, kann es gelingen.

Die letzte Sitzung

Eigentlich müsste ich weiter am Manuskript schreiben, der Abgabetermin drängt, aber ich kann gar nicht schreiben heute. Bin viel zu sehr in Gedanken über die zurückliegenden Stunden. Die letzte Sitzung der Fraktion, die gleichzeitig die erste Sitzung der neuen Fraktion ist, dröhnt noch nach in mir. Wir hatten die Wahlen mit Pauken und Trompeten verloren, gingen nach elf Jahren Regierungsbeteiligung in die Opposition. Für mich gehen 20 Jahre Politik zu Ende. Ziemlich auf den Tag genau.

Am Sonntagabend erlebten wir den Verlust der Regierungsbeteiligung. Heute nun die Fraktionssitzung nach der Schlacht. Da sind die früheren Kollegen. Viele mit blassen Gesichtern. Viele Enttäuschte, die ihren Wahlkreis nur ganz knapp verfehlt haben. Einige, die erst kurz nach Mitternacht die Nachricht bekamen, dass der Listenplatz doch nicht »zieht«. Tüchtige Kollegen darunter, beliebte Kollegen. Und die »Neuen«. Wenige nur. Sie sind dennoch stolz, dass sie gewonnen haben in ihren Wahlkreisen mitten im Tornado. Und der Fraktionsvorsitzende pflaumt sie an, wie er alle Neuen angepflaumt hat: »Was – du bist neu hier, und willst hier schon das Wort ergreifen?« Die Kollegen grienen. Er wird uns fehlen, der Alte. Draußen bricht ein Sturm los gegen den Kanzlerkandidaten. Die Enttäuschung der vor allem jungen Wahlkämpfer macht sich Luft und richtet sich – gegen den Falschen. »Die da oben« seien schuld. Da müssten jetzt »Köpfe rollen« war zu hören. Da entlädt sich Enttäuschung, da rufen enttäuschte Kämpfer, die sich sehr ins Zeug gelegt hatten für den Kandidaten und gegen eine schwarz-gelbe Koalition. Und es sah gut aus. Weit mehr Besucher bei »unseren« Veranstaltungen als bei den »anderen«. Es sah eine Zeit lang aus, als könnten wir ein schwarz-gelbes Bündnis verhindern. Aber es ging anders aus. Wir verloren die Wahl. Wir verloren sie in einem Ausmaß, das uns noch die nächsten Jahre beschäftigen wird. Im Moment überwiegt die Enttäuschung. Aber sie wird nur über die Zeitungen oder die Kommentare geäußert. Statt das eigene Gefühl wahrzunehmen und die eigene Kränkung zuzulassen, entlädt sich eine geballte Ladung Emotion gegen – die eigenen Leute. Ein Kollege greift in seinem Wahlkreis über die Zeitung gar die Wähler an, so sehr hatte er doch noch auf ein neues Mandat gehofft. Die Emotionen schlagen hoch, sie kochen über. Und richten sich nach innen – gegen die eigenen Kandidaten. Die Emotionen fließen nicht nach außen ab. Sie wirken deshalb destruktiv.

Ich hatte mich sehr früh entschieden, nicht wieder zu kandidieren. Vor über einem Jahr schon. Mich trifft es daher halb so hart wie die Kollegen, die bis zuletzt um einen Wiedereinzug ins Parlament gebangt haben. Aber die politische Niederlage ist dennoch schwer. Der Vorsitzende versucht noch treu und pflichtbewusst, wenigstens den Übergang zum Neuanfang zu organisieren, dann will er das schwere Amt an einen anderen abgeben. Er versucht wenigstens noch, die »Truppen beieinander zu halten«, damit sie nicht ins ein oder andere Lager verduften. Da sind Truppen in Auflösung, so könnte man den Eindruck haben. Minister verlieren ihre Ämter, verlieren gar ihr Direktmandat, werden einfache Abgeordnete, über Liste gewählt. Staatssekretäre gehen in die dritte und vierte Reihe zurück. Stellvertretende Fraktionsvorsitzende verlieren neben ihren Aufgaben auch ihren Wahlkreis, weil die Liste nicht »zieht«. Viele sehr erfahrene Kolleginnen und Kollegen stehen nun vor einem sehr schmerzhaften Einschnitt. Nicht nur politisch, sondern natürlich auch in der ganz persönlichen Lebensplanung. Das Mandat ist verloren. Das Amt ist weg. Das Leben hat sich schlagartig geändert. Damit muss man erst mal zurechtkommen, wenn man lange Jahre an die Droge der öffentlichen Wahrnehmung gewöhnt war.

Wenn ich das hier schreibe, will ich kein Mitleid für »die Politiker«. Wenn ich das hier schreibe, weiß ich wohl, dass viele im Lande sagen werden: »Na, die haben vielleicht Sorgen! Was soll denn ein ganz normaler Angestellter, eine Krankenschwester, ein Kraftfahrer sagen, wenn sie arbeitslos werden?« Ich schreibe es aber dennoch auf, weil Abgeordnete ebenso empfinden wie andere Menschen in anderen Berufen. Sie empfinden es als persönliche Kränkung, nicht wiedergewählt worden zu sein. Sie empfinden es als persönliche Zurückweisung, trotz tüchtigem

Fleiß nicht erneut »anerkannt« worden zu sein. Und natürlich hätten sie es wie andere Menschen auch, besser gefunden, wenn sie ihre Arbeit hätten behalten können. Abgeordnete empfinden den Verlust des Mandats so, wie andere Menschen den Verlust des Arbeitsplatzes empfinden. Aber: Sie gestehen es sich nicht ein. Jedenfalls nicht so, dass man es erkennen könnte. Es bleibt alles hinter der Fassade. Diese unausgesprochenen Kränkungen und Verletzungen, dieses Unverständnis über den Wahlausgang machen die dicke Luft aus, die ich heute in der Fraktion spüren kann. Die aufgeregte Diskussion um den Fraktionsvorsitz droht deshalb zu explodieren. Da will sich etwas entladen – und richtet sich gegen »die da oben« im Vorstand, die den Vorschlag gemacht hatten, den bisherigen Kanzlerkandidaten zum Fraktionsvorsitzenden zu wählen. Der eigene Schmerz wird nicht wahrgenommen, er richtet sich gegen die anderen »da oben«. Aber es gelingt endlich nach hitziger Debatte, die Frage des Vorsitzes durch Wahl zu klären.

Im Internet und in den Gazetten toben die Angriffe gegen die eigenen Leute weiter. Ich bin froh, dass ich mich schon früh entschieden hatte, nach drei Direktmandaten nicht erneut zu kandidieren. Es gibt mir mehr Ruhe und Gelassenheit, auch um Kollegen beizustehen und sie zu trösten. Viel Ratlosigkeit und Zorn, selbst Wut sind im Raum. Wie kann es nun weitergehen? Politisch, aber auch ganz persönlich? Für manch einen wird es schwierig: Die jungen Kollegen, die erst seit vier Jahren dabei sind, bekommen für vier Monate ein Übergangsgeld, dann müssen sie sehen, wo sie bleiben. Viele können nicht in ihre Berufe zurück. Das ist schlecht geregelt in Deutschland. Wer nicht aus dem öffentlichen Dienst kommt, hat es schwer, zurückzufinden in ein normales Arbeitsverhältnis, wenn er »gedient« hat im Parlament. Ältere Kollegen versuchen in Verbänden oder Stiftungen unterzukommen, manche haben rechtzeitig in einem Unternehmen eine Stellung angenommen. Aber bei vielen bleibt die Ungewissheit, wie es weitergehen wird. Am Abend der verlorenen Wahl bin ich noch bis Mitternacht zu Hause am Laptop, um die aufgeregten Seelen vor allem junger Menschen zu beruhigen, die hier miteinander und gegeneinander lostwittern und Nachrichten über Facebook und andere Netze verbreiten. Es ist ein Heidenlärm da im Internet. Mein eigener Verteiler ist mittlerweile nicht ganz ohne Einfluss, ich hab's in der Fraktion gemerkt, als mich die Kollegen auf das Netzwerk ansprachen. Es ist schwer, die aufgeregten Seelen wieder etwas zu beruhigen. Draußen in den Ortsvereinen ist der Krach perfekt. »Die da oben« gegen »wir an der Basis«. Nach der verlorenen Schlacht hauen die Kämpfer im Qualm der Kanonen vor Orientierungslosigkeit aufeinander ein statt auf den politischen Gegner. Es ist, als hätten »die anderen« eine Nebelwand in unsere Truppen geblasen. Völlig orientierungslos wird auf die eigenen Leute eingeschlagen.

In mir ist Trauer am Morgen dieses Tages, als ich aufbreche zu dieser letzten Sitzung der Fraktion. Fast auf den Tag genau sind es 20 Jahre im politischen Handwerk. Herbst war es. Im Jahr 1989. Ich war schon in Berlin und wir fingen an, eine neue Sozialdemokratie aufzubauen im Osten, nach 40 Jahren Diktatur, eigentlich nach 60 Jahren Diktatur. Nur wenige aus diesem Gründungsjahr 1989 waren noch in der Fraktion – bis zum Sonntag. Noch weniger haben diese Wahl überstanden. Ein Generationswechsel muss und wird folgen. Die Wendegeneration tritt ab. Tritt in den Hintergrund. Reiht sich ein in die Reihe der vielleicht stillen Helfer, die keine eigenen Interessen mehr verfolgen, gegen niemanden mehr kandidieren wollen oder sollen, die das ganze Spektakel nicht mehr mitmachen müssen. Aber es kehrt noch keine wirkliche Stille in mir ein nach diesem Sturm. Noch lange nicht. Ich spüre das Gift in mir. Spüre, wie sehr ich an diesem Betrieb hänge. Wir sehr mir die leichten und vertrauten Kontakte und Gespräche mit alten Weggefährten guttun.

Heute ist die letzte Sitzung dieser verrücktesten und großartigsten Fraktion. Dann beginnt die neue Legislatur. Was haben wir hier gekämpft miteinander, gerungen um die besten Lösungen, diskutiert bis in den frühen Morgen um Auslandseinsätze, Sozialreformen, Umweltpolitik, Bahnreform und Minderheitenschutz! Was haben wir hier für Lebensenergie gelassen in diesem großen Raum der Fraktion, den manche das »Haifischbecken« nennen. Ach, ich merke, ich bin stolz auf diese Kolleginnen und

Kollegen, bin stolz auf die Zeit mit ihnen gemeinsam. Und ich spüre Traurigkeit aufsteigen. Abschied. Es waren gute Jahre. Es waren schwere Jahre. Wir haben Verantwortung übertragen bekommen und wir haben sie getragen. Wir haben sehr schwere Entscheidungen getroffen nach langem Streit – weil sie unserer Überzeugung entsprachen. Was hat man uns bekämpft wegen der notwendigen Sozialreformen, wie hat man uns geprügelt wegen der Auslandseinsätze – so, als wäre allein Deutschland da draußen unterwegs und nicht ein Bündnis. Dass wir in einem Bündnis stehen, dass über 20 Nationen sich an den Einsätzen beteiligen, die Tschechen ebenso wie die Polen, die Esten ebenso wie die Italiener – das hat niemanden interessiert da draußen. Wir waren schuld. Wegen der beschlossenen Sozialreformen ist eine neue alte Partei vor allem im Osten wieder auferstanden und macht uns das Leben schwer. Wegen der Auslandseinsätze versuchen ausgerechnet die, die ich noch kenne aus der Zeit von vor 20 Jahren, ausgerechnet die, die schon in den Kindergärten mit der vormilitärischen Ausbildung anfingen, ausgerechnet die versuchen sich heute als die einzig wahren Friedensengel hinzustellen. Das gehört zu den bitteren Erfahrungen dieser Tage: Dass im Osten die alte Nationale Front wieder Mehrheiten erringen kann, die Blockflöten der CDU und die ehemaligen Kommunisten. Da sind sie wieder. Ich kenne sie noch, die Leute von der Nationalen Front. Wie sie uns zur »Wahl« überreden wollten, die gar keine Wahl war, weil es ja nur Einheitslisten gab, die man entweder ablehnen oder annehmen konnte. Die Blockflöten und die alten Kommunisten. Ach, der ganze Zorn auf das untergegangene System der ollen DDR kommt in mir wieder hoch in diesen Stunden, wenn ich sehe, wie sie wiedergewählt werden. Wenn ich sehe, wie sie systematisch und zielgerichtet darauf hinarbeiten, dass sich die SPD im Osten auflöst und sie wieder die Macht übernehmen können als angeblich »linke« Volkspartei. Sie machen das konsequent und zielgerichtet. Sie stellen im Parlament beispielsweise zur Rentenfrage gezielte schriftliche Fragen zu einzelnen Berufsgruppen, die sich in der Vergangenheit mit lautem öffentlichen Getöse zu Wort gemeldet hatten, weil sie glaubten, sie seien im Rentenrecht benachteiligt.

Warum wir denen nicht Sonderrenten gewähren, will jene Partei wissen – dabei wissen ihre Funktionäre, dass oberste Gerichte mehrfach gegenteilig entschieden haben. Aber das interessiert sie doch nicht! Sie gehen mit unseren Ablehnungsbescheiden genau zu jenen Gruppen, die betroffen sind, und sagen ihnen: »Seht her, die Sozis verweigern euch eure Rente.« So sammelt man systematisch Wählerstimmen. Genau das haben sie getan – und wurden gewählt.

Dabei ist nichts komplexer als die Rentenfrage. Kaum ein Politikfeld ist schwieriger. Und die Jungs da von der Ehemaligentruppe gehen los und erzählen den Leuten, es läge nur am Willen. Besonders am Nicht-Willen der Sozis. Urteile von Obersten Gerichten sind denen wurscht. Und die Leute glauben ihnen – und wählen sie. Es fällt mir schwer, das zu akzeptieren, es will mir heute partout nicht einleuchten, dass das die politische Wirklichkeit sein soll. Ich werde womöglich alt und stur. Natürlich weiß ich, dass bei »denen« mittlerweile junge und unbelastete Leute mitmachen. Ich weiß auch, dass bei »denen« im Westen auch schillernde politische Biografien vertreten sind, die wiederum bei meinen Westkollegen Sorgfalten auf der Stirn hervorrufen. Aber das ausgerechnet »die« uns, die wir vor 20 Jahren die Mauer mit einreißen halfen, heute das Leben schwer machen, das will mir nicht in den Kopf. Jetzt kann ich spüren, wie sehr ich an den Verrückten da in der großartigsten Fraktion, die ich kenne, innerlich hänge. Es war so etwas wie eine Familie, mit allen Streitereien und Versöhnlichkeiten. Ja, das Bild stimmt. Es war meine Familie. Und heute ändert sich das alles. Es ist ein tiefer Einschnitt. Der Finanzminister gibt alle seine Parteiämter auf. Er wolle einer Verjüngung nicht im Wege stehen. Er habe sich den Schritt für den Fall einer Niederlage schon vorher überlegt. Große internationale Anerkennung hat er sich erworben, als es darum ging, das Finanzsystem vor dem völligen Zusammenbruch zu bewahren. Nun geht er und wird einfacher Abgeordneter. Der Sozialminister geht und übernimmt neue Verantwortung auch außerhalb der Fraktion. Der Verkehrsminister wird in der Fraktion parlamentarische Aufgaben übernehmen. Der Kanzlerkandidat und Chefdiplomat wird sich nun mit den Mühen der Opposition auseinandersetzen müssen und die wesentlich kleiner gewordene Fraktion zum neuen Machtzentrum für die gesamte Struktur aufbauen. Der Vorsitzende hilft, den Übergang zum Neuanfang zu organisieren und wird allein schon dafür beschimpft. »Hosianna« und »kreuziget ihn« fällt mir ein. Diese uralte Geschichte von Anerkennung und Niederlage, die so kurz aufeinander folgen. Nur wenige Tage liegen zwischen »Hosianna« und »kreuziget ihn«. Wie haben sie gejubelt, als er zurückkam ins Tretrad vor einem Jahr. Und wie sehr treten sie nun auf ihn ein! Man muss stark sein, um das alles auszuhalten. Diese Kämpen hier in der Fraktion werden mir fehlen. Erfahrene, kampferprobte Weggefährten sind das, mit denen »wir« so manche politische Schlacht geschlagen und gewonnen haben. Nun aber ist die letzte Sitzung. Die Kollegen erzählen aus ihren Wahlkreisen. Und wir fragen uns gegenseitig: »Und du? Bist du wieder drin?« »Was wirst du nun tun?« Wir nehmen Anteil aneinander, so gut es in dem Durcheinander der Gefühle, Angriffe, notwendigen klärenden Strategien und Auseinandersetzungen mit dem politischen Gegner überhaupt möglich ist. Der Junkie nimmt sich in dieser Sitzung der Fraktion noch mal eine volle Dröhnung Stoff. Eine volle Dröhnung Politik nach elf Jahren Regierungsbeteiligung. Er setzt sich noch mal eine Spritze sozusagen. Dann wird es still. Dann gehen die Kämpen auseinander. Manche trinken noch etwas zusammen. Andere fahren nach Hause. Wieder andere beginnen, ihre Büros auszuräumen. Ein neuer Abschnitt beginnt. Wieder ist es Herbst. Wie vor 20 Jahren. Herbst – wenn die Früchte der Bäume in die feuchte Erde fallen.

Glaubwürdigkeit

Ich spüre Worten nach. Lese in der Stille das Buch von Ruth und Karl-Heinz Röhlin über Dag Hammarskjöld. Stoße in einer Lesepause in Facebook auf Veranstaltungen, die sich mit der »Glaubwürdigkeit von Wahlkämpfen« auseinandersetzen. Ich habe noch Hammarskjölds Tagebuchnotiz von 1955 im Sinn: »Wie sollte die Anstandsmoral der Vernunft – und der Allgemeinheit – Gestalt gewonnen haben ohne die Märtyrer des Glaubens? Mehr noch: Wie sollte diese Moral dem Einschrumpfen entgehen ohne jene Erneuerung, jenem Zustrom an Kraft, die von dem ausgeht, der sich in Gott verlor? Das Seil über dem Abgrund wird von denen gespannt, die es am Himmel festmachen – durch Treue zu einem Glauben, der ständiges, äußerstes Opfer ist.«[49]

Wieder kommt mir die Verrohung und Oberflächlichkeit unserer politischen Alltagssprache in den Sinn. Wie kann man denn ernsthaft von der »Glaubwürdigkeit« von Wahlkämpfen sprechen? Wie kann man denn ernsthaft von der »Glaubwürdigkeit« von Politikern sprechen, so als ginge es darum, diesen Menschen zu »glauben«, wie man an einen Gott glaubt? Diese religiöse Sprache in Bezug auf Wahlkämpfer und Politik ist völlig unangemessen. Aber diese Sprache verrät uns heimliche Gedanken. Es zeigt sich die Hybris, es zeigt sich die Selbstbezogenheit vieler Kandidaten und Mandatsträger. Und es zeigt sich eine nicht zu erfüllende Erwartung vieler Menschen an »die Politik«. Ist der Abgeordnete, der Minister, die Staatssekretärin, die Kandidatin – sind sie würdig, dass man an sie glaubt? Was meint denn unsere Alltagssprache, wenn sie so formuliert? Sie fragt: »Kann ich dir trauen? Tust du, was du sagst? Bist du ehrlich? Legst du wirklich offen, was deine Motive sind und verkaufst mir am Ende nicht doch wieder deine heimlichen Motive als politisches Ziel, für das du angeblich kämpfst?« Da ist eine große Vermischung im Gange. Die Vermischung von tatsäch-

---

49. Dag Hammarskjöld: Zeichen am Weg, a.a.O.

169

lichen inneren Motiven für eine Handlung – eine Kandidatur oder einen Wahlkampf beispielsweise – und dem Formulieren und Verteidigen politischer Ziele. Und aus dieser Vermischung kommt Misstrauen.

Ich berühre nun ein Tabu. Denn: Eine wirkliche redliche, offene Darlegung der Motive eines Menschen, sich für ein politisches Amt zu bewerben oder sich ihm zur Verfügung zu stellen, findet, jedenfalls nach meiner Erfahrung aus 20 Jahren, so gut wie nie statt. Selbst im kleinsten Kreise nicht. Natürlich ist es so, dass Menschen, die seit langen Jahren in Parlament und Regierung gearbeitet haben, sehr große Probleme damit haben, dort nicht mehr zu sein. Die »Welt der Politik« hat mit ihrer Wirkmacht großen Anteil genommen, hat geprägt, man hat sich gewöhnt – an Pressekonferenzen, Statements, Einladungen, Fahrdienste, für manchen sogar Personenschutz. Was also ist das wirkliche Motiv für eine erneute Kandidatur, selbst wenn man schon 20 Jahre oder mehr in Parlament und Regierung gearbeitet hat? Wäre es nicht einfach mal an der Zeit, anderen, jüngeren, unverbrauchten und vielleicht noch vom falschen Kompromiss unverbogenen Menschen den Platz frei zu machen?

»Erfahrung« wird ins Feld geführt. Man kandidiere erneut – ja warum eigentlich? Nach manchmal 20, manchmal 30 Jahren im Parlament? Könnte auch die berufliche Alternativlosigkeit ein Motiv sein? Wie ist es bei den Jüngeren, denen »ohne Erfahrung«: Ist es tatsächlich das Programm ihrer Partei, das sie so ruhelos werden lässt, dass sie es unbedingt im Parlament um- und durchsetzen wollen? Lassen sie die Leitlinien der Vorstände der Partei, der sie angehören, tatsächlich so schlaflos werden, dass allein die Durchsetzung jener Leitlinien im Parlament ihnen menschliches Glück verheißt? Ich fürchte, die Welt ist banaler. Ich fürchte, es geht (auch) darum, einen gut bezahlten und lukrativen Job zu ergattern. Seien wir ehrlich: Wenn ein Bundestagsabgeordneter nach einer Wahlperiode nicht wiedergewählt wird, hat er beruflich ein Problem. Er bekommt für eine kleine Zeit – gerechnet nach Monaten der Zugehörigkeit zum Parlament – ein Übergangsgeld, dann kann er sich entscheiden, ob er in die Rentenkasse nachzahlen oder die Beiträge ausgezahlt haben möchte – das war's dann. Nicht ohne Grund sind die »Nominierungsparteitage« von allen Beteiligten so wenig gemocht – weil es bei diesen Konferenzen darum geht, möglichst einen vorderen »Listenplatz« zu bekommen, der einen Wiedereinzug ins Parlament wahrscheinlicher werden lässt, auch wenn die Wahlergebnisse eigentlich eine andere Sprache sprechen. Die Atmosphäre solcher Veranstaltungen ist überaus vergiftet, von Gerüchten und heimlichen Absprachen geprägt, häufig unwürdig und verletzend. Diese Tagungen gehen nicht ohne Kränkung ab, nicht ohne Demütigungen. Denn hier geht's auch »um die Wurst«, es geht auch um einen lukrativen und privilegierten Job, nicht nur um ein politisches Programm. Und ein vorderer Listenplatz macht den Wiedereinzug ins Parlament wahrscheinlicher als ein hinterer Listenplatz.

Ich sage hier nicht, dass alle Abgeordneten nur ans eigene Wohlbefinden denken, nein, durchaus nicht. Ich kenne sehr viele Kolleginnen und Kollegen, die mit sehr großem persönlichen Einsatz in ihren Wahlkreisen, aber auch auf der Bundesebene für ihre politischen Ziele, für mehr Umweltschutz, bessere Bildungschancen, gegen eine Aufspaltung der Gesellschaft in Arme und Reiche, gegen wachsende Ungerechtigkeit eintreten und kämpfen. Kollegen, die sich lange Nächte um die Ohren schlagen, um schlussendlich mit einem dürftigen Antragstext in die Fraktion zu kommen, der aber leider nicht konkreter und energischer sein konnte, »weil der Koalitionspartner« zu mehr nicht bereit war und die dafür Prügel einstecken und aushalten. Mühsame Nächte, mühsame Sitzungen – unglaublich viel wird da engagiert und konkret geleistet.

Und dennoch: Was sind die Motive, die den Menschen wirklich treiben? Legt er sich selbstkritisch wirklich Rechenschaft ab über diese seine Motive? Wie oft ist der reine Machterhalt das Motiv, mit allem, was damit verbunden ist? Wie oft ist es einfach nur das Festhalten an Vertrautem? Damit die eigene Partei an der Macht bleibt, geht man einen Kompromiss ein. Damit man selbst einen Posten behält, stimmt man mit. Ich sehe noch den Gesichtsausdruck einer Kollegin, die, obwohl Regierungsmitglied, dennoch mit der weißen Karte der »Stimmenthaltung« stimmte. Dieser Gesichtsausdruck sagte: »Eigentlich bin ich dagegen, aber ich stimme nicht so, denn ich will ja der Koalition nicht in den Rücken fallen.« Wie krumm muss denn unser Rücken noch werden, bis wir zur Selbstachtung zurückfinden? Und zur klaren Meinung? Und zu entsprechendem Abstimmungsverhalten? Ich selbst habe mich an solchen Spielchen auch oft beteiligt und weiß, wovon ich da rede. Ich hatte auch Gründe, dafür zu stimmen, gewiss. Oft sogar sehr gut abgewogene Gründe. Aber in vielen Situationen blieb eben doch ein Nachgeschmack übrig. Die inneren Folgen des Kompromisses. Die stellen sich ein, wenn man Rücksichten zu nehmen hat. So war es beispielsweise bei der Abstimmung über die Frage, ob Deutschland sich in Afghanistan mit dem Einsatz von AWACS Aufklärungsflugzeugen beteiligen solle. Mir war damals schon klar, dass ich nicht wieder kandidieren würde: Ich hab es deshalb wie den »Luxus der freien Meinungsäußerung« empfunden, diesem Einsatz nicht mehr zuzustimmen.[50] Manchmal, wenn ich mit der weißen Stimmenthaltungskarte stimmte, habe ich mich mit dem gern zitierten Spruch von Willy Brandt getröstet, der einem Journalisten mal auf die Frage, wie er denn seine Abstimmung mit der weißen Stimmkarte (für Enthaltung) erklären könne, geantwortet hat: »Sie haben ja recht. Es war kein mannhaftes Verhalten. Aber jeder konnte sehen: Ich war dagegen.« Auch die »persönliche Erklärung zur Abstimmung« ist eine solche Möglichkeit, die ein Abgeordneter hat, wenn er eigentlich gegen etwas abstimmen müsste, aber aus Koalitions- oder anderen Gründen zähneknirschend doch zustimmt. Man hat die »weiße Karte« und man hat die »persönliche Erklärung«. Aber dennoch bleiben verdrehte Rückgrade zurück nach solchen Prozessen. Und wenn der Vorgang sich über lange Jahre wiederholt, wird es zur Gewohnheit. Der Kompromiss wird zum faulen Kompromiss. Und irgendwann fängt das Faulige dann an zu stinken. Es fehlt die klare Quelle. Es fehlt die klare Selbstauskunft über die

50. Später übrigens kam heraus, dass die Flugzeuge trotz Zustimmung einer Mehrheit im Bundestag deshalb nicht eingesetzt wurden, weil es von anderen Staaten gar keine Überflugrechte für sie gab. Das aber hatte man vor der Abstimmung dem Parlament verschwiegen ...

persönlichen Motive. Da fehlt beispielsweise das Eingeständnis der Angst, nicht als Einzelner »gegen die Fraktion« abzustimmen; da fehlt beispielsweise das Eingeständnis – der tatsächlich oft unbegründeten – Angst vor »Konsequenzen« in der Fraktion, die ja schlimmstenfalls nur den Verlust eines Amtes bedeuten könnten. Die Redlichkeit bleibt auf diese Weise im Laufe der Jahre Stück für Stück auf der Strecke. Das Gewissen wird kraftlos und stumpft ab.

Ich erinnere mich noch gut an eine der letzten Fraktionssitzungen, in denen der Fraktionsvorsitzende fast beiläufig bei der Frage nach einer Mandatsverlängerung für deutsche Soldaten im Balkan fragte: »Hat da noch irgendjemand eine Bemerkung? Nein. Dann ist es so beschlossen.« Es war zur Routine geworden – und was hatten wir gekämpft und gestritten, als die Frage zum ersten Mal diskutiert werden musste! Nun war es nur noch Routine. Nein, diese Prozesse sind auch mit sehr viel menschlicher Schwäche verbunden. Denn das politische Alltagsgeschäft führt ja wegen der unglaublich hohen Zahl von Abstimmungen oft zum zähneknirschenden Einknicken des Abgeordneten. Es kann auch nicht anders sein. Denn ein Kompromiss muss ja gefunden werden und irgendwann ist auch die längste Debattenzeit zu Ende, dann muss durch Abstimmung *entschieden* werden. Man kann es an den wortreichen Erklärungen nach einer solchen Abstimmung gut ablesen, wie schwierig die Entscheidung war. Je schwerer einem eine Entscheidung gefallen ist, umso wortreicher erklärt man dann sein Verhalten. Aber: Es sind und bleiben Ausreden, die nur das eigene Gewissen beruhigen sollen. So wird das Gewissen trocken im Lauf der Jahre. Frisches Wasser tut not. Der Gang an die Quelle. Deshalb, finde ich, sollte man rechtzeitig jüngeren Kollegen Platz machen und nicht an seinem Sessel kleben.

Heringsdorf

Nummer 301 im Hotel, ganz oben unterm Dach. Ich habe mir die ganze kleine Wohnung gemietet, um hier an der See für eine Woche zu leben und zu schreiben. Einen direkten Blick auf die Ostsee wollte ich haben und hab ihn bekommen. Als ich das Gepäck aufs Zimmer trage, stoße ich im kleinen Andachtsraum, der gleich neben meiner Dachwohnung liegt, auf eine junge Flötistin aus Süddeutschland, die Querflöte übt. Musik im Haus. Wunderbar! Die Wohnung ist mit ihren schrägen Wänden urgemütlich. Schnell bin ich eingerichtet, hab meine paar Habseligkeiten, die Kleidung, die Kiste mit den Büchern, den Laptop, ausgepackt und aufgestellt. Den Schreibtisch rücke ich mir direkt unter das Dachfenster. So kann ich auch beim Schreiben den Strand sehen, der nur ein paar Meter vom Haus entfernt ist. Unten im Restaurant arrangiere ich mir einen festen Platz und feste Essenszeiten, reserviere einen Tisch für die ganze Woche. Und ich gebe mir eine Struktur für die Tage: Morgens SAZEN, halb acht Frühstück, 13 Uhr Mittag, 18.30 Uhr Abendessen. Um 16 Uhr vielleicht noch ein Tee zwischendurch. Nun kann ich mir einen guten Arbeitsplan für die Woche entwerfen. Etwas Disziplin wird helfen, das »Projekt« dieses Buches zu beenden. Ich beginne mit Kirschkuchen und grünem Tee im Wintergarten des Restaurants. Die See ist leider schon im Dunkel des frühen Abends verschwunden. Ich werde sie nachher dennoch besuchen. Was für eine Situation! Als »Staatssekretär a.D« bin ich nun hier. Hm. Das ist gewöhnungsbedürftig. Als mir der Concierge die Kurkarte aushändigt, fragt er vorsorglich, ob ich Student oder Rentner sei. »Seit drei Tagen bin ich in einer Art Pension«, sage ich und wundere mich ein wenig, dass er mir das ohne Widerspruch abnimmt. »Es ist kein endgültiger Ausstieg, aber ein Sabbatical«, ergänze ich. »Ich freu mich schon, wenn's bei mir so weit ist«, sagt die Frau hinter dem Schalter und ihr Kollege wiederholt etwas fragend: »Ein Sabbatical? Hm. Das hatten wir noch nicht.«

Ich bin an die See gekommen, um ein Buch zu schreiben, zu

dem man mich ermutigt hatte. Ich hatte gar nicht vor, so etwas zu tun. Am Rande der Buchpräsentation eines Freundes hatte sich das im Gespräch ergeben. Irgendwie »zufällig« bin ich dazu gekommen. Diese Lebenssituation empfinde ich als puren Luxus. Das Geld reicht, das kleine neue Auto fährt, mein Körper ist gesund. Ich habe eine stille kleine Dachwohnung in einem sehr stillen Haus direkt am Meer. Und habe Zeit. Herr Staatssekretär a.D. wendet sich der Schriftstellerei zu. Ich lächle bei dem Gedanken. Das hat etwas von den merkwürdigen und schrulligen Figuren, die Thomas Mann gern skizziert. Im »Zauberberg« zum Beispiel. Ich fühle mich in der Tat, als sei ich irgendeiner erfundenen Geschichte entsprungen. Vorhin war ich erstaunt, wie locker mir das »Ich bin in Pension« über die Lippen ging. Und der freche Junge in mir grient mich an unter seiner Pudelmütze und wundert sich vielleicht, wie sehr der andere in mir gewachsen und gealtert ist.

Eine neue Lebenssituation. Wieder ist es Herbst. Wie vor 52 Jahren, als ich auf die Welt kam. Wieder kommt ein neuer Abschnitt. Eine neue Stufe, eine Weggabelung vielleicht. Jedenfalls eine Veränderung. »Der ist sehr gut, der Tee, er schmeckt mir«, sage ich dem jungen Kellner, mit dem ich die Mahlzeiten und die Tischreservierung besprochen hatte. »Das ist ein Sencha-Tee, nicht? So einen hab ich in Tokio mal getrunken«, höre ich mich sagen und spüre, wie die Seele weiter und weiter Abschied nimmt von dieser Zeit der großen Empfänge, der internationalen Konferenzen, der Delegationsleitungen. Ich weiß noch, wie ich in Bangalore vom Hotelchef persönlich empfangen wurde, und in Pune, in Delhi und Shanghai, in Seoul und Hongkong. Erstklassige Hotels, feinste Küche, sehr gut ausgebildetes Personal. Da ist eine kleine wehmütige Erinnerung an die schönen Seiten des Junkie-Lebens heute in mir.

Ich mache einen kurzen Abendspaziergang an den Strand, um mir ein Glas mit Sand zu füllen, das mein Räucherstäbchen halten soll bei der Morgenmeditation. Es ist schon dunkel am Meer. Nieselregen. Die See rauscht ruhig und selbstverständlich an den flachen Strand. Ich bin angekommen. Auf der Veranda zur Sonnenterrasse hin habe ich nun meinen separaten Platz zum

Essen und Schreiben. Tags mit Blick auf die See. Abends mit Blick auf die Lichter am Strand und draußen auf dem Meer. Die Gastfamilien und die Einzelgäste – das Hotel ist voll, obwohl es November ist – sitzen im Restaurant nebenan. Ich bin ganz für mich. Gut. Pilsner, Krabbenbrot, Notizbuch, Blackberry und eine gute stille Atmosphäre. Ein Buch also soll es werden. Aber eigentlich gibt es gar nichts mehr zu schreiben über die Stille. Denn es ist ja längst alles gesagt und geschrieben. Von großen spirituellen Meistern der Vergangenheit, auch von Zeitgenossen. Was zu sagen wäre, ist kurz und klar: Setz dich. Nimm deinen Atem wahr. Atme lange aus. Lass dich füllen mit neuem Atem. Nimm deinen Körper wahr. Nimm die Dinge wahr, die dich umgeben: die Klänge, Farben, Gerüche, Gesten, Geräusche, Worte, das Licht der Kerze. Das Papier, das sich mit Buchstaben füllt, das Handy, den Stift, den Geschmack des Bieres auf deiner Zunge. Nimm wahr, was ist. Es ist dein Leben. Das ist es, was zu sagen wäre. Es ist gut, so wie es ist. Die »Gedankengeräusche« klingen ab, der Lärm hört auf. Ich komme an. Sehe die schönen Gegenstände, die Vasen, ein Buch, die kleinen Kerzenleuchter. Ich fühle mich wie ein Beschenkter. Mein Tisch ist reich gedeckt.

Männer und Stille

Es fehlt noch ein Farbton. Oder ein Klang. Der Klang der Männer. Denn es ist ein besonderes Verhältnis, das Männer zu Stille haben. Wir haben gesehen: Politik kommt viel zu oft und fast ausschließlich aus der Welt des Lärms. Aus dem Lärm der Männer, die um die Kraft der Stille nicht wissen. Solche Politik ist ein Männergeschäft auf eine eigenartige Weise. Da finden Hahnenkämpfe statt, da werden Konkurrenzen ausgetragen, das muss man(n)»sich durchsetzen« (wo hindurch eigentlich?) – da geht unglaublich viel Energie hinein. Besonders schlimm wird diese Art von Männlichkeit, sobald eine Frau mit in der Runde sitzt. Da werden viele Männer derart vom Bauch gesteuert, dass sie nur noch aggressiv und dominant agieren gegenüber anderen Männern. Sie lassen den anderen nicht ausreden, sie hören nicht mehr zu, sie spielen demonstrativ an ihren Handys oder Blackberrys. Erstaunt hat mich, wie schnell auch manche Frauen diese »männlichen« Verhaltensweisen übernehmen. Es ist erstaunlich, wie wenig wirkliches Gespräch in der Welt der Politik möglich ist. Man hört sich kaum noch zu. Kaum hat jemand etwas gesagt, bekommt er auch schon eine Erwiderung, da geht gleich etwas »dagegen«. Man fällt sich ins Wort, man ruft dazwischen, man ist außer sich. Das sind Rituale vom Kampfplatz. Das ist nicht wirklich hilfreich. Das ist nicht wirklich lösungsorientiert.

Wir haben aber auch gesehen, dass diese »Macht«kämpfe manchmal eine ganz tiefe Ursache haben: Schon die Jungs werden – von den Frauen! – dazu erzogen, ihre »Rolle« als Ernährer und Versorger zu erfüllen. Man packt es ihnen auf die Schultern. Sie sollen schon als Jungs Männeraufgaben erfüllen. Selbst in einem Alter, in dem sie vielleicht noch spielen sollten, gehen sie »Schnee schaufeln«, um ein Bild zu benutzen, das ein paar Kapitel weiter vorn zur Metapher geworden ist. Weil ihre Väter als abwesende Väter erlebt werden, gehen sie in den Aspekt der Vaterrolle, die der nicht ausfüllt, sie werden zu »kleinen Vätern«, sie werden tüchtig in vielerlei Hinsicht – oft auf die Frau bezogen. Sie verkneifen sich früh ihre Sehnsucht nach Berührung. Sie gewöhnen sich früh ihre Gefühle ab, verschließen sie tief in sich. Sie denken nur noch an »Haus bauen«, »arbeiten«, »tüchtig sein«.

Was soll auch ein junger Vater zu Hause, wenn sich die Kinder zunächst ausschließlich an der Mutter orientieren? So ein junger Mann, der plötzlich in einer neuen Rolle dasteht, sich seiner eigenen Gefühle und Erwartungen meist nicht bewusst, seiner eigenen Anlehnungsdürftigkeit und »Schwäche« – so ein junger Mann wird innerlich früher oder später zu Hause ausziehen und in die Arbeit flüchten. Bis ihn der Schlag trifft. Oder eine andere Lektion. Diese »Tüchtigkeit«, die aus versteckter Unsicherheit kommen kann, ist eine starke Quelle des »Lärms«. Besonders im Politikgeschäft. Diese ergebnislosen Debatten! Diese kraftzehrenden Rituale um die Macht – all das so wenig Hilfreiche in solchen lärmenden Runden. Ist denn gar kein Kraut dagegen gewachsen? Manchmal habe ich mir während einer Ausschusssitzung im Parlament vorgestellt, wenn eine solche verbissene »Runde« plötzlich doch nur mal für fünf Minuten eine Clownsnase aufsetzen würde – das herzliche Lachen über die gerade vollzogenen Rituale wäre vielleicht erlösend. Manchmal habe ich mir vorgestellt, wenn eine solche Runde vor der Diskussion – oder mitten in der Hitze der Debatte – in die Stille gehen würde – nicht, um weiter zu reden, sondern um mal zu sitzen, zu atmen und vor allem mal die Klappe zu halten. Was für ein starker Impuls wäre das! Ich glaube, dass so etwas dringend nötig wäre. Unsere Sitzungen, die Vorstände, die Gremien, die Ausschüsse, die Arbeitsgruppen – dass wir uns wieder zuhören würden, nicht nur mit den Ohren, nicht nur mit den Augen, sondern wirklich. Was will denn der andere Mensch da, der mir da gegenübersitzt, auf der anderen Seite des Tisches, was will der denn wirklich mitteilen? Vielleicht will er sagen: »Ich habe keine Lust auf dieses Thema. Ich würde jetzt viel lieber Dampfer fahren oder am Strand liegen.« Er sagt es aber nicht. Sondern er sagt stattdessen: »Darüber sollten wir noch mal ausführlicher sprechen.« Oder er sagt: »Darüber müssen wir wirklich noch mal nachdenken.« Politikersprache. Was ist der Ton hinter dem Ton? Was ist die Bedeutung hinter dem Wort? Was ist die Botschaft hinter dem Klang? Ich kenne das von mir gut: dass ich schnell »außer mir« bin, wenn ich über ein politisches Thema diskutiere. Schnell falle ich in die alten Rituale des »Rechthabens«, schnell will ich »gewinnen«, will mich »durchsetzen« – manchmal habe ich Kopfschmerzen nach solchen Diskussionen. Ein sicheres Signal, dass da »etwas« nicht stimmt. Seit einiger Zeit übe ich dann das bewusste Atmen. Man merkt es ja nicht. Das lange Ausatmen hat eine gute Wirkung auf das, was ich dann tue. Meist höre ich auf zu reden. Meist werde ich stiller, höre wieder mal zu, was mir der andere Mensch da von der anderen Seite des Tisches eigentlich mitteilen möchte.

Politik als Ausdruck der »Welt des Lärms« ist weitgehend eine Männerwelt. Hier kann man »tüchtig« sein, hier kann man »kämpfen«, hier kann man »erfolgreich« sein. Hier kann man sich verausgaben. Aber es ist eben auch die Welt des Selbstbetrugs, denn die tiefen Sehnsüchte werden hier nicht erfüllt. Man sieht es am Wein oder Bier oder Schnaps am Abend nach der Debatte, man sieht es auch an anderen Süchten. Man(n) kämpft in dieser Welt immer schneller, noch umfassender, noch »strategischer« – und kommt doch immer weiter weg vom Ziel. Irgendwie gibt es auch eine dunkle Ahnung dafür, dass da »noch etwas ist«. Irgendwie bleibt ein Nachgeschmack. Aber das wird wieder weggeschoben. Und es wird weitergestritten. Vielleicht fällt Männern der Abschied von der Politik aus diesen Gründen besonders schwer. Ich lese in diesen Tagen in diversen Zeitungen von den Abschieden meiner Kollegen. Manche suchen gezielt die Öffentlichkeit. Es ist ihr Versuch, irgendwie mit dem Abschied umzugehen. Man macht ihn öffentlich. Christoph Schwennicke hat im »Spiegel« einen treffenden Artikel darüber geschrieben. Aus diesem Artikel seien deshalb hier ein paar Absätze zitiert:

»Abschied aus der Politik: Kaum einer gelingt, fast alle Lebensläufe von Politikern enden tragisch, bitter, quälend. Warum muss das so sein? Unterwegs auf den letzten Metern mit Parlamentariern, für die in diesem Sommer Schluss ist.«[51]

Der Journalist Christoph Schwennicke erlebt den Politikerall-

---

51. Der Spiegel Nr. 27/2009.

tag und den Politikerabschied am Beispiel von Ludwig Stiegler, Mitglied des Bundestages und Opfer seines Terminkalenders. Seit 30 Jahren wird der Alltag von Ludwig Stiegler kontrolliert von seiner Assistentin und von seinem Chauffeur – nun muss er sich langsam wieder an ein normales Leben gewöhnen. »Der Politikerabschied, sagt Geißler, sei die extremste Spielart des Abschieds, weil er, jedenfalls der nicht selbst gesuchte, mit dem höchsten Maß an Kränkung einhergeht. Das Wahlvolk oder die Partei hat's gegeben, das Wahlvolk oder die Partei hat's genommen. Bis eben noch hoffen, so wie Schröder in der Elefantenrunde, und dann der große Absturz. Ein Mann zwischen Kanzleramt und Ende. Dahinter lauert der kalte Entzug. Gut wäre es, sagt Geißler, wenn das Gift, das Rauschmittel der Macht, allmählich ausschleichen könnte, so wie man Psychopharmaka nicht mit einem Mal absetzt, sondern die Dosis allmählich reduziert. Aber so ist es nicht. Das Ende des Politikers kommt meist aus voller Fahrt, der Fall ins tiefe, schwarze Loch immer von ganz oben. Heinemann habe einen guten Abschied hingekriegt, sagt Geißler. Nach einer Pause setzt er hinzu: ›Ich dachte immer, der Müntefering kriegt es hin.‹ Es gibt diesen Moment, den selbstbestimmten Moment, den Stiegler möglicherweise erwischt hat. Die meisten lassen ihn verstreichen.«[52]

So weit Christoph Schwennicke. Er hat genau beobachtet. Ich kann ihm zustimmen. Und doch wäre noch etwas hinzuzufügen. Denn Männer haben ein sehr besonderes Verhältnis zu dem, was nach dem »Absturz« auch kommen kann – wenn die Stille eintritt. Es gibt nämlich auf der anderen Seite jene Männer, die ganz bewusst die Wirklichkeit hinter dem »Absturz« suchen. Die Wirklichkeit, die hinter der scheinbar sinnlosen Leere liegt. Männer, die ganz bewusst in die Stille gehen – um stark zu werden. Wenn die Schale zerbrochen ist, wenn der »Absturz« erfolgt ist, dann liegt da eine große Chance, sich jenen Bereich des Lebens anzuschauen, der uns eigentlich trägt – hinter all dem Lärm und Tun und Funktionieren und Tüchtigsein. Diese Männer haben die Hahnenkämpfe nicht mehr nötig. Diese Män-

52. Der Spiegel Nr. 27/2009.

ner reifen innerlich wirklich heran und werden stark und können andere tragen. Ich habe in Klöstern solche Männer gefunden: die – oft hinter einem persönlichen »Absturz« – die Kraft der Stille erfahren haben und dahinter die Kraft, die sie eigentlich trägt. Ich habe solche Männer in Büchern gefunden, wir sprachen davon, und ich habe sie im Training gefunden. Männer, die auf ihr Getue und ihre Kämpfe, auf die äußerlichen »Männlichkeitsrituale« verzichten gelernt haben – oft unter Schmerzen – und nun sich selbst und auch andere viel besser tragen können, als sie es vorher konnten. Männer und Stille. Das ist eine sehr besondere Beziehung. Es ist die Erfahrung der »Welt des Lärms« – das Rackern im Uneigentlichen. Aber es ist eben auch die männliche Erfahrung der starken tragenden Stille, die Erfahrung des Urgrundes von allen Dingen.

Männer können beides haben. Mir sind jene Männer wichtiger geworden, die nicht im »Außen« ihr Heil suchen, sondern die den schwereren Weg gehen und an sich selbst arbeiten. Jene Männer, die von der Kraft des »siebenfach geschmiedeten Schwertes« wissen, weich wie Seide und hart wie Damaszenerstahl. Ich wünschte mir, dass mehr Männer den Weg in die Welt hinter den Machtspielchen und hinter dem Lärm und hinter dem Kämpfen finden könnten. Eine große starke warmherzige Kraft würde von ihnen ausgehen. Es würde der Politik guttun.

Die Botschaft der Krankheiten oder:
Ein anderer Versuch, über Stille zu schreiben

Ein neuer Tag an der See. Ich nähere mich heute dem Thema von einer anderen erlebten Seite. Denn anfangs war es die erzwungene Stille, der ich begegnete. Abstrakt kann ich nichts zum Thema »Stille und Politik« sagen. Ich kann alles hier Gesagte nur als persönliche Erfahrung reflektieren. Stille kann man nur erfahren oder hören oder wahrnehmen oder erleben. Man kann Stille fürchten, man kann sie lieben, kann ihr ausweichen. Aber über Stille schreiben? Aus eigener Erfahrung weiß ich, welche schmerzhaften inneren Wahrnehmungen und Gefühle in tiefer Stille frei werden können. Stille kann überaus unangenehm sein. Erzwungene Stille ist besonders schmerzhaft – nachts im Krankenhaus zum Beispiel, wenn der Mond ins Zimmer tritt und ich mich frage »Wozu das alles eigentlich?« Ich habe agiert und bin gerannt, bis die Krankheiten kamen: ein Krebs vor acht Jahren, der eine große Operation erforderte und ein leichter Schlaganfall vor zwei Jahren. Mein Körper machte nicht mehr mit. Verweigerte sich dem Wahnsinn. Er zog die Notbremse. Es waren Zeiten, in denen mich mein Körper regelrecht in die Stille warf. Es knallte mich hin, dass ich gar nicht mehr wusste, wie mir geschah. Plötzlich und lebensgefährlich. Das Fundament kam ins Wanken. Es fesselte mich ans Krankenbett und zwang mich, innezuhalten.

Ich habe schmerzhafte, aber sehr wichtige neue Erfahrungen dadurch gemacht. Die Erfahrung der Ohnmacht beispielsweise. Eine solche Erfahrung ist für aktive Menschen wie mich eine sehr unangenehme, schmerzhafte Erfahrung, die bei mir oft in Wut mündete. Mein Gott, was habe ich getobt gegen meinen Körper, der mir den Gehorsam verweigerte und einfach nicht mehr funktionieren wollte! Ich war zornig auf meinen Körper, weil er nicht machte, was mein Kopf von ihm verlangte. Er funktionierte einfach nicht mehr. Er gehorchte nicht mehr. Er verweigerte sich. Es hat lange gedauert, bis ich akzeptieren konnte, was mir mein Körper zu sagen hatte. Ich habe in den Zeiten der

Krankheit ein Gefühl dafür bekommen, dass ich eigentlich – auf der Suche war. Ich war auf der Suche, die »Melodie« in meinem Leben zu finden.

Es gibt einen Text aus jener Zeit, den ich hier einfüge, weil er wichtig ist zum Verständnis des Weges, den ich zu gehen hatte:

Die Melodie des Lebens finden[53]

*Dieser Beitrag ist überschrieben mit dem Thema: Die Melodie des Lebens finden. Ich will das Thema gleich am Anfang etwas korrigieren. Ich glaube, es geht nicht so sehr darum, diese Melodie aktiv zu suchen, sondern es geht vielmehr darum, auf diese Melodie zu hören, sie ist nämlich immer da. Dann möchte ich Sie mitnehmen auf dem Weg, den ich ein Stück gegangen bin im Umgang mit der eigenen Krankheit. Ich bin Krebspatient, drei Jahre her ist die Operation und ich möchte Sie ein Stück mitnehmen in die Überlegungen, die ich selber und Freunde und die Familie angestellt haben und berichten von Erlebnissen und Erfahrungen, die vielleicht einmünden in ein Gespräch miteinander. Ich werde deshalb mit Ihnen über die Stille sprechen, über das Entdecken, über das Zuhören. Das sind Worte, die mir wichtig geworden sind. Anfangen will ich mit dem **Atmen.** Wer eine Melodie singen will, ist gut beraten, wenn er vorher gut Luft holt, wenn er bewusst atmet. Jeder, der in einem Chor singt, weiß das. Eigentlich leben wir aber anders. Eigentlich leben wir als Menschen, die durch den Tag hetzen, die unaufmerksam sind mit sich selber, die nach außen leben, die nicht hörend leben, nicht empfangend leben. Menschen hetzen durch den Tag, sie hetzen durch die Woche, sie hetzen durch das Jahr und irgendwann kommt dann eine Diagnose: »Sie haben Krebs, das muss operiert werden, das muss alles raus und ansonsten noch einen schönen Tag.« Das ist dann eine Zäsur, eine Gelegenheit, eine Fermate, würde man im Chor sagen, innezuhalten, zu stoppen, zu lauschen: Was passiert jetzt eigentlich? Bei mir haben die vergangenen drei Jahre dazu beigetragen, Stück für Stück, Schritt für Schritt zu lernen, dass das Leben nicht irgendwann später anfängt, also nach der Operation oder nach der Chemo oder nach dem Ur-*

---

53. Vortrag, den ich auf dem 12. Internationalen Kongress der Gesellschaft für Biologische Krebsabwehr e.V. im Mai 2004 in Celle gehalten habe.

laub oder nachdem die Wahl gewonnen oder verloren ist, sondern: Das Leben ist jetzt, hier, in diesem Moment. Es ist wichtig, jetzt da zu sein, präsent zu sein, zu leben. Dafür ist es wichtig, bewusst zu atmen und zu hören, dass alles atmet. Das Jahr atmet die Jahreszeiten, das Meer atmet die Gezeiten, der Baum atmet zwischen Frühling und Winter. Es gibt sogar Astronomen, die glauben, das Weltall atme in einem unglaublich langen Atemzug.

Ich bin Mitglied im Kuratorium des Max-Planck-Institutes für Gravitationsphysik in Potsdam und wenn Sie mit den Astronomen sprechen und sie anfangen zu erzählen von dem Atem des Weltraums, dann erfahren Sie eine ganz neue Dimension von der Zeitetappe, die uns gegeben ist, in dieser körperlichen Gestalt auf der Welt zu sein.

Alles Leben atmet, und die Kunst besteht darin, sich in Einklang einzuschwingen mit dem Atem, der für uns vorgesehen ist und den unsere Seele kennt. C.G. Jung glaubt, die Seele sei etwas Uraltes, etwas Millionen Jahre Altes, das ein unglaubliches Wissen hat über die Zusammenhänge von Einatmen und Ausatmen, von Geborenwerden und Sterben, von Festhalten und Loslassen. Die Seele weiß das alles und gelingendes Leben geschieht dann, wenn man sich selber einschwingt auf diese Melodie, die immer da ist. Es gibt Worte, die einem dabei helfen können. Es gibt Übungen, die einem dabei helfen können, sich einzuschwingen. Die Therapeuten unter Ihnen verdienen damit ihr Geld, die Ärzte versuchen, sich dem anzunähern; zu wenig Ärzte, wie ich finde, aber sie werden glücklicherweise mehr, dass man nicht nur Gerätemedizin hat und nicht nur über Operationen und über Chemo redet, sondern darüber: Was hat eigentlich Deine Krankheit zu tun mit Deiner Seele? Was erzählt Dir denn der Krebs über die Art, wie du lebst?

Es gibt Hilfsmittel für dieses notwendige Einschwingen in den Atem des Lebens in allen Religionen der Welt. Ich habe mich seit meiner Operation sehr viel mit Spiritualität beschäftigt und mich auf die Suche gemacht. Was sagen denn die erfahrenen Religionen über den Zusammenhang von Krankheit, von Körperlichkeit und Seele? Man findet überall dieses uralte Wissen um heilende Worte, um heilende Töne, um das Heilen in der **Stille**. Ich war nach meiner Rehabilitation im Kloster der schweigenden Mönche in der Eifel.

Es ist für einen Abgeordneten eine nicht ganz einfache Übung, mal den Mund zu halten. Und zwar nicht nur mal einen Tag, sondern eine ganze Woche. Eine ganze Woche nicht sprechen. Furchtbar. Und wunderbar. Es ist eine sehr heilsame Übung, wenn man sie mit etwas Positivem verbindet. Ich selber bin evangelischer Christ und ich habe mich mal ganz bewusst der katholischen Tradition ausgesetzt, die ja in den Klöstern noch sehr wach und lebendig ist, und es ist eine sehr wohltuende und heilsame Übung, sich der Weisheit der Liturgie anzuvertrauen, die Stundengebete mitzugehen, den Tag mitzuatmen.

*Eine Übung, die ich jedem empfehlen kann, der versucht zu verstehen, was seine Krankheit ihm eigentlich sagen möchte. Die Trappisten, die schweigenden Mönche, wissen um die heilende Kraft des Schweigens. Sie haben eine Schweigegelübde abgelegt. Dieses Wissen um die heilende Kraft des Schweigens haben auch andere. Das wissen die Taoisten, das wissen die Zen-Buddhisten, das wissen die Mystiker im Islam, die Sufis. Sie wissen alle um die Weisheit, dass es zunächst darauf ankommt, nicht zu sprechen, nicht zu analysieren, nicht zu erklären, sondern zu hören. Joachim-Ernst Behrendt ist mir bei der Beschäftigung mit der Krankheit begegnet, der große Jazzmusiker aus Deutschland, der Gründer des Jazzfestivals in Berlin. Er hat uns darauf hingewiesen, dass das Ohr eines der Organe ist, die am frühesten im Leben überhaupt Reize aufnehmen und dasjenige Organ, das am längsten funktioniert, wenn das Leben zu Ende geht. Deswegen ist es sinnvoll, Sterbenden alte, heilende Texte ins Ohr zu sagen, auch wenn sie scheinbar nicht mehr wach sind. **Hören**! Das ist die Botschaft, die eine Krankheit uns sagen will in unserem Lärm, der uns umgibt, in der hektischen Art zu leben, in der wuchernden Art zu leben nach außen – und ich glaube, Krebs ist eine Botschaft für unsere Gesellschaft. Wir leben im Grunde in einer Krebsgesellschaft, die wuchert, die ihren Wert aus dem blindem Wachstum bezieht. Es ist ein Wachstum um jeden Preis. Ich glaube, wir sind gut beraten, wenn wir das Hören wieder lernen. Alle Weltreligionen wissen um diese Zusammenhänge. Und wenn wir vorhin vom Atmen gehört haben, dann fällt mir natürlich Thich Nath Hanh ein, der große vietnamesische Buddhist, der in Frankreich lebt, der kürzlich auf einer großen Tour in Deutschland* unterwegs war und der auf diesen wichtigen Zusammenhang immer wieder hinweist. Über den Atem des Körpers zurückfinden in den gegenwärtigen Moment. Das Leben ist jetzt! Das sagen die ZEN-Buddhisten und das sagen interessanterweise auch Christen, das sagen Mönche in den Klöstern. Das Leben ist jetzt. Jetzt ereignet sich die Schöpfung. Deswegen ist Krankheit nicht etwas, was man bekämpfen müsste, sondern ich glaube, es kommt darauf an, zu verstehen, was sie sagen möchte. Darum geht es. Es geht nicht um den Kampf gegen die Krankheit, sondern es geht darum, in die Zustimmung einzuschwingen, zu dem, was die Seele einem mitteilen möchte. Es gibt für diese große Zustimmung, die am Ende des Lebens jedes Menschen steht; für die große Zustimmung, wenn die Kämpfe durchfochten sind, wenn die letzte Chemo vorbei ist, wenn der Mensch merkt, der Tod wird stärker, ein Wort: Am Ende des Lebens, glaube ich, steht bei jedem Menschen die ganz große Zustimmung, das große Ja, die Antwort des Menschen auf die Zusage Gottes: Du bist geliebt. Du bist angenommen. Es gibt ein spirituelles Wort für diese Zustimmung. Im Orient, in Asien sagt man: OM. Dasselbe Wort gibt es in unserem Kulturkreis. Wir sagen: Amen. Das Wort bedeutet: »Ja. So wie es ist, ist es gut.« Nicht erst nach dem Krebs. Nicht erst nach der Chemo. Nicht erst nach der Operation. Schon jetzt ist es gut. Zu dieser Einsicht zu gelangen ist, glaube ich, die hohe Kunst. Es wird nicht einfach gehen. Man geht durch die Tränen. Man geht durch den Zorn. Man geht durch die Ablehnung. Jeder von Ihnen, der sich auch in der Literatur auskennt, weiß, wie die Menschen kämpfen, wenn dieser WEG zu gehen ist. Elisabeth Kübler-Ross hat es in ihren Büchern beschrieben, wie sie weitergehen von Hoffnung zu Niederlage, immer wieder weitergehen und wenn es gut geht, am Ende diese Zustimmung erleben.

Ich habe auf dem WEG viele Wesensverwandte getroffen. Rilke, zum Beispiel. Rilke erzählt davon, es käme im Leben darauf an, die tiefe Stille zu betreten beim Weg zum Hören. Er schreibt, es käme darauf an, sogar die Gedankengeräusche noch wegzulassen. Diejenigen von Ihnen, die Meditation praktizieren, wissen, wovon die Rede ist. Den Kopf leer machen von den Gedankengeräuschen, von der »Mühle« da oben. Die Krankheit hat mir neue Weggefährten gezeigt.

Wenn es darum geht, über die Melodie des Lebens zu sprechen, muss man über Musiker sprechen. Einer, der für mich eine fulminante Neuentdeckung war und den ich Ihnen empfehlen kann, ist Arvo Pärt. Arvo Pärt, der große estnische Komponist, der angefangen hat in der Zeit des Kommunismus als Komponist von Filmmusiken und der spät zu seiner Spiritualität gefunden hat. Zur Kraft der Spiritualität der Russisch Orthodoxen Kirche. Er erzählt die Geschichte von der Begegnung mit einem russischen Mönch. Pärt erzählt diesem Mönch, er sei Komponist und er vertone mittlerweile auch Psalmtexte und Gebete, aber er sei auf der Suche, das alles noch besser zu machen, deswegen suche er den Kontakt zu einem Kloster. Er wolle noch besser werden in der Vertonung, damit er das alles noch besser vorbereiten könne. Der Mönch sagt zu ihm: Herr Pärt, diese Gebete und diese Psalmtexte, die müssen Sie nicht noch besser vorbereiten. Sie sind alle längst vorbereitet. Das, worauf es ankommt, ist, dass Sie sich vorbereiten. Hören lernen. Verstehen lernen. Man braucht dazu vermutlich Dolmetscher. Man braucht Ärzte und Therapeuten, die einem behilflich sind beim Dekodieren dessen, was der Körper einem da so mitteilt. Der Körper spricht ja für die meisten von uns eine Fremdsprache. Wir sagen zwar umgangssprachlich: »Da hat mir etwas auf den Magen geschlagen« oder etwas »ist mir an die Nieren gegangen«, da habe ich mir etwas »zu Herzen genommen«, oder etwas »hat mir die Luft genommen«.

Wir wissen irgendwie intuitiv, dass es da Zusammenhänge gibt. Dennoch brauchen wir offenbar erfahrene Therapeuten und Ärzte, die uns beim Dekodieren helfen, was die Krankheit uns sagen könnte. Für mich war die wichtigste Botschaft der Krankheit: Höre auf, so wuchernd zu leben. Parlamentarier sind manchmal auch Workaholics. Sie suchen sich die Aufgaben regelrecht; sie versuchen, Probleme anderer Menschen zu lösen; sie bieten sich an als Problemlöser. Sie leben davon, gebraucht zu werden. Sie wollen helfen. Sie verdecken damit manchmal, dass sie selbst Hilfe brauchen. So was »kann einen krank machen«. Ich weiß, wovon ich rede. Deswegen ist eine wichtige Botschaft der Krankheit: Hör auf, so wuchernd zu leben. Ich glaube, es ist nicht zufällig, dass es Krebs ist. Man hätte ja schließlich auch eine andere Krankheit kriegen können. *Aber eine so wuchernde Krankheit sagt etwas über die Art, wie falsch man lebt.*

Heilsame Worte sind wichtig. Für mich besonders wichtig: die Mantras unserer Tradition. Ich fahre nicht auf die Philippinen oder nach Indien oder nach China, um die buddhistische Tradition zu entdecken und dann als irgendwie Erlöster nach Europa zurückzukehren. Nein. Das, was ich bei den schweigenden Mönchen in der Eifel gelernt habe, ist das uralte Wissen, das die Asiaten auch haben und praktizieren. Wir wissen es aber selbst. Das haben wir alles selber, zum Beispiel das Wissen um die Kraft der heilenden Worte. Das Wissen um die Mantras. Unsere Mantras nennen wir in unserer Tradition: Worte des Herrn. Sie sind beispielhaft überliefert in den Psalmen. 2.000 Jahre alte Texte. 3.000 Jahre alte Texte. Einen dieser Texte zitiere ich immer besonders gern aus Psalm 90, der heißt: »Herr, lehre uns bedenken, dass wir sterben müssen, auf dass wir klug werden.« Ich finde, dass ist eines der schönsten Mantras unserer eigenen Tradition, das die Sache auf den Punkt bringt. »Herr lehre uns« – er macht das manchmal mithilfe einer Krankheit. »Lehre uns, lehre uns bedenken.« Wer macht das schon von uns? Etwas wirklich Be-denken? In unserer schnelllebigen Zeit? »Lehre uns bedenken, dass die Krankheit der Hinweis ist.«

Für mich enthält die Diagnose Krebs eine sehr simple, aber sehr schmerzhafte Wahrheit, die Wahrheit nämlich: Du wirst sterben. Es kann sein, dass das heute passiert. Es kann sein, dass das in einer Woche passiert. Es kann sein, dass es in drei Jahren ist – meine Operation ist jetzt drei Jahre her. Selbst wenn er jetzt noch mal vorübergegangen ist, der Tod wird wiederkommen, da bin ich ganz sicher. Er wird wiederkommen, früher oder später. »Gevatter Tod«, wie unsere Tradition sagt. Er wird sagen: Nun ist die Stunde da. Und diese Lehre der Krankheit, das Leben zu empfangen als ein Geschenk, das uns für eine kurze Zeit gegeben ist, das, glaube ich, ist die ganz große Botschaft, die jede Krankheit hat. »Worte in die Stille gesagt«, nenne ich die Psalmen.

Ich mache jetzt immer eine Übung am Beginn des Tages, seit die Krankheit da ist. Man muss ja, wie ich in der Therapie gelernt habe, versuchen, sich am eigenen Schopf aus dem Sumpf zu ziehen, versuchen, aktiv zu sein im Umgang mit seinem Körper. Ich versuche seither also die Tage immer mit solchen Meditationen zu beginnen. Ich nehme mir dann einen Psalmvers mit, schreibe ihn mir auf einen Zettel, habe ihn mit bei der Arbeit, im Parlament oder wenn ich in der Fraktion bin oder in anderen Ausschüssen sitzen muss oder an der Bushaltestelle stehe und auf den Bus warte. Man kann sich solche kleinen Texte überallhin mitnehmen. Man kann sie kauen wie ein Stück Brot. Zum Beispiel so einen Satz: »Lobe den Herrn, meine Seele und vergiss nicht, was er dir Gutes getan hat.« Wenn Sie einen solchen Satz mal eine Woche lang kauen, da, wo Sie gerade sind, jetzt hier beim Lesen oder heute Abend beim Abendbrot essen oder wenn Sie morgen an einer Haltestelle stehen oder auf den Zug warten, dann hilft Ihnen das, wieder zu schwingen. »Lobe den Herrn, meine Seele und vergiss nicht, was er dir Gutes getan hat«. Als ich im Krankenhaus lag und vorbereitet wurde auf die Operation, rief mich mein Bruder an und zitierte mir auch einen solchen alten Text aus Psalm 27, einen, wie ich finde, sehr schönen, anschaulichen und bildhaften Text: »Er – und damit ist Gott gemeint – baut dir eine Hütte zur bösen Zeit«. Er baut mir eine Hütte. Damit ich Unterschlupf finde. Das sind Worte, in denen kann man sich bergen. In solche Worte kann man sich einhüllen. In bösen Zeiten zum Beispiel, in Zeiten, in denen man Krebs-Diagnosen mitgeteilt bekommt. Solche Worte sind eine gute Wegzehrung. Bei der Auseinandersetzung mit der Botschaft der Krankheit bin ich Weggefährten begegnet. Ich bin Chinesen begegnet und Deutschen, Vietnamesen und Esten. Ich bin Mönchen begegnet und Musikern. Ich traf sie auf dem Weg, die eigene Melodie zu finden. Es geht darum, sie zu entdecken, denn sie ist immer da und es geht um das rechte Singen der eigenen Melodie. Es geht darum, sich einzuschwingen auf die Melodie, die die eigene Seele immer schon kennt und schon immer gekannt hat. Es ist die Melodie von dem Großen hinter der Musik; von der Welt, an deren Schwelle wir stehen; von dem Klang hinter dem Klang. Es geht darum, transparent zu werden für diesen Klang, ihn durch sich hindurch klingen (personare) zu lassen. Es geht darum, Person zu werden.

Auf diesem Weg ist mir ein Mann begegnet, den ich seitdem ins Herz geschlossen habe. Er ist einer unserer wichtigsten Weisen, einer unserer wichtigsten spirituellen Meister, der Spanier Johannes vom Kreuz, Beichtvater und Freund der Teresa von Avila. Johannes vom Kreuz, einer, wie ich finde, der klügsten und weisesten, wenn es darum geht, das Hören zu lernen, hat am Ende seines Lebens seine Freunde aus dem Kloster zu sich gebeten und um sein Bett versammelt und sie fingen an, nach guter katholischer Sitte, die Sterbeliturgie zu sprechen und die Gesänge zu singen. Aber Johannes wurde ärgerlich in seiner unnachahmlichen, etwas cholerischen, natürlichen, energischen Art und Weise und er wurde noch einmal richtig lebendig und hat dagegen protestiert und wollte das alles nicht, diesen Ritus mit den traurigen Texten, sondern er hat sich zu seinem eigenen Wunsch bekannt und hat seine Mitbrüder gebeten, ihm einen Text zu sprechen, der ihm besonders wichtig war. Er wollte einen Text über die Liebe hören. Nicht irgendeinen. Sondern den Text über die Liebe. Das »Hohe Lied der Liebe« wollte er hören am Ende seiner Tage. Dieser Text ist mir seither wichtig geworden. Ich wünsche mir seither für den Tag, wenn meine Lebensmelodie einmal ausklingt, dass da Menschen sind, die diesen Text sprechen. Das Sterbegebet des Johannes vom Kreuz aus dem Jahr 1542: ›Horch, mein Geliebter! Er kommt! Er springt über die Berge. Er hüpft über die Hügel. Draußen steht er. Er schaut durch die Fenster. Er späht durch die Gitter. Und er spricht zu mir: Steh auf, komm! Vorbei ist der Winter. Verrauscht ist der Regen. Auf der Flur erscheinen die Blumen. Die Zeit zum Singen ist da.‹

Johannes spricht von dem Großen hinter dem Kleinen, von dem Sein hinter der scheinbar schrecklichen Wirklichkeit; er spricht vom Leben hinter dem Tod. Johannes steht nun an der Schwelle zum Leben selbst, das ihn aufnehmen wird wie einen Klang – die Zeit zum Singen ist da.«

So war der Vortrag damals. Es gab viele Reaktionen darauf. Mit vielen Menschen bin ich ins Gespräch gekommen über Themen, über die man sonst nicht spricht. »Wenn du nicht auf mich hörst«, sagt die Seele, »dann nehme ich deinen Körper zu Hilfe. Seine Botschaft wirst du verstehen.« Seither bin ich auf der Fährte der Stille. Aber: Dennoch musste mir wieder erst etwas »dazwischen« kommen, denn man lernt ja nur allmählich und in kleinen Schritten. Nicht lange nach der ersten großen Krankheit bin ich wieder losgerannt, als sei nichts gewesen. Ich musste erneut »auf die Nase fallen«. Die wichtige ZEN-Arbeit lernte ich erst nach einer erneuten »Zwangspause« kennen, in der Rehabilitation – nach dem Schlaganfall. Und ich lernte. Lernte ZEN kennen. RINZAI-ZEN. Meine »Zwangspausen« haben mir wichtige neue Erfahrungen ermöglicht. Ich kenne von diesen erzwungenen Zeiten die Erfahrung der Vergeblichkeit, die erst möglich wird, wenn der Körper seinen Dienst verweigert und einen ans Krankenbett fesselt, wenn man angewiesen ist auf die Hilfe anderer Menschen.

Ich kenne das Gefühl: All das Engagement, all das Agieren, all das Hetzen und Arbeiten ist letztlich alles nur »Haschen nach Wind«. Denn es berührt die tiefe Sehnsucht im Herzen nicht wirklich. Wirklich angerührt werde ich, wenn ich der tiefen Stille begegne. Aber bis dahin ist es *ein weiter Weg*.

Menschen wie Dag Hammarskjöld wissen darum. Er hat sich immer wieder in die Stille zurückgezogen, um den Geist und die Gedanken zu klären. Er ist in die Stille gegangen, um sich zu verbinden mit einer größeren Wirklichkeit. Er wusste von dem »Großen Zusammenhang«. Er ging regelmäßig immer wieder in den Kontakt mit dieser großen Kraft und fand so neue Klarheit – für ein starkes politisches Engagement. Sein Tagebuch »Zeichen am Weg« legt davon Zeugnis ab. Mir ist das Buch erst begegnet, als ich bereit dafür war.

Heute, scheint mir, bedarf es der Stille in der Politik mehr denn je. Denn unser politischer Alltag ist der Alltag von Junkies. Es ist der Alltag von Abhängigen, von Gehetzten, von Süchtigen. Wir handeln nicht mehr aus der stillen Kraft, wir reagieren fast nur noch. Reflexartig. Oft ohne ausreichende Überlegung, ohne Be-Sinnung. Ich schreibe diese Zeilen mitten in der Weltwirtschaftskrise, die Verhandlungen zur Zukunft von »Opel« sind gerade so weit gediehen, dass sich eine mögliche Zukunft für die Opelstandorte in Deutschland abzeichnet. Auch andere Unternehmen stehen Schlange und wollen Staatshilfe. Das Parlament hat gerade Gesetze verabschiedet, die sogar eine Verstaatlichung von Banken ermöglichen sollen – vor wenigen Wochen noch unvorstellbar. Wir agieren wie Gehetzte. Es geht Schlag auf Schlag in diesen Tagen. »Schutzschirme« werden aufgespannt. »Not-

programme« werden verabschiedet. Wir sind im Alarmzustand.
Und gerade jetzt wäre sorgfältige Arbeit wichtiger denn je. Allerdings ist es eine Illusion zu glauben, es gäbe im politischen
Geschäft auch mal ruhigere Tage. Ich habe in den zurückliegenden 20 Jahren meines politischen Lebens oft Tage gehabt, an
deren Abend ich nicht mehr wusste, was eigentlich mein erster
Termin am Tag war. Ein fast bewusstloses, gehetzt routiniertes
Agieren war das, dem Laufen in einem Hamsterrad nicht unähnlich, ein sehr uneigentliches Leben.

Nun weiß jeder, der sich mit diesen Dingen tiefer beschäftigt:
Hinter einem solchen Getriebensein kann sich eine große innere
Sehnsucht verbergen. Es kann die Sehnsucht sein, endlich gesehen zu werden. Eine solche Sehnsucht gründet nicht selten in
frühen Erfahrungen, als man nicht so gesehen wurde, wie man
es als Kind gebraucht hätte. Diese frühe Verlusterfahrung kann
ein starker Motor für hohes Engagement sein. Man agiert, rackert, reibt sich auf, opfert nicht zuletzt die Gesundheit, ist erfolgreich, findet Anerkennung. Aber diese Anerkennung macht
süchtig, man will immer mehr davon. Nie ist genug. Die »Erfüllung« der Sehnsucht durch die öffentliche Anerkennung zieht
eine noch größere Sucht nach sich. Schauspieler kennen das,
Musiker auch, Politiker ebenfalls. »Erfolgreiche« Ärzte kennen
das. Diese Sucht nach Anerkennung, der »Erfolg« als Indikator
gelingenden Lebens. Aber es bleibt dennoch eine merkwürdige
Leere. Wenn der Applaus verklungen ist, wenn der Artikel in der
Zeitung stand, wenn die Anerkennung ausgesprochen wurde –
bleibt eine irgendwie seltsame Leere.

Ich habe die Erfahrung gemacht, dass eine solche äußere
Anerkennung die innere Sehnsucht nicht wirklich stillt. Man
braucht immer mehr, rennt immer mehr, hetzt sich noch mehr ab.
Man kann nicht mehr »Nein« sagen, lehnt Anfragen nicht mehr
ab, versucht, auch diesen Termin noch irgendwie im Kalender
unterzubringen. Nicht selten kommt Alkohol dazu – Entspannung gelingt fast nur noch, wenn Alkohol im Spiel ist. Hinter der
Sehnsucht nach dem Gesehenwerden liegt jedoch etwas Tieferes. Ich kenne von mir die Sehnsucht nach Gehaltenwerden. Die
Sehnsucht nach der einfachen stillen Berührung. Die Sehnsucht

nach dem »Du brauchst dich nicht anzustrengen. Sei einfach da. Ich bin bei dir und ich sehe dich«. Es hat lange gedauert, bis ich dieser Sehnsucht in mir begegnen konnte. Beinahe 50 Jahre meines Lebens habe ich dafür gebraucht. Ich wusste lange Jahre gar nicht, dass ich diese Sehnsucht in mir trage. Es war eine schmerzliche Entdeckung. Sie hat Tränen gekostet. Dass da ein ungetröstetes Kind in mir wohnt, das eine tiefe Sehnsucht in sich trägt. Spät erst habe ich verstanden, dass *diese Sehnsucht* der Motor ist, der mich antrieb zu starkem politischem Engagement. Aber dann habe ich erlebt, dass die Sehnsucht auch schon die Antwort in sich trägt. Und die Antwort heißt: Du brauchst dich nicht anzustrengen. Du brauchst die Welt nicht zu retten. Sie *ist* gerettet.

Sucht kommt von suchen

Ich bin immer ein suchender Mensch gewesen. Als Kind hab ich Nähe gesucht und sie nicht so bekommen, wie ich sie mir gewünscht hätte. Ich habe diese Lücke mit Leistung gefüllt. Ich wollte nützlich sein, wollte, dass man mich braucht. Hab außen gesucht, was nur innen zu finden ist. Jetzt, im Alter von über 50 Jahren, beginne ich, diese Zusammenhänge zu begreifen. Ich habe mich oft als Heimatloser gefühlt. Als Nomade. Ich bin viel umgezogen im Leben, hab nicht nur die Jobs und die Wohnungen, sondern auch die Kontakte gewechselt, ohne wirklich in die Tiefe zu gehen. Angst vor erneuter Enttäuschung mag der Grund gewesen sein. Angst, mich mit meinen wirklichen Bedürfnissen zu zeigen. Die Angst, die innere Leere könnte sichtbar werden, die sich zunächst auftut, wenn man mal nichts »macht«, wenn man mal nicht »tüchtig ist« und nicht macht, was andere von einem erwarten. Die Angst, »dass da nichts ist« – wenn man mal nicht Politik macht oder den Rasen zum fünften Mal im Monat mäht oder das Haus renoviert oder die Verkaufskampagne organisiert. »Ist die Angst vor der Leere das Einzige, womit du die Leere füllst?«, fragt Dag Hammarskjöld unerbittlich.

Ich habe einen siebenten Sinn für unausgesprochene Erwartungen anderer Menschen entwickelt. Und eine Strategie, mit diesen Erwartungen umzugehen: Ich habe versucht, sie zu erfüllen, um auf diesem Wege Anerkennung zu bekommen und Zuwendung. Jene kleine Begebenheit auf dem Rückflug von Hongkong nach München hat mir das wieder einmal deutlich vor Augen geführt. Am Anfang des Buches habe ich kurz darauf angespielt: Ich kam von einer sehr anstrengenden Reise für Germany Trade & Invest aus Hongkong. Wir hatten eine Woche hinter uns, in der nicht viel mehr als vier Stunden Schlaf pro Tag möglich waren. Die Fluggesellschaft hatte »Herrn Minister« in die First Class befördert. Ich hatte der Stewardess gleich gesagt, sie brauche mir keine Mahlzeit zu servieren, ich wolle mich nur noch ausruhen, ein wenig Musik hören und dann bald schlafen auf dem langen Rückflug. So lag ich denn da in meinem ausgeklappten Sitz, die Kopfhörer auf den Ohren, von »Lufthansa Radio« hörte ich die d-Moll-Toccata von Bach, eingespielt von den New York Philharmonikern. Und plötzlich merkte ich, wie die Stewardess mir vorsichtig eine Decke über die Füße legte. Sie deckte mich zu, weil sie glaubte, ich sei schon eingeschlafen. Diese kleine Geste hat mich sehr berührt und mich mit einer Sehnsucht konfrontiert, die ich tief in mir trage: der Sehnsucht nach Gesehenwerden und nach Zuwendung. Ich habe nie gelernt, mir solche Zuwendung direkt zu »holen«. Als kleines Kind habe ich es vielleicht versucht, aber irgendwann habe ich mir diese Versuche abgewöhnt, hab mir stattdessen Anerkennung über äußere Leistung geholt. Ich wurde tüchtig. Diese kleine Geste der fremden Stewardess hat mich mit einem Schmerz konfrontiert, den ich vergessen hatte. Ich bin eher ein Mensch, der »Ach nein, geht schon« sagt, wenn ein anderer mir eine kleine Zuwendung geben möchte. »Kann ich Ihnen eine Decke geben?«, wenn sie das gefragt hätte, hätte ich vermutlich »Ach nein, geht schon« gesagt. Nun aber hatte ich die Augen geschlossen und die fremde Frau deckte mich einfach vorsichtig zu, weil sie mir etwas Gutes tun wollte. Sie war aufmerksam. Und mich berührte das sehr. Es berührte eine »alte Geschichte« in mir, einen alten Schmerz. Das meine ich. Hier in diesem Schmerz liegt die Wurzel der Sucht. Hier liegt ein tiefer Antrieb für ein Leben, das sich stark nach außen richtet: Als ich »lernte«, dass meine Wünsche nicht so beantwortet werden, wie ich es vielleicht gebraucht hätte, fing ich an, mir Zuwendung auf eine andere Weise zu holen: Ich holte sie mir »außen«, wo sie doch »innen« verborgen ist. Ich glaube deshalb, seit mir dieser Zusammenhang klar wurde, dass eine noch stärkere Hinwendung zum »außen« die tiefe innere Sehnsucht nicht wirklich stillen kann. »Ein gemalter Kuchen macht nicht satt«, sagt man im ZEN. Dabei bin ich es immer selbst, der sich vom Leben ausschließt. Aber: Da ist noch eine Schwelle, über die man steigen muss. Denn man muss die Zuwendung wirklich *erleben*, muss sie wirklich *zulassen*. Das aber bedeutet: Man muss sich selbst loslassen. Das ist zentral. Darum geht es in allen Religionen. Es ist nicht einfach, denn die erlebte Zuwendung konfrontiert zunächst mit einem Schmerz, dem Schmerz nämlich, der entstanden ist, weil ich auf so viel verzichtet habe durch meine falsche Art zu leben. Ich weiß noch sehr genau, wie stark ich diesen im Körper gespeicherten Schmerz empfunden habe, als ich in der Schweiz mit der ZEN-bodhy-Therapie-Ausbildung begann. Diese manuelle Arbeit am Körper ist gut für einen Kopfmenschen wie mich, denn sie erlaubt es mir nicht mehr, in Worte zu fliehen. Hier wird nicht geredet, hier wird gefühlt. Die Hand arbeitet im Schultermuskel. Die körperliche Berührung ist direkt, unmittelbar. Die tiefe manuelle Arbeit mit bloßen Händen löst alten, im Körper gespeicherten Schmerz auf und macht ihn sichtbar, macht ihn manchmal auch durchaus hörbar – und lässt ihn dann abfließen. Diese Körperarbeit lässt keine Möglichkeit mehr zu, irgendwohin zu flüchten. Die tiefe körperliche Berührung konfrontiert mich direkt mit meiner unangemessenen inneren Einstellung, sie zeigt mir auf, wo ich vor mir selbst weglaufe. Ich war ein Schmerzvermeider. Und hab mir gerade dadurch wehgetan. Mir fällt es schwer, Zuwendung wirklich tief innen in mir zuzulassen. Mir kommen dann die Tränen, anderen geht es auch so, sie fangen an zu weinen, manche weinen laut. Wir haben es erlebt in der Ausbildung. Ein großer Schmerz wird sichtbar. Aber dann, wenn er abfließt, kann der Körper wieder frei werden und gelöst. Seine Lebendigkeit verändert sich.

»Du siehst aber jung aus«, sagen mir heute die Freunde. Da hat sich ganz offenbar etwas so verändert, dass man es sehen kann. Mein Weg bekam wie mein Körper eine andere Aus-Richtung. Geh nach innen. Geh in die Stille. Nimm den Schmerz wahr, der da ist. Geh in deinen Körper. Magst du deinen Körper eigentlich? Kannst du dich wirklich gut leiden? Bist du mit dir selbst gut Freund?

Die Erfahrung des Schmerzes, die vorausgeht, bevor ich meinen Körper annehmen und lieben kann, hat mir eine neue Dimension des alten Satzes »Liebe deinen Nächsten wie dich selbst« gezeigt: die Dimension des Schmerzes. Ohne das »Durcharbeiten« des Schmerzes – wir haben es im wörtlichen Sinne mit bloßen Händen am Körper des Trainingspartners getan und dann umgekehrt an unserem Körper geschehen lassen – ohne dieses

»Durchwalken« des Schmerzes wird die im Schmerz festgehaltene Energie nicht frei, kann nicht fließen. Man sagt zwar: »Ach, *eigentlich* mag ich mich ...«, aber solange die schmerzende Quelle nicht wirklich berührt wurde stimmt da etwas noch nicht ganz.

Der Satz bleibt irgendwie im Kopf stecken, erreicht das Herz nicht wirklich. Das Gebot: »Liebe deinen Nächsten wie dich selbst« ist vielleicht auch deshalb so schwer, weil da ein Schmerz liegt, bevor ich mich selbst annehmen und vielleicht lieben lerne. Das ist die Schicht, die Dimension, die »Unterströmung«, die mir klar wurde, als wir begannen, mit dem Körper zu arbeiten. Kann ich es glauben, wenn andere sagen, sie mögen mich? Sagen sie es mir überhaupt noch? Wie ist das, wenn sie es mir sagen? Wie fühlt sich das an? Was ist mit meiner tiefsten Sehnsucht nach Gesehenwerden und nach Zuwendung? Kann ich sie überhaupt wahrnehmen? Fühle ich sie noch oder ist sie längst verschüttet unter einer meterdicken Schicht von Leistung, Arbeit und Termindruck? Es gibt Menschen, insbesondere Männer, die haben sich diese dicke Schicht der Abwehr regelrecht antrainiert: Ihr Körper ist ein einziges »Paket« von Abwehr geworden, oft verbunden mit dem Schmerz der Verspannung, besonders in den Schultern. Wenn man mit bloßen Händen anfängt, in dieser Schicht zu arbeiten, wenn man in sie eindringt, sie Schicht um Schicht löst – kann man ein Wunder erleben. Diese Kerle werden mit einem Male weich, sie werden durchlässig, ihr »Panzer«, den sie vielleicht sogar in vielen anstrengenden Stunden beim Sport »antrainiert« haben, wird transparent, die Schmerzen lassen nach. Ich glaube inzwischen, dass die Angst vor diesem Schmerz, der zunächst sichtbar wird, wenn ich eine Berührung, eine Zuwendung, eine Aufmerksamkeit wirklich an mein Innerstes heranlasse – dass diese *Angst vor dem Schmerz* der Grund ist, warum viele meiner Kollegen einer *wirklichen Begegnung,* in einem Gespräch zum Beispiel, ausweichen und sich in »Arbeit« flüchten. Denn die *Berührung im Gespräch* kann ähnlich sein wie die Berührung mit den bloßen Händen. Es ist etwas Vergleichbares. Ich glaube mittlerweile, dass die Erfahrung des Verlustes, dass der Schmerz über nicht Bekommenes der tiefste Grund ist, weshalb man der Droge verfällt. »Sucht kommt von suchen«, hat mal ein Drogenberater gesagt. Mir leuchtet das ein, ich verstehe diesen Satz. Ich kann ihn aus meiner eigenen Erfahrung bestätigen. Man sucht in der Sucht nach etwas, das man nicht ausreichend hatte. Man sucht immer wieder danach, aber man sucht am falschen Ort. Man sucht außen, wo die Lösung doch im Innen bereitliegt. Die Quelle der Sucht ist diese tiefste innere Suche nach dem Angenommensein, an das ich selbst schon kaum noch glauben konnte. Ich blieb immer misstrauisch, blieb skeptisch, blieb »im Kopf«. Die tiefste Suche nach dem Angenommensein ist die Quelle der Sucht.

Spätestens an dieser Stelle sprechen wir über Spiritualität. Müssen wir über Spiritualität sprechen. Wir müssen darüber sprechen, was geschehen müsste, damit unsere Seelen wieder heilen können. Wie muss eine Gesellschaft sein, in der nicht erst die nach außen gerichtete Leistung zur Anerkennung eines Mitmenschen führt, nicht erst sein Tüchtig-Sein, nicht sein »Erfolg«, nicht seine »Medienpräsenz«, sondern in der allein die Tatsache genügt, *dass* dieser Mensch auf der Welt ist? Kann ich mich mögen, wenn ich einfach nur *bin*, ohne etwas zu leisten? Kann ich mich mögen, wenn ich nicht tüchtig bin? Oder finde ich, mir fehle da etwas? Kann ich es fühlen, was es heißt: »Du *bist* geliebt vom Leben?« Kann ich es glauben, wenn es heißt: »Du bist gewollt«, »Es ist gut, dass du da bist«? Wie klingt es in mir, wenn ich höre: »Ich habe dich bei *deinem* Namen gerufen«? Mit dem »Kopf« »weiß« ich es: Die Grundlage unserer abendländischen Kultur, die Grundlage des Christentums ist dieser Satz: »Du bist geliebt – auch ohne Leistung.«

Martin Luther hat es neu nachbuchstabiert: »sola gratia« – allein aus »Gnade«, nicht aus Leistung. Aber kann ich es glauben? Vertraue ich dem? Kann ich es wirklich spüren? Kann ich es wirklich erleben? Was in unserer Kultur nach dieser Tradition *eigentlich* die Grundlage des Zusammenlebens wäre: »Du bist in Ordnung, einfach, weil du da bist. Nicht erst, wenn du Leistung bringst« – ist aber tief verschüttet. »Sola gratia« heißt es bei uns – eigentlich. Andere Religionen kennen Ähnliches. Mein Leben ist nicht erst wertvoll, wenn ich viel besitze, sagen sie. Es gewinnt seinen Wert nicht aus dem, was ich leiste – es ist wertvoll und kostbar, auch wenn ich nicht fleißig bin, wenn ich mich mal treiben lasse, wenn ich mich mal nicht für irgendetwas engagiere. Die Religionen gehen sogar so weit, dass sie Besitz, Erfolg und Leistung gering achten. Die Mönchsbewegungen sind nicht zuletzt deshalb entstanden. Sie waren ein Protest gegen die falsche Orientierung an Leistung. Sie waren und sind eine unbequeme Erinnerung an die Wirklichkeit, die uns eigentlich trägt. »Das, was die Welt gibt, ist nichtig, denn sie kann dir nicht das geben, wonach sich dein Herz eigentlich sehnt – die *Erfahrung* des Geliebtseins.«[54]

Ich weiß, dass ich diese Erfahrung nur schwer aushalten kann. Es fällt mir schwer, einfach nur da zu sein, ohne etwas zu leisten, ohne gebraucht zu werden. Ich bin in einem protestantischen Pfarrhaus aufgewachsen, und das will was heißen. Wir hatten nämlich unsere Tüchtigkeit zu beweisen. Pfarrerskinder. Auf die schaut man. Man hat sie noch mehr im Blick als die anderen Kinder. Besonders in einer Diktatur wie die, in der ich aufgewachsen bin. Wer in einer kommunistischen Diktatur in einem Pfarrhaus aufwächst – der wird beobachtet. Von den Mitschülern, von den Lehrern, vom Direktor natürlich. Und weil man seinen Eltern »keinen Kummer machen« will, richtet man sich danach, früher oder später. Man wird ihre Erwartungen erfüllen, weil man möchte, dass sie einen mögen, mehr noch, weil man möchte, dass sie einen lieben. Mein heimlicher Wunsch war, dass sie mich lieben einfach dafür, dass ich da bin; dafür, dass ich bin, wie ich bin. Aber ich habe gelernt, dass sie mich mehr lieben, wenn ich ihre Erwartungen erfülle. Ich kann nicht beurteilen, wie eine Kindheit in einer materialistischen Leistungsgesellschaft westlicher Prägung ist. Ich weiß nur, wie sich eine Kindheit in einem Pfarrhaus in einer kommunistischen

---

54. Mich fasziniert an den Mystikern, die es in allen Religionen gibt, dass sie eben von dieser »*Erfahrung*« sprechen. Man lese Dshelludin Rumi (Islam); man lese Teresa von Avila (spanische Christin); man lese Thomas Merton (amerikanischer Christ, der sich am Ende seines Lebens mit ZEN beschäftigt hat); man lese die Weisen Chinas und Japans – überall ist von dieser manchmal sogar körperlichen Erfahrung des Geliebt-Seins die Rede.

Diktatur anfühlt. Vermutlich gibt es Ähnlichkeiten. Ähnlichkeiten, die darin gründen, dass Kinder von ihren Eltern geliebt sein wollen. Sie wollen die Erwartungen der Eltern erfüllen und sie bekommen Angst, wenn die Eltern sie nicht anerkennen. Es ist eine tiefe Sehnsucht nach dem: Ich darf einfach da sein. Ich muss nichts tun. Ich darf einfach »ausharren«. Dieses »Ausharren ohne Leistung« ist wichtig. Denn das wird zur täglichen Übung, wenn man sich auf den WEG macht. Meditierende kennen diese innere Haltung: »Da sein vor Gott« nennen sie es. Oder »Anbetung«. Es gibt verschiedene Worte dafür. Es geht darum, nichts mehr zu tun, nichts mehr zu denken, nur noch einfach »da« zu sein. Einfach anwesend sein im gegenwärtigen Moment. Ohne Leistung. Mit leeren Händen. Denn in Wahrheit hat man ja auch nichts anderes. In Wahrheit kann man ja auch gar nichts tun. In Wahrheit kann man sich ja nicht selbst »er-lösen«, sondern ist angewiesen auf die Zuwendung des so viel Größeren, das uns trägt. In Wahrheit ist alle »Leistung« Illusion.

»Ich habe dir nichts zu bringen, Gott, als meine leeren Hände« – darum geht es. Es geht ums Loslassen, ums Loslassen meiner Leistung. Es geht darum, das Geschenk des Lebens zu empfangen wie ein Kind, das mit großen Augen und strahlendem Lächeln ein Geschenk in Empfang nimmt, mit dem es nicht gerechnet hat, eine Zuwendung, die es sich immer gewünscht hat, eine *Berührung*, nach der es sich gesehnt hat.

Gibt es das in der Welt der Politik? Gibt es das in der Welt der Leistung, der medialen Anerkennung, gibt es das in der Welt des Lärms? Ich kann mir viele meiner Kollegen in einer solchen empfangenden Haltung nicht vorstellen. Da ist zu viel verschüttet.

Die wichtigsten Probleme der Menschheit oder:
Dem Wahnsinn ins Gesicht schauen

Und was ist auf der anderen Seite des Pendels? In diesen Sommertagen liegt mit einem Male ein Text von Holger Dambeck auf meinem Computer, den er bei »spiegelonline« veröffentlicht hat. Da geht es um wichtige Dinge: Es geht um die »wichtigsten Weltprobleme«. Ich bin neugierig und fange an zu lesen.

»Der Klimawandel bedroht Milliarden Menschen, Massentierhaltung kann Pandemien auslösen, Wasser wird immer knapper – davor warnt die Denkfabrik Millennium Project in einer Studie, die insgesamt 15 Menschheitsrisiken auflistet. (…) Die 15 wichtigsten Herausforderungen an die Menschheit haben sich gegenüber dem Vorjahr nicht geändert:

1. Nachhaltige Entwicklung der Welt und Klimawandel
2. Versorgung mit sauberem Wasser
3. Bevölkerungswachstum und Ressourcen
4. Autoritäre Regime und Demokratie
5. Langfristige Ziele in der Politik einführen
6. Informationsgesellschaft für alle
7. Ethisches Wirtschaften, das die Kluft zwischen Arm und Reich verkleinert
8. Bedrohung durch Krankheitserreger
9. Behörden und Institutionen handlungsfähiger machen
10. Ethnische Konflikte, Terrorismus, Massenvernichtungswaffen
11. Rechte der Frau
12. Organisierte Kriminalität
13. Steigender Energiebedarf der Menschheit
14. Innovationen zur Verbesserung des Lebens
15. Ethische Standards als Grundlage globaler Entscheidungen«

Ich lese diesen Text am Abend des 14. Juli 2009 im Internet und denke mir: »Die wichtigste Aufgabe hat man vergessen: Es wäre sinnvoll, dass sich die Menschen zunächst innerlich in Ordnung bringen, bevor sie anfangen, »die Welt zu retten«. Denn: »Ob der Staat die Wirtschaft regelt oder die Wirtschaft den Staat, (…) ist, solange beide unverwandelt sind, nicht wichtig«, schreibt Martin Buber.[55] Buber spricht angesichts der sich globalisierenden Existenzkrise von der Notwendigkeit des Hineinwirkens eines radikal verwandelten Bewusstseins, er spricht von uns und unserer *radikalen* Not. Welchen Sinn hat also eine solche Studie, wie die, die ich bei »spiegelonline« fand? Sie ist nach »außen« gerichtet. Aber das Chaos herrscht im Inneren. Sie führt vielleicht zu neuen politischen Programmen und Aktionen, aber die Lage wird sich nicht wirklich verbessern – solange das Innere der Menschen nicht geordneter und aufgeräumter ist. Es werden neue »Unterstützergruppen« und »Initiativen« entstehen, Aktionspläne werden entworfen und beschlossen – aber im Inneren wird sich nichts wirklich verändern. »Innen wie außen«, sagt asiatische Weisheit. Das Äußere ist der Spiegel deines Inneren. Und umgekehrt. Wenn man das auf die Weltgemeinschaft anwendet, auf die wuchernden Megacitys, die ich gesehen habe bei meinen vielen Auslandsaufenthalten; wenn man die Stahlbetonriesen wachsen sehen kann auf neu gewonnenem Land und die wachsenden Verkehre; wenn man den steigenden Energieverbrauch sehen kann und die wachsende Armut – dann kann man unser inneres Elend sehen. Die Welt ist ein Spiegel unseres völlig kranken Innenlebens: auf Wachstum gerichtet, einem wild wuchernden Krebsgeschwür gleich, selbstzerstörerisch bis zum Tode – unsere Welt als ein Spiegel unserer kranken Seele. Wenn wir die Welt ändern wollen, dann müssen wir an die Wurzel. Und zwar an die eigene. Anders geht es nicht. Da helfen keine neuen Aktionen oder Programme, da helfen keine neuen Studien oder andere Medizin, da helfen auch keine Wahlsiege – da hilft nur das Innehalten. Notbremse ziehen.

---

55. Martin Buber: Ich und Du. In: Stephan Mögle-Stadel: Dag Hammarskjöld. Vision einer Menschheitsethik, Stuttgart 2000, S. 203.

Erich Fromm hat in seinem Text »Wege aus einer kranken Gesellschaft« davon gesprochen. Es ist not-wendig, am eigenen und am kollektiven Schatten zu arbeiten. Es geht darum, das zu sehen und zu fühlen, was ich so ungern sehen möchte, ich, der ich doch so gern tüchtig und erfolgreich bin – ich will meinen Schatten nicht sehen, meine eigene Hilfsbedürftigkeit und Ohnmacht. Es tut mir zu sehr weh, wenn ich da hinschauen soll. Aus diesen Gründen glaube ich, dass Politik nicht wirklich wirksam und hilfreich sein kann, solange sie so »nach außen« gerichtet bleibt und nicht tief im »Innen« gründet. Ich glaube, dass Politik vielleicht dringender denn je eine Be-Sinnung braucht. Eine Not-Bremse ist notwendig. Unser Handeln wird erst dann richtiger werden, wenn auch unser Inneres neu ausgerichtet wird.

»Nur die Harten komm' in' Garten«, hat Kanzler Schröder mal lachend vor der Fraktion gesagt. Er hat es als Trost gemeint beim Start einer Bundestagswahlkampagne, als die SPD ziemlich weit hinter den Konservativen zurücklag in den Umfragewerten. Er wollte die Abgeordneten aufrütteln, sie ermuntern, nun in den Wahlkreisen zu »kämpfen« für einen Wahlsieg der SPD. Er selbst, personifizierte »Wahlkampfmaschine«, hat losgelegt und sich nicht geschont. »Nur die Harten komm' in' Garten.«

Aber: Es war nur »Haschen nach Wind«. Die *wirkliche* Härte, das unerbittliche Hinschauen auf das, was in unserem Inneren stattfindet – die wird vermieden durch solchen Aktionismus, durch solche »Kämpfe« nach außen, gegen wen auch immer. ZEN-Mönche wissen darum: nach außen weich, aber nach innen stahlhart. Und sie sind dabei gleichzeitig mit allem verbunden: wach, aufmerksam und aufnahmebereit, ganz und gar durchlässig. Es ist die *Frucht* einer regelmäßigen, recht harten Körperübung, die *Frucht* der tiefen Stille, eine *Frucht* des ZEN oder der Meditation oder des »Herzensgebetes«, wie Teresa von Avila sagen würde – wenn man sich ausdauernd und ohne zu erschöpfen engagieren und arbeiten kann. Man entscheidet sich nicht mit dem Kopf für einen »Wahlkampf« oder eine »Aktion«, man lässt wachsen, was da wachsen will, von innen nach außen. Die Aktion *wird sich zeigen* – wenn die Stille tief genug ist. Das

Handeln wird entstehen – wenn es an der Zeit ist. Es kommt darauf an, diese Spannung auszuhalten, auszuharren. Die Mönche wissen um diesen geheimnisvollen Zusammenhang von »contemplatio« und »actio«, vom Ausharren und Handeln, vom Beten und Tun. Solange die Tat nicht aus dem Innen kommt, solange sie nicht aus dem Inneren *strömt* gewissermaßen, solange sie nur angestrengt von einer Aufgabe zur nächsten hetzt, wird sie nicht wirklich hilfreiche Antworten entwickeln können. Deshalb bleibt die vorgelegte Studie über die »15 wichtigsten Aufgaben der Menschheit« Stückwerk. Das Wichtigste fehlt. Stille ist notwendig. Ich bin davon immer mehr überzeugt.

Hammarskjöld hat sein Wissen um diese Zusammenhänge lange versteckt. In seinem Tagebuch vom Herbst 1955 schreibt er: »Als den, der du im Innersten sein musst, um deine Aufgabe zu erfüllen, darfst du dich (in der oberflächlich orientierten Öffentlichkeit) nicht zeigen – damit man dir gestattet, sie zu erfüllen.«[56] Denn wenn man davon spricht, betritt man ungewöhnliches Land, zumindest, wenn man sich in der politischen Welt bewegt. Im April 1953 sagt er aber immerhin sehr mutig in einer Rundfunksendung in New York: »Die Erklärung aber, wie der Mensch ein Leben aktiven gesellschaftlichen Dienens in vollkommener Übereinstimmung mit sich selbst als Mitglied der Gemeinschaft des Geistes leben soll, habe ich in den Schriften der (…) Mystiker gefunden. Für sie war ›Selbsthingabe‹ der Weg zur Selbstverwirklichung. Sie fanden in der ›Einsamkeit des Geistes‹ und in der ›Innerlichkeit‹ die Kraft, Ja zu sagen. (…) Liebe, dieses oft missbrauchte und falsch verstandene Wort, bedeutete für sie nichts als das Überfließen der Kraft, von der sie sich erfüllt fühlten, wenn sie im wahrhaften Selbstvergessen lebten.«[57]

Da sind sie wieder, meine Vertrauten aus den zurückliegenden Jahren: Johannes vom Kreuz, Teresa von Avila, Meister Eckhart, Dschalaluddin Rumi, Teilhard de Chardin. Hammarskjöld hat sie gelesen und er hat sie gekannt. Geistesverwandte.

56. Stephan Mögle-Stadel: Dag Hammarskjöld, a.a.O., S. 152.
57. Stephan Mögle-Stadel: Dag Hammarskjöld, S. 167.

Nach dem Attentat fand man im Nachlass auf dem Nachttisch Hammarskjölds Literatur über ZEN und Buddhismus: Arthus Waley's »The Way and Its Power«. Da ist sie, die »Spur«, die »rote Linie«, die sich hindurchzieht im Wechsel von Aktion und Kontemplation. Da ist sie, die Spur, die zum ZEN, zur europäischen Mystik, zu den Sufis führt. Ich finde diese Spur bei einem durch und durch politischen Menschen wieder, wie ich sie gefunden habe bei anderen »Tüchtigen«: bei der überaus praktischen Teresa, bei Johannes, auch bei Thomas Merton natürlich.

Das Ver-Rückte an der Sache ist aber tragischerweise: Es gibt zwar glücklicherweise eine Menge Menschen, die sehr engagiert und aufopferungsvoll in der Welt der »actio« leben, sie arbeiten ohne Ende, opfern sich fast selbst auf, schuften wie die Blöden, werden krank davon – aber am Ende stellt sich doch alles als »Haschen nach Wind« heraus, denn sie haben die Dinge nicht um ihrer selbst willen getan, sozusagen als »Überfließen der Kraft, von der sie sich erfüllt fühlten«, sondern, um eine tief versteckte innere Leere zu füllen. Am Ende fragen sie sich vielleicht: »Wozu das alles eigentlich?« Wenn das Haus gebaut, der Garten gemacht, wenn die Mehrheit gewonnen, das Gesetz verabschiedet ist; wenn das Werk gebaut und die ersten Fahrzeuge vom Band gerollt sind, wenn das Haus fertig und die Mieter eingezogen sind – »Wozu das alles eigentlich?« Vielen aktiven Menschen geht es so. Man kann es bei »tüchtigen« Menschen studieren, wenn sie die Arbeit verlieren oder in die Rente müssen. Man kann es bei Politikern sehen, die ihren Abschied nehmen oder nicht »wiederkommen«, wie es im Jargon heißt. An dieser Schwelle steht unerbittlich die Frage an der Wand: »Wozu das alles? Wozu habe ich mich angestrengt? Wozu war ich tüchtig? Wozu habe ich so viel Erfolg gehabt? Überhaupt: Was ist eigentlich ›Erfolg‹?« Sie fallen in ein Loch, wenn sie aufhören oder aufhören müssen. Sie begegnen einer großen inneren Leere. Manche werden zornig – nicht selten in Form einer Depression. Oder sie sehen zu, dass sie möglichst schnell eine neue »Aufgabe«, sprich eine neue »Droge«, bekommen. Sie brauchen das Gefühl, gebraucht zu sein, wie die Luft zum Atmen. Sie sind Abhängige. Junkies. Der erste Sturm wirft sie um. Es kann eine

Krankheit sein, es kann ein verlorener Job sein, derlei Anlässe gibt es viele. Wenn sie nicht wirklich tief wurzeln, wirft sie der erste Sturm um.

Ich weiß, wovon ich rede. Wenn mich früher einer nach meinen »Wurzeln« gefragt hätte, ich hätte gar nicht gewusst, wovon der Mensch da eigentlich spricht. Mittlerweile lerne ich, dass man sich um das Wachsen der inneren Wurzeln kümmern kann. Man muss nicht nur feststellen, dass man so gut wie keine Wurzeln mehr hat, dass sie abgestorben sind – allein das ist schon eine schmerzliche Erfahrung. Man muss bei dieser Entdeckung nicht stehen bleiben. Man kann etwas tun für ihr Wachstum. Man kann etwas tun dafür, dass das Leben wieder mehr Halt gibt. Dieses tiefe Wurzeln aber muss man aktiv angehen. Es ist eine Tätigkeit. Man muss sich darum kümmern, dass die eigenen Wurzeln immer tiefer in den Boden des Lebens eindringen können. Es geht um inneres Wachstum. Es geht darum, die inneren Wurzeln in den Boden zu treiben, aktiv, nicht passiv. Es geht darum, sich um die eigene Spiritualität zu kümmern, die jedem Menschen als Ursehnsucht mitgegeben ist.

Nimm dir aktiv eine Aus-Zeit. Lerne, dass Stille überhaupt nichts mit Passivität zu tun hat. Geh aktiv in die Stille. Atme. Lass das Denken. Sei ganz in dir. Und vor allem: Sitz still und halt die Klappe. Es ist ein hartes Training. Es wird einem »nichts geschenkt« – im oberflächlichen Sinne. Die wirklichen Geschenke kommen – wenn sie kommen. Vielleicht wird die Erfahrung des »zerbrochenen Bogens« eines Tages zum Geschenk. Die Erfahrung der völligen Ohnmacht. Es ist möglich, dass in diesem Training noch sehr viel geschenkt werden wird – aber es sind Dinge, mit denen ich nicht mehr »gerechnet« habe. Sie stellen sich nämlich erst dann ein, wenn ich selbst nichts mehr will – aber das kommt erst sehr viel später. Am Anfang steht die Aktivität, steht der Impuls, etwas zu verändern, manchmal ausgelöst durch eine Veränderung im Äußeren, eine Krankheit oder anderes. Die Lehre dieser Praxis ist: Egal, wie du innerlich gestimmt bist, egal, was dir an diesem Tag gerade widerfahren ist, egal, mit welchen »Problemen« du dich gerade herumschlagen musst – setz dich, atme und halt die Klappe. Geh regelmäßig in die Stille, unabhängig davon, was du gerade fühlst oder willst. Ordne dich. Halte aus, was da ist. Schau es an. Lass es zu, sieh – und lass es dann gehen.

»Du wirst kein Zeichen empfangen, denn das Merkmal der Gottheit, von der du ein Zeichen verlangst, ist eben das Schweigen«, schreibt Hammarskjöld und fährt fort: »Und zum ersten Male ahnte ich: Dieses Gebetes Größe beruht darauf, dass ihm nicht geantwortet wird und dass dieses Gebet nichts mit einem gemeinen Tauschhandel zu tun hat. Und ich ahnte, dass des Gebetes Lehre im Erlernen des Schweigens besteht, und dass dort erst die Liebe beginnt, wo kein Geschenk mehr zu erwarten ist.«[58] Hammarskjöld hat wegen dieser tiefen eigenen Erfahrung sehr konkret dafür gesorgt, dass im Zentralgebäude der UNO ein »Raum der Stille« eingerichtet wurde, in den er sich mit einigen seiner Mitarbeiter abends zurückziehen konnte. Er hat gewusst, dass man aktiv etwas tun muss, Räume einrichten muss, um in diese Stille eintreten zu können. In dieser bedingungslosen und erwartungslosen Stille kann man womöglich ein blaues Wunder erleben. Denn da können plötzlich starke Gefühle auftauchen. Zorn und Verzweiflung brechen auf. Unendliche Einsamkeit und inneres Elend kannst du fühlen. Du begegnest vielleicht deiner eigenen Hilfsbedürftigkeit, die sich hinter all deinem Engagement für andere versteckt gehalten hatte all die Jahre. Da wird mitunter große Not sichtbar. Aber meine Erfahrung ist mittlerweile auch: Schau es dir an und lass es gehen, es ist nicht wichtig. Nur das Sitzen ist wichtig. Atmen. Ausharren. Da sein. Nichts wollen. Nichts anstreben. Alles andere macht deine Seele. Womöglich wirst du das Kind in dir wiedererkennen können. Das ungetröstete einsame Kind, das du mal warst. Und du wirst lange brauchen, um es lieb zu gewinnen. Du hast es all die Jahre vielleicht bekämpft, hast gemeint es solle doch nun endlich mal ruhig sein in dir. Aber es lässt sich nicht verbieten. Es ist stark und wird sich immer dann melden, wenn du nicht gut mit dir selbst umgehst. Wenn du nicht achtsam bist, dann wird es früher oder später ärgerlich und wird sich zeigen – in einem starken

58. Stephan Mögle-Stadel: Dag Hammarskjöld, a.a.O., S. 199.

Gefühl vielleicht, vielleicht in einer Verstimmung, vielleicht in einem Gefühl von Verzweiflung oder auch in einer Depression, wenn gar nichts mehr hilft, wird es dir eine Krankheit schicken. Du wirst im Laufe der Zeit vielleicht lernen, dieses Kind in dir als deinen besten Verbündeten zu erleben. Vielleicht wirst du es allmählich lieb gewinnen, dieses ungezogene Kind, das sich immer dann meldet, wenn du es am wenigsten hören möchtest. Du wirst im Laufe der Zeit vielleicht dankbar sein dafür, dass dieses Kind in dir immer rechtzeitig einen Hinweis darauf gibt, wenn es sich vernachlässigt fühlt und Aufmerksamkeit braucht. Es wird dir mitteilen, wenn es Zuwendung braucht. Dieses Kind in dir ist unglaublich stark. Manchmal überfällt es dich mit unbändiger Kraft. Dann geh in die Stille. Setze dich gerade und unbeweglich hin. Atme. Schaue dir das Gefühl an, das da in dir tobt. Und lass es gehen. Sei wieder aufmerksam für dich, und du wirst aufmerksamer für andere Menschen.

Ich weiß sehr wohl, dass eine solche Stille fürchterlich sein kann. Das ist nicht einfach auszuhalten. Es kann sein, dass du das Gefühl hast, verrückt zu werden. Du hast vielleicht das Gefühl, kaputtzugehen. Aber du wirst sehen, dass dir dein Atem hilft. Atme das aus, was da in dir tobt. Atme es in die Erde. Deine Wurzeln werden wachsen. Du siehst klarer danach. Und du machst eine Erfahrung, »die den Menschen erhebt, wenn sie den Menschen zermalmt«. Das ist ein Zitat, das sich auf Meister Eckhart bezieht. Ich hab es gefunden bei Dag Hammarskjöld. Diese Erfahrung ist ein Anklang an die »dunkle Nacht«, von der auch Johannes vom Kreuz schreibt. Auch der ein praktischer Mensch durch und durch. Wie seine Vertraute, die Nonne Teresa von Avila. Auch sie kennt ein Schicksal, von dem man sagen könnte, es habe sie »zermalmen« wollen: Als 19-Jährige wollte man sie schon beerdigen, so krank war sie. Dann hat sie sich selbst aufgegeben, und ist dem Leben selbst begegnet – und hat noch so manches Kloster gegründet und gebaut, schwächlich und krank, wie sie war.

Diese »fürchterliche Stille«, in der du dem Bodensatz in deiner Seele begegnen kannst, diese Stille, in der du deine eigene Hilfsbedürftigkeit körperlich spüren kannst – das ist das einzige

Geschenk, das du dem Leben bringen kannst. Mehr hast du nicht zu bieten. Du kommst mit leeren Händen. Es ist schwer, das einzusehen.

»Das Beste am eigenen Raum ist die Einsamkeit. Sie kann geben: Stille und Religion«, schreibt Hammarskjölds Freund Ekman 1919 in sein Tagebuch. Darum geht es. Es geht um Religion und Spiritualität. Es geht um die Erfahrung, dass wir nichts zu unserem Leben hinzutun können. Es geht darum, dass wir mit leeren Händen dastehen. Da können wir noch so engagiert und fleißig sein, da können wir noch so rennen und agieren und machen – es bleibt »Haschen nach Wind«. Wir sind nicht verantwortlich für das Heil der Welt. Wir müssen die Welt nicht erlösen. Und wir können sie gar nicht erlösen. Sie ist erlöst. Wenn du diese deine eigene Ohn-Mächtigkeit *körperlich* spüren kannst – und es ist furchtbar für einen Macher, einen »Entscheider«, einen »Kurzentschlossenen« wie mich –, dann kann das aber auch der Beginn sein für etwas Neues. Dann kannst du dich vielleicht eines Tages engagieren *aus Freiheit*. Nicht, weil du innerlich getrieben bist. Nicht, weil du heimlich glaubst, alles hinge von deinem Engagement ab. Nicht, weil du meinst, du könntest etwas wirklich Sinnvolles zum Heil der Welt beitragen – nein, du kannst dich eines Tages für eine Aufgabe einsetzen, weil sie im Grunde schon gelöst ist. Das ist das Paradoxon. Das gilt es auszuhalten.

Was ich hier schreibe, ist nichts für den »Kopf«, es ist etwas für den *ganzen Körper*. Solange du dir das nicht »ersessen« hast, bleibt es leer. Du musst nicht mehr »machen«, aber du *kannst* es jetzt tun – denn es hängt nichts mehr davon ab. Das ist der Unterschied.

»Ich wohnte an dem innersten See und folgte dem Strom zu den Quellen. Die Jahreszeiten haben gewechselt und Licht und Wetter und Stunde. Aber es ist dasselbe Land. Und ich beginne die Karte zu kennen und die Richtungen des Himmels«, schreibt Hammarskjöld am 24. August 1961, wenige Wochen vor seinem Tode.[59] »Ich beginne die Karte zu kennen« – das

---

59. Stephan Mögle-Stadel: Dag Hammarskjöld, a.a.O., S. 187.

ist auch meine Erfahrung, aber ich habe das Gefühl, dass ich erst ganz am Anfang des Weges bin. Immer wieder muss ich durchbuchstabieren, was Scott Peck in »Der wunderbare Weg« beschreibt: »Denn immer, wenn wir Macht ausüben, versuchen wir, den Lauf der Welt, der Menschheit, zu beeinflussen, spielen also Gott. Die meisten (…) von uns, die Macht ausüben, erkennen dies nicht. In unserer Arroganz, Macht ohne das totale Bewusstsein auszuüben, das die Liebe verlangt, ignorieren wir die Tatsache, dass wir Gott spielen, und das ist destruktiv. Wer aber wirklich liebt, (…), der weiß, dass Handeln Gott spielen heißt. Er weiß allerdings auch, dass es dazu keine Alternative gibt, außer Tatenlosigkeit und Ohnmacht.«[60]

Diese Spannung kann einen zerreißen. Wenn du das Gefühl hast, dass es dich zerreißt, dann setz dich in die Stille, halt die Klappe und schau es dir an. Bis es sich auflöst. TAKKU[61]

60. Stephan Mögle-Stadel: Dag Hammarskjöld, a.a.O., S. 226.
61. TAKKUS sind zwei aus edlem Holz gefertigte Vierkanthölzer, die am Ende der Übung gegeneinander geschlagen werden. Sie sind das Zeichen für HIER und JETZT.

Schluss: Den Widerspruch aushalten üben

Der Abgabetermin für das Manuskript drückt mich. Ich sehe mich in diesen Tagen gar nicht in der Lage, das Buch fertigzustellen. Es wird ein Fragment bleiben müssen. Seit vierzehn Tagen habe ich keine Zeile geschrieben. Ich hatte manchmal einen regelrechten Zorn auf dieses Buch. Hatte den Eindruck, dass das alles nichts wird, dass das ohnehin niemanden interessiert. Ich war im Unreinen mit mir, fühlte mich zerrissen. Hab mich wieder zerreißen lassen. Meine beiden mächtigen Pole reißen an mir. Meine stille Seite. Und meine aktive Seite. Sie wollen sich einfach nicht miteinander versöhnen lassen. Da ist das Buch über die »Stille« einerseits und da sind die politischen Themen andererseits: Dem Junkie steckt die Droge immer noch tief in den Gliedern.

In den zurückliegenden Tagen habe ich mit meinen Möglichkeiten im Internet geholfen, dass eine Kampagne möglichst viele Unterstützer findet, die sich für eine »Tobin Tax«, für eine »Finanztransaktionssteuer«, stark macht. Vor allem die Menschen in den Ländern der so genannten Dritten Welt sollen davon profitieren, denn sie sind die hauptsächlich Leidtragenden von Weltwirtschaftskrise und Klimawandel. Das Geld soll von denen kommen, die für die Weltwirtschaftskrise besondere Verantwortung tragen: diejenigen, die mit »Finanztransaktionen« zu tun haben. Bislang gibt es keine Steuer auf derlei Geschäfte. Es wird Zeit, dass sich das ändert. Jeder kleine Lebensmittelhändler muss eine Umsatzsteuer entrichten, aber die Großen da im Business, die ausgerechnet nicht? Das will mir nicht in den Kopf. Viele Unterstützer gibt es für die Kampagne: Kirchen, Gewerkschaften, politische Gruppen, Einzelpersonen. Das Thema braucht einen langen Atem, denn die Widerstände sind groß. Zunächst soll eine Anhörung im Bundestag erreicht werden. Die Petition dazu braucht 50.000 Unterschriften bis zum 3. Dezember. Das Internet kann sehr hilfreich sein, also nutze ich mein Facebook-Netzwerk, um zu helfen. Mein mittlerweile auf mehrere tausend Kontakte angewachsenes Netz ist ein gutes

Instrument geworden, solche Dinge wie eine Online-Petition zu unterstützen. Durch den »Schneeballeffekt« der sozialen Netze kommen täglich etwa 2.000 neue Unterschriften hinzu. Das Internet wird zum Kampagneninstrument und ich kann helfen. Prima.

Diese Unterstützerarbeit kostet mich aber viel Zeit und »nimmt mich gefangen« an den Tagen, an denen ich eigentlich an meinem Manuskript über die Stille weiterschreiben müsste, der Abgabetermin drängt – da ist sie wieder, diese alte Droge, »gebraucht zu werden«. Ich bringe es nicht fertig, eine Sache, von der ich zutiefst überzeugt bin, einfach liegen zu lassen. Nach dem Motto: »Sollen sich doch andere darum kümmern, ich mache jetzt ein Sabbatical.« Ich kriege es einfach nicht fertig. Die Prägung sitzt zu tief. Und ich muss lernen, dass es so ist. Vielleicht kann ich es eines Tages auch lieben lernen. Ich würde mich belügen, wenn ich so täte, als gingen mich die Dinge um mich herum nichts mehr an. Ich bin nicht der Eremit, der in der Wüste leben kann und der die Begebenheiten um sich herum einfach als »Gehirnwichserei«[62] abtun könnte, mit der man sich nur das Leben schwer macht, statt es zu genießen. Es geht ja womöglich auch gar nicht um ein »Entweder – oder«. Es geht ja vermutlich darum, irgendwie eine Balance zu finden zwischen beiden Extremen. Eine Balance zwischen Ausatmen und Einatmen. Zwischen Engagement und Entspannung. Zwischen »sich ins Zeug legen« und Blödsinn machen. Der Junkie wird erkennen müssen, dass er ein Abhängiger *bleibt*. Auch wenn er die Droge nicht mehr »hauptberuflich« nimmt – er bleibt dennoch ein Abhängiger. Das ist die Wahrheit.

Die Welt des Lärms, auch die des politischen Lärms, nimmt mich immer und immer wieder gefangen. Ich spüre die große Energie, die ich zur Verfügung habe, um mich in ihre Themen einzubringen. Ein paar Jahre Erfahrung kommen auch noch hinzu. Das macht die Sache nicht leichter. Ich spüre, wie sehr

---

62. Dieses etwas anstößige, aber treffende Wort stammt vom italienischen Psychotherapeuten Guilio Cesare Giacobbe, der ein sehr anregendes Buch über ZEN und Meditation geschrieben hat: »Wie Sie Ihre Hirnwichserei abstellen und stattdessen das Leben genießen«. Mein Trainingspartner in der ZEN-bodhy-Ausbildung hatte mich auf das Büchlein aufmerksam gemacht.

mir die Welt des Lärms zu einer »zweiten Haut« geworden ist, zu einer Lebenseinstellung. Nicht nur jene Kampagne zur Einführung einer Tobin Tax oder Finanztransaktionssteuer, auch die Neuigkeiten aus Kopenhagen von der Weltklimakonferenz elektrisieren mich, jetzt, im November 2009, in diesen Tagen, in denen ich das Manuskript abschließe. Es ist katastrophal, wie wenig auf dem Weltklimagipfel von Kopenhagen an tatsächlich Brauchbarem fabriziert wird. Es ist fürchterlich, wie sehr eigentlich notwendiges politisches und wirtschaftliches Handeln gebremst wird von kleinkarierten Einzelinteressen, beispielsweise von Unternehmensverbänden oder Nationalstaaten. Drängende Aufrufe von Nobelpreisträgern kursieren jetzt, kurz vor dem Beginn des Gipfels. Die warnenden Stimmen bäumen sich geradezu auf, melden sich zu Wort, werden immer lauter. Aber es wird auf dem Gipfel nichts Substanzielles zustande kommen. »Die Politik« wird sich zwar auf irgendein Papier verständigen, aber in dem wird lediglich stehen, dass man weiterreden muss. Man wird dann das Ganze als »Erfolg« verkaufen, denn – wir sahen es ja schon in anderen Kapiteln – in der Politik gibt es nur »Erfolge« und »Erfolgsgeschichten«. Die Lügerei geht weiter. Der Selbstbetrug ist Programm. Es ist wirklich schwer auszuhalten, wie langsam die politischen Systeme auf eine eigentlich notwendige Veränderung reagieren können. Es ist wirklich verdammt schwer auszuhalten. Manchmal könnte ich brüllen vor Zorn.

Gleichzeitig drückt mich das Buch, ich soll etwas über die Erfahrung der Stille schreiben. Wie soll das gehen mitten im Lärm? Heute habe ich das Gefühl: Dieses Buch wird nie fertig werden. Es wird nie aufhören mit dem Pendel zwischen der »Welt des Lärms« und dem »Reich der Stille«. Denn wir Abhängige werden immer wieder nach der Droge greifen. Immer wieder wird sich der Junkie vornehmen, von der Droge zu lassen. Vielleicht wird es ihm eines Tages gelingen. Vielleicht. Er wird dennoch ein Abhängiger bleiben. Natürlich »weiß« ich, dass ich die Welt weder retten kann noch retten sollte. Natürlich »weiß« ich in meinem Kopf, dass das alles nur »Haschen nach Wind« ist. Natürlich »weiß« ich in meiner »Gehirnwichserei« da oben im Kopf, dass das Leben sehr viel größer ist, als ich mir vorstellen kann und nach Regeln verläuft, die ich nicht bestimmen kann. Natürlich »weiß« ich das alles. Aber ich lebe es nicht. Jedenfalls nicht immer. Es ist heute eine »Kopf«erkenntnis ohne jede Wirkung. Es ist heute wieder das Gift im Körper, das nur langsam weichen will.

»Innen wie außen«, sagen die Buddhisten. »Du erlebst die Welt als eine zerrissene, weil du selbst zerrissen bist.« »Wenn du aufhören würdest, dich mit deinen Gedanken zu identifizieren, wenn du stattdessen lernen würdest, deine Gedanken wie in einem Spiegel anzuschauen, wenn du Loslassen lernen könntest – dann kämst du der Wahrheit vielleicht ein Stück näher.«

Da gibt es nun diese alte Geschichte. Man hat sie sich immer wieder erzählt über die Jahrhunderte und eines Tages hat man sie sogar aufgeschrieben. Man hat sie in eine Bibliothek eingefügt, die zum Besten gehört, das die Weltliteratur kennt. Diese alte Geschichte erreicht mich tief in meinem Inneren in diesen Tagen, im Herbst 2009. Denn da begegnet mir einer, der kommt mir irgendwie verwandt vor. Es ist eine Männergeschichte. Die Geschichte von einem »Tüchtigen«. Voller Eifer geht er seiner Arbeit nach. Er eifert und kämpft und rackert und strengt sich an. Aber eines Tages kann er nicht mehr. Eines Tages ging er in die Wüste, »eine Tagereise weit«, wie erzählt wird, und dort »setzte er sich unter einen Wachholder und wünschte sich zu sterben und sagte: ›Es ist genug, so nimm nun, Herr, meine Seele; ich bin nicht besser als meine Väter.‹« Dieser tüchtige Mann wünschte sich zu sterben. Er war am Ende. Er hatte alles versucht, er hatte sich ausgekämpft. Jetzt wollte er nur noch schlafen. Da, unter diesem Wacholder. Endlich kam er mal für einen Moment zur Ruhe. Die Sprache ist klug, denn sie weiß: Die Ruhe war immer da. Aber der Mann musste erst zu ihr finden. Endlich – kam er zur Ruhe, so erzählt die Geschichte. Endlich fand er mal wieder einen tiefen Schlaf. Nun endlich war ihm alles egal, er war endlich am Ende seiner Kraft – nun endlich überließ er sich. »Und siehe, *ein Engel rührte ihn an.*« Dieser Satz trifft mich ins Mark. Denn er berührt eine uralte Sehnsucht in mir. Er treibt mir die Tränen in die Augen, so sehr betrifft er mich. Und siehe: »Ein Engel rührte ihn an« – jetzt, nach all den Kämpfen und geschlagenen Schlachten, nach all den Debatten und Programmen, nach all den Niederlagen und vermeintlichen Siegen. Jetzt, wo du dich am Ende deiner Kraft empfindest. *Jetzt, wo der Bogen zerbrochen ist – jetzt schieß!* Sagt man im ZEN. Unser alter Text sagt es so: »Und siehe, ein Engel rührte ihn an.« Jetzt, wo er sich am Ende fühlt. Erst, wenn er das Gefühl hat, das alles »zerbrochen« ist. Erst jetzt kann er die Berührung des Engels überhaupt zulassen. Der Mann wird einem großen Schmerz begegnen. Aber es wird ihn erleichtern. Ich weiß, wovon ich da rede.

»Und der Engel sprach: Steh auf und iss!« So geht die alte Geschichte weiter. »Und er sah sich um, und siehe, zu seinen Häupten lag ein geröstetes Brot und ein Krug mit Wasser.«

Das ist die Entdeckung im ZEN, und auch in unserer Spiritualität, das ist die Entdeckung, die hinter der Verzweiflung liegen kann: Der Tisch ist gedeckt. Da steht geröstetes Brot und ein Krug mit frischem Wasser. Es stand schon die ganze Zeit dort, aber der Mann konnte es nicht sehen, weil er mit seinen Dingen viel zu sehr beschäftigt war. »Und als er gegessen und getrunken hatte, legte er sich wieder schlafen. Und der Engel des Herrn kam zum zweiten Mal wieder und rührte ihn an und sprach: »Steh auf und iss! *Denn du hast einen weiten Weg vor dir.*« Wieder wird er *berührt*, dieser Mann da »in der Wüste«. Dieser Mann, der in seiner inneren Wüste angekommen ist, lässt sich endlich endlich berühren. Immer hatte er sich dagegen gewehrt mit all seiner Tüchtigkeit, mit all seinem Eifer, mit all seinem Rennen und Tun. Es war Abwehr einer Berührung, nach der er sich doch so sehr sehnte all die Jahre. Nun endlich, nachdem sein Bogen zerbrochen ist, nachdem er nichts mehr will, nachdem er in seiner inneren Wüste angekommen ist – nun endlich lässt er es zu. Das bewegt mich tief in meinem Inneren. Denn diese Erfahrung kenne ich. Ein zweites Mal kommt der Engel und stärkt ihn. Und er sagt ihm etwas Seltsames. Er sagt ihm nicht: »Ruh dich nun mal aus! Mach mal eine Kur! Sei mal gut zu dir.« Er sagt nicht: »Es wird schon wieder werden.« Er sagt nicht: »Kommt Zeit, kommt Rat.« Er sagt ganz einfach: »Iss etwas und steh auf (…)

du hast einen weiten WEG vor dir«, sagt er zu dem Tüchtigen, der keine Kraft mehr hatte, der nur noch sterben wollte. »Und er stand auf und aß und trank und ging durch die Kraft der Speise 40 Tage und 40 Nächte bis zum Berg Gottes, dem Horeb. Und er kam dort in eine Höhle und blieb dort über Nacht. Und siehe, das Wort des Herrn kam zu ihm: »Was machst du hier, Elia?« Er sprach: »Ich habe geeifert für den Herrn, den Gott Zebaoth; denn Israel hat deinen Bund verlassen und deine Altäre zerbrochen und deine Propheten mit dem Schwert getötet. Und ich bin allein übrig geblieben, und sie trachten danach, dass sie mir mein Leben nehmen.« Der Herr sprach: »Geh heraus und tritt hin auf den Berg vor den Herrn! Und siehe, der Herr wird vorübergehen«. Und ein großer, starker Wind, der die Berge zerriss und die Felsen zerbrach, kam vor dem Herrn her; der Herr aber war nicht im Winde. Und nach dem Winde kam ein Erdbeben; aber der Herr war nicht im Erdbeben. Und nach dem Erdbeben kam ein Feuer, aber der Herr war nicht im Feuer. Und nach dem Feuer kam ein stilles sanftes Sausen.« Und *in dieser Stille – da sprach Gott.*[63]

Das ist sie schon, die alte Geschichte, die man sich über die Jahrhunderte immer wieder erzählt hat. Sie ist kurz. Aber sie ist gut. Diese alte Geschichte ist mir in den zurückliegenden Tagen begegnet. In den Tagen des Lärms. Zu-fällig. Sie ist mir »zugefallen«. Marie hat sie mir beim Frühstück erzählt. Sie habe dabei an mich gedacht, sagte sie. Diese Geschichte hat mich tief im Inneren getroffen. Sie hat mich angerührt. Denn sie ist ein Teil meiner Lebens-Geschichte. Sie ist Ausdruck meiner Art zu leben: Da ist der Eifernde, »Tüchtige«, der »Rastlose« – all das bin ich auch. Zu Hause in der Welt des Lärms. Und im Grunde läuft er mit all seiner Tüchtigkeit nur einer tiefen Sehnsucht davon, der Sehnsucht nach einer Berührung, die er wirklich zulassen kann. Denn in mir ist auch diese tiefe Sehnsucht – auch das bin ich. Beides ist da: die Anstrengung, die »Welt des Lärms«, der »Kampagnenheini«, der homo politicus … und die Sehnsucht nach einer einfachen Berührung ist da.

63. Das Erste Buch der Könige 19,1-21.

Wie geht es zu in dieser alten Geschichte? Was wird da erzählt von dem tüchtigen Mann? Wie kommt es zur Wandlung? Die Alten sagen: *Die Wandlung kommt in der stillen Berührung.*[64] »Lass gut sein. Hör auf zu kämpfen. Leg dich hin und schlaf. Und wenn du ausgeruht hast, dann sieh: Dort ist Brot und Wasser. Geröstetes Brot sogar und frisches Wasser. Für dich ist längst gesorgt.« So spricht der »Engel« in dieser fürchterlichen Nacht, in der der Mann nur noch sterben will. So spricht der Engel, wenn ich zur Ruhe gekommen bin, wenn meine »Mühle im Kopf« mal für einen kurzen Moment nicht arbeitet. Wenn Stille eintritt. Wenn ich zur Ruhe und dann zur Stille und dann zur tiefen Stille gekommen bin nach dem Schritt über die Schwelle, von der ich geglaubt hatte, nun ginge nichts mehr weiter. Wenn der Kampf vorbei, die Schlacht geschlagen ist, wenn die Kampagne zu Ende und der Gesetzentwurf unter Dach und Fach ist – wenn ich das Gefühl habe, ich sei am Ende mit meiner Kraft. Wenn du denkst – das ist das Ende. Wenn du denkst – ich will nicht mehr. Erst an diesem Punkt, erst »mitten in der Nacht«. *Erst dann* kommt der Engel und berührt deine Seele. Vielleicht. Er entscheidet das. Wenn ich alles losgelassen habe, dann kommt er – vielleicht. Wenn ich nichts mehr will. Wenn ich alles »aufgegeben« habe. Erst, »wenn meine Tasse leer ist«, wie man im ZEN sagt – erst dann kann ich frei werden für die Berührung des Engels, erst dann kann ich sie wirklich spüren – erst dann kann ich sie glauben. Diese *einfache stille Berührung* ist es.

Es ist eine Männergeschichte. Die Geschichte von einem tüchtigen Mann, der »in der Wüste« am Ende seiner Kraft angekommen ist. Die Geschichte von einem Mann, der nicht mehr weiterwill. Er will sich nur noch unter diesen Wacholder legen. Er kann nicht mehr. In diesem Moment lässt er sich »anrühren«. Nachts. Wo es keiner sieht, vor dem man sich schämen müsste. *Nachts kommt der Engel* und berührt diesen Mann. Mir fallen

---

64. Wenn man das wunderbare Buch von Johannes vom Kreuz (gest. 1591) »Die dunkle Nacht« (Freiburg i.Br. 2005) liest, stößt man exakt auf diese Erfahrung. Erst im tiefsten Grund, in der innersten Wüste, erst in dieser »fürchterlichen Nacht«, wie Johannes es nennt – kommt die Wandlung in der Stille. Sie geschieht ganz sanft.

viele solche Männer ein. Auch Frauen. Junkies. Die leben, als müssten sie sich ihr Leben selbst verdienen. Die leben, als hinge das Glück der Welt davon ab, ob sie »tüchtig« oder »erfolgreich« sind. Pastoren darunter und Ärzte, Kantoren und Politiker, Journalisten und Studenten. Es ist eine große Schar. Sie glauben, sie würden glücklicher, wenn sie das Mandat errungen und in den Pressekonferenzen dieser Welt immer im besten Licht dastünden. Sie glauben, sie würden das Leben finden, wenn sie noch einen Abschluss mehr, noch eine Promotion dazu, noch ein Amt höher erklimmen könnten. Sie werden bitter enttäuscht werden. Wenn es gut geht, zerbricht ihnen der Bogen. Wenn es gut geht, halten sie am Ende einen Scherbenhaufen in der Hand.

Erst dann passiert die Wandlung. Sie geschieht dir. Du tust gar nichts. ER handelt.

Das wäre ein Neubeginn, denn der WEG würde nun eine andere Richtung nehmen. Er würde woanders weiterführen, womöglich. Vielleicht würde er auch gar nicht weiterführen, wer weiß das schon, vielleicht wäre es noch derselbe Weg, aber wir würden als Veränderte weitergehen. Vielleicht ist es ja das. Für mich ist das alles zusammengefasst in einem einfachen alten Satz, den ich schon als kleines Kind gelernt habe, ohne ihn zu verstehen. Heute sagt er mir das Wichtigste in meinem Leben überhaupt: »Nicht mein, sondern DEIN Wille geschehe.« Ich *überlasse* mich DIR. Teresa von Avila, die Freundin und Kampfesgefährtin des Johannes vom Kreuz, hat ein kleines Gebet aufgeschrieben, das mir wichtig geworden ist. Ich habe es in dem Raum aufgehängt, in dem ich ZAZEN trainiere. »Gott, hier hast du mein Leben, hier hast du mein Ansehen, hier hast du meinen Willen; alles habe ich dir gegeben, ich bin dein, verfüge du über mich nach deinem Willen.«

Nun, das klingt fromm. Aber darum geht es nicht. Sondern es geht darum, anders weiterzuleben. Denn die alte Geschichte von Elia geht ja noch weiter. Nach der Berührung in der Nacht kommt ganz nüchtern – der Fußmarsch. 40 Tage und 40 Nächte. »Geh wieder deines Weges durch die Wüste nach Damaskus.« 40 Tage ungefähr. Das will was heißen. 40 Tage durch die Wüste. Das ist nur was für richtige Kerle. Solche, die sich anrühren lassen. Und dann kommen Aufgaben, die vielleicht noch größer sind als die, die hinter dir liegen. Der Engel sagt: »Steh auf – denn du hast *einen weiten Weg* vor dir.« Ich fange an, neugierig zu werden …

Nachtrag: Krieg in Afghanistan

»Den anderen es recht machen? Du bist es, mit
dem Du leben musst.«[65]

Dag Hammarskjöld

Der 04. September 2009 ist eine Zäsur im Krieg in Afghanistan, die meine Beurteilung dieses Krieges völlig verändert hat. Aber es hat lange gedauert, bis ich das auch wirklich verstanden hatte. Denn an diesem Tag hat ein deutscher Offizier, weil er seine Soldaten schützen wollte, einen entführten Tanklaster angegriffen, um »führende Taliban« zu treffen.

Die Amerikaner hatten ihn gewarnt. Er befahl den Angriff trotzdem. Im Ergebnis gab es »bis zu 142 Tote, darunter viele Zivilisten«.

Ein Minister, ein Staatssekretär, ein Generalinspekteur der Bundeswehr mussten wegen dieses Angriffs eines deutschen Offiziers auf Zivilisten inzwischen zurücktreten.

Das Parlament hat einen Untersuchungsausschuss eingesetzt.

Der gegenwärtige Minister sagt: »aus heutiger Sicht« sei die »Aktion« »nicht zu verantworten« gewesen.

Die Opfer bekommen bislang keine Entschädigung.

Die Kanzlerin sagt, dieser Krieg sei »notwendig für unsere Sicherheit«.

Ich glaube solcher Rede nicht mehr und bin nicht bereit, ihr länger zu folgen. Der Außenminister meinte gestern, ein erster Teilabzug der Soldaten aus Afghanistan könne »Ende 2011« beginnen. Er sagt das am Tag nach der Regierungserklärung der Kanzlerin und der folgenden Debatte im Parlament.

Ich halte diese Rede für eine Replik auf den zunehmenden Druck in der deutschen Bevölkerung, diesen Krieg endlich zu beenden. Denn: Am selben Tag ist McChrystal (Oberbefehls-

---

65. Dag Hammarskjöld: Zeichen am Weg, a.a.O., S. 185.

haber der internationalen Afghanistan-Schutztruppe ISAF) in Deutschland, um eine »Großoffensive« in Afghanistan vorzubereiten. Die Amerikaner wollen gemeinsam mit der Allianz und Teilen der neuaufgebauten afghanischen Armee einen »entscheidenden Schlag« gegen »die Taliban« führen. Dann wollen sie ihren Abzug beginnen.

Sagen sie.

Ich beobachte jedoch, dass in den Reden die rhetorische Aufrüstung weiter voranschreitet. Im Parlament versteigt sich ein CDU Bundestagsabgeordneter (Andreas Schockenhoff) gar zu der Aussage: »Fällt Afghanistan, dann fällt Pakistan und dann haben wir eine Atombombe über einer deutschen Stadt.« Die Kanzlerin und andere haben gestern in der Bundestagsdebatte erneut der deutschen Öffentlichkeit weismachen wollen, dieser Krieg, der nun schon länger dauert, als der Zweite Weltkrieg, sei »not-wendig«.

Ich hatte das auch einmal geglaubt. Ich habe den Mandaten für den Einsatz der Bundeswehr zugestimmt. Es gibt keine Entscheidung, die ich mehr bereue, als diese. Denn durch dieses Mandat wurde der 04. September 2009 überhaupt erst möglich. Ich trage, gemeinsam mit meinen Kollegen, die dem Mandat für die Bundeswehr ebenfalls zugestimmt haben, die politische Verantwortung für diese Toten. Das ist so und es lässt sich nicht wegargumentieren. Wir haben mit unserem Mandat den 04. September 2009 ermöglicht.

Wir können politisch nicht ausschließen, dass es nicht erneut zu solchen »Vorfällen« wie in der Nähe von Kunduz kommt. Wir dürfen andererseits aber jene Opfer unter den Zivilisten nicht einfach »in Kauf nehmen«. Deshalb gibt es nur den Weg des Abzugs der Truppen. Ich will diejenigen Kräfte im Lande unterstützen, die für einen schnellen Abzug der Truppen aus Afghanistan eintreten.

Für mich war der 4. September 2009 die entscheidende Zäsur in der Beurteilung dessen, was Deutschland im Rahmen der Allianz in Afghanistan tut. Ich bin seither nicht mehr bereit, jenen zu folgen, die diesen Krieg für »not-wendig« halten. Ich beurteile diesen Krieg nur noch aus einer Perspektive: aus der Perspektive derer, die ihm zum Opfer fallen. Soldaten und Zivilisten. Auf beiden Seiten. Es gibt keine Rechtfertigung für diesen Krieg, die mich noch überzeugen könnte. Um Bertha von Suttner zu zitieren: Blut kann man nicht mit Blut abwaschen.

Es gibt nur einen Weg, den ich bereit bin, mit zu gehen: Abzug aller Soldaten des Bündnisses. Aus meiner Sicht gibt es nur noch die Möglichkeit, in einen Dialog einzutreten mit den Menschen, die eine westliche Kriegsrhetorik zum »Feind« erklärt hat. Es gibt keine Alternative.